Zwischen gestern und morgen

Schriftstellerinnen der DDR aus amerikanischer Sicht

Herausgegeben von

Ute Brandes

PETER LANG

Berlin · Bern · Frankfurt a. M. · New York · Paris · Wien

Die Deutsche Bibliothek - CIP Einheitsaufnahme

Zwischen gestern und morgen : Schriftstellerinnen der DDR
aus amerikanischer Sicht / hrsg. von Ute Brandes. - Berlin [i.e.]
Schöneiche b. Berlin ; Bern ; Frankfurt a.M. ; New York ;
Paris ; Wien : Lang, 1992
 ISBN 3-86032-013-0
NE: Brandes, Ute [Hrsg.]

ISBN 3-86032-013-0

'0000 14850

© Peter Lang GmbH, Europäischer Verlag der Wissenschaften, Schöneiche b. Berlin 1992

Druck: Weihert Druck GmbH, Darmstadt

Inhalt

Ute Brandes

Einleitung

Schon lange vor dem Zusammenbruch der DDR bestand in Amerika ein lebhaftes Interesse an der Literatur von DDR-Autorinnen. Obwohl die Rezeption dieser Schriftstellerinnen vornehmlich in den akademischen Zentren der USA stattfindet und wegen nur spärlicher Übersetzungen ins Englische vor allem auf Forschung und Lehre innerhalb der germanistischen Fachbereiche der Universitäten angewiesen ist, nimmt diese Literatur doch eine besondere Stellung ein innerhalb der amerikanischen Germanistik. Besonders die nachrückenden Wissenschaftler der mittleren und jüngeren Generation, die bereits in den siebziger Jahren den traditionellen germanistischen Kanon durch ihre Aufmerksamkeit auf politische, soziologische und feministische Themen erweiterten, rückten u.a. auch die DDR-Literatur stärker ins Blickfeld. Sie begrüßten die Ablösung der ostdeutschen Schriftsteller von den Themen und Formen des Sozialistischen Realismus und sahen diese Entwicklung als besonders relevant für ihre eigenen Bemühungen um die kritische Neuorientierung des akademischen Lehrstoffs an. Die zu dieser Zeit ebenfalls beginnende Aufmerksamkeit von DDR-Autorinnen auf ihre spezifische Situation und Verantwortung als <u>Frauen</u> in der patriarchalisch geprägten Wirklichkeit der DDR wurde von amerikanischen Feministen weniger als politisch-ideologischer Dissenz zum Staat gewertet, sondern als bewußter Versuch der Neubesinnung von Frauen auf ihre Mitverantwortung bei politischen und sozialen Prozessen. Die moderne Industriegesellschaft in Ost und West, die weibliche Produktivität noch immer ins Private oder Marginale drängt, während öffentliche politische Entscheidungen vom männlichen, ökonomisch-technologisch-wissenschaftlichen Zweckdenken gesteuert werden, rückte damit ins gemeinsame Interesse der feministischen Kulturkritik in der DDR und in Amerika.

Besonders faszinierend wirkten dabei die Werke der mittleren Generation der DDR-Autorinnen auf die amerikanische Lehre und Forschung,
denn in ihrer sozialistisch-utopischen Ausrichtung gestalteten sie kreativ
und unabhängig von staatlichen Parteiprogrammen gemeinsame Probleme,
die weit über den engen sozialpolitischen Kontext der DDR hinausgingen.
Wenn DDR-Leser früher in dieser Literatur vor allem nach solchen kritischen Kommentaren suchten, die ihnen in den öffentlichen Medien nicht
geboten wurden, so waren amerikanische Leserinnen besonders an dem
neuartigen Versuch der DDR-Autorinnen interessiert, ihre besondere
Erfahrung als Frauen im Sozialismus einzubringen. Vor allem in solchen
Anliegen wie Wissenschaftskritik oder die Kritik der paternalistisch geprägten Herrschaftsstrukturen in der Gesellschaft, die teilweise parallel
und unabhängig voneinander in der DDR-Literatur und in den Sozialwis-
senschaften der USA in den siebziger und achtziger Jahren weiterverfolgt
wurden, berühren sich die beiden Kulturen.

Trotz ihrer ähnlichen kulturkritischen Ansätze mögen sich manche ostdeutsche Schriftstellerinnen im Spiegel der amerikanischen Rezeption radikalisiert vorkommen. Feministische Denkansätze werden in den USA
inzwischen von Frauen und Männern offen und konsequent als Teil der
postmodernen Theorie und Praxis vertreten, wobei mehrere Feminismen
gleichberechtigt nebeneinander stehen können. Und doch wirkte gerade
der Verlust der spezifisch sozialistisch-feministischen Utopie nach dem
Ende des Honecker-Staates einschneidend in der amerikanischen DDR-
Forschung und stellte feministische Wissenschaftler jüngst vor das Problem: In welchem neuen Kontext können die humanistischen Utopien der
DDR-Autorinnen heute weiterwirken?[1] Wie können die gemeinsamen
Anliegen von Frauen in Ost und West jetzt auch verstärkt auf die techni-
sierten, materialistischen und nationalistischen Tendenzen unserer bald
globalen Weltwirtschaft einwirken?

---

1   Siehe die nüchterne Bestandsaufnahme von amerikanischen Germanistinnen, die nach der deut-
    schen Vereinigung besonders das Scheitern der Reformbemühungen der Intellektuellen in der DDR
    bedauerten: Helen Cafferty, Jeanette Clausen: Feminist Germanistik after Unification. A Postscript
    from the Editors. In: Women in German Yearbook 6. Lanham, 1991, S. 109-111.

Der Blick auf die Rezeption einer Literatur im Ausland lenkt neben kulturellen Unterschieden auch immer die Aufmerksamkeit auf ihre sprachlichen Vorbedingungen. Dem breiteren amerikanischen Lesepublikum ohne Deutschkenntnisse bleiben die meisten Werke der DDR-Literatur weiterhin unbekannt.[2] Von den hier behandelten Autorinnen existieren vollständige Übersetzungen lediglich bei Christa Wolf, deren Romane, Erzählungen und auch Essays ab 1965 und seit 1972 regelmäßig nach Erscheinen ins Englische übertragen wurden. Sie ist die einzige DDR-Autorin, deren Wirkung in den USA auf breiterer Basis ruht und deren literarische Bedeutung neben der von Günter Grass als beispielgebend für die zeitgenössische deutsche Literatur steht. Obwohl Anna Seghers' *Siebtes Kreuz* 1942 ein enormer Erfolg auf dem amerikanischen Buchmarkt war, erschien es 1987 nur in kleiner Neuauflage; ebenso ihr Roman *Transit. Der Ausflug der toten Mädchen* dagegen existiert in vier verschiedenen englischen Übersetzungen. Aufgrund der kunstvollen Erzähltechnik und antifaschistischen Thematik wird diese Erzählung auch in englischsprachigen Seminaren über moderne Prosa gelesen. Von Irmtraud Morgner gibt es dagegen nur einen kurzen Auszug aus *Trobadora Beatriz* in englischer Übersetzung, der 1978 in einer germanistischen Fachzeitschrift erschien.[3] Monika Marons *Flugasche* wurde 1986 übersetzt; auf einer Amerikareise machte die Autorin auch durch Radiointerviews und Vorträge auf sich aufmerksam. Die in der DDR so einflußreiche Protokoll-Literatur von Frauen ist nur mit einem kurzen Auszug aus Maxie Wanders *Guten Morgen, du Schöne* in englischer Übersetzung vertreten.[4] Lyrikerinnen haben es da leichter: eine überraschend große Anzahl von Sarah Kirschs Gedichten wurde in Anthologien und literari-

2   Zu englischen und amerikanischen Übersetzungen von DDR-Literatur: Margy Gerber, Judith Pouget: Literature of the German Democratic Republic in English Translation. A Bibliography. Lanham, 1984. Siehe auch Patricia Herminghouse: Studying GDR Literature in the U.S. — A Survey. In: German Issues 3 (1986), S. 14-34. Vgl. auch die Anmerkungen zu den einzelnen Autorinnen in diesem Band.

3   Irmtraud Morgner: Life and Adventures of Trobadora Beatriz as Chronicled by Her Minstrel Laura — Twelfth Book. (Auszug). In: New German Critique 15 (1978), S. 121-146.

4   Maxie Wander: Good Morning, My Lovely. (Auszug). In: Connexions (Oakland, CA) 5 (1982), S. 16-17.

schen Journalen seit 1971 auf englisch abgedruckt; auch von Elke Erb erschienen einige Gedichte in Zeitschriften. Zuweilen ergreifen amerikanische Germanisten, die DDR-Literatur auf englisch unterrichten möchten, auch selbst die Initiative: die erste Anthologie von Erzählungen zeitgenössischer DDR-Autorinnen, *Daughters of Eve*, übersetzt und herausgegeben von Nancy Lukens und Dorothy Rosenberg, ist für 1992 angekündigt worden.

In dieser Situation der eher spärlichen öffentlichen Wirkungsmöglichkeiten von DDR-Literatur auf dem amerikanischen Buchmarkt rücken die Bedingungen der akademischen Rezeption um so stärker ins Blickfeld. Nach Spanisch und Französisch ist Deutsch die drittwichtigste Fremdsprache in Amerika. Wie alle Fächer ist auch die Germanistik vom Auf und Ab der Einschreibeziffern an den Universitäten abhängig; wie alle fremdsprachigen Abteilungen muß auch die deutsche in scharfer Konkurrenz mit den anderen um Studenten kämpfen. Wie neueste Statistiken beweisen, sind dabei die politischen und wirtschaftlichen Entwicklungen in Deutschland, die den Studenten zukünftige Berufsmöglichkeiten einzuräumen versprechen, besonders wichtig. Zwischen 1986 und 1990 stieg das Interesse an der deutschen Sprache um 10,2 Prozent, Japanisch nahm sogar um 94,9 Prozent zu, während die Einschreibeziffern in Französisch um ein Prozent zurückgingen.[5] Im Jahr nach dem Fall der Mauer stieg die Anzahl der Studenten in deutschen Sprachkursen stark an; je nach der öffentlichen Aufmerksamkeit der amerikanischen Medien auf politische Entwicklungen in Deutschland und Europa wird sich weiterhin das Interesse regulieren. Da nur dreißig Prozent aller amerikanischen Oberschüler Fremdsprachen lernen, sind die Anfängerkurse innerhalb der germanistischen Abteilungen der Universitäten am stärksten belegt. Selbst solche Studenten, die sich in deutschen Literatur- und Kulturseminaren einschreiben und fließend deutsch sprechen, wollen nur selten Fremdsprachenlehrer werden. Sie runden vielmehr ihr Ökonomie-, Jura- oder Medizinstudium mit Deutschkenntnissen ab. Viele von ihnen wollen internatio-

---

5   Statistik der Modern Language Association of America. Siehe: Students in Language are Found at New High. In: New York Times, 25. September 1991, S. B6.

nale Berufe in Politik und Wirtschaft ergreifen. An den zweiundsechzig amerikanischen Universitäten, die Studenten bis zum Doktorgrad in Germanistik ausbilden, schlossen 1990 achtzig Kandidaten ihr Studium mit der Dissertation ab, davon arbeiteten nur sechs über DDR-Literatur.[6]

Und doch ist diese vergleichsweise geringe Anzahl der jährlich ausgebildeten Spezialisten in DDR-Literatur weder ein verläßliches Anzeichen für das tatsächliche Interesse an DDR-Forschung an den Universitäten, noch für die pädagogische Praxis. Die Reformen im Deutschunterricht, die in den vergangenen Jahren in Amerika zum regen Einsatz von neuen Methoden, technischen Medien und interdisziplinären Materialien aus allen deutschsprachigen Ländern geführt haben, wirkten sich auch besonders fruchtbar auf die Einbeziehung von DDR-Literatur aus, selbst auf der Anfängerebene. Noch 1981 beanstandete die amerikanische Germanistin Renate Voris zu Recht die weitverbreitete Abwesenheit von Information über die DDR in amerikanischen Deutschbüchern; selbst wenn sie gelegentlich behandelt würde, dann weitgehend in Klischees, durch die »das Bild der DDR [...] manipuliert wird«.[7] Inzwischen ist ein bedeutender Wandel dieser Situation eingetreten. Die schon in den siebziger Jahren einsetzende Aufmerksamkeit auf die Pluralität innerhalb der deutschen Kultur und auf die Situation von Frauen, Gastarbeitern, politischen und sozialen Minoritäten katapultierte dann auch verstärkt die authentischen Texte der DDR ins pädagogische Bewußtsein amerikanischer Germanisten. Selbst solche, die bisher einem eher traditionellen Kanon angehangen hatten, modernisierten und variierten ihre Unterrichtsmaterialien, und wenn auch nur, um dem in diesen Jahren einsetzenden Rückgang an Einschreibeziffern in den Kursen entgegenzuwirken. Das inzwischen sprunghaft gestiegene Interesse an der Literatur von DDR-Autorinnen korrespondiert zugleich mit der verstärkt politisch motivierten Aufmerksamkeit amerikanischer Studenten und Akademiker für Themen, die Frauen, Jugendliche, die dritte Welt, Flüchtlinge, Umweltprobleme und insbeson-

---

6   Monatshefte 82 (Herbst 1990), S. 365-371.

7   Renate Voris: Freiheit oder Sozialismus: Zum Bild der DDR in neueren amerikanischen Textbüchern für den Deutschunterricht. In: Die Unterrichtspraxis I (1981), S. 35.

dere auch den Holocaust ins Blickfeld rücken. Obwohl gegenwärtig von einem starken »backlash« der Medienkritik bedroht, die amerikanischen Professoren vorwirft, eine Diktatur von »politisch korrekten« Bildungs- stoffen an den Universitäten auszuüben und dabei die bewährten Traditio- nen des Abendlandes zu vernachlässigen, hat sich die pluralistische Methode in der germanistischen Lehrpraxis wohltuend ausgewirkt und die Disziplin modernisiert. Diese Entwicklung wird auch in den neueren lite- raturtheoretischen und wissenschaftskritischen Debatten unter amerikani- schen Germanisten auf Tagungen und in ihren methodischen Ansätzen in Rezeptionsästhetik, Poststrukturalismus und Hermeneutik reflektiert. In seiner Analyse zur Entwicklung der Germanistik in Amerika geht Frank Trommler ausführlicher auf solche Phänomene der »Verschiebung litera- turwissenschaftlichen Denkens« unter amerikanischen Germanisten ein.[8]

In dieser Situation des wachen Interesses an DDR-Literatur bei nur spärlicher Fachspezialisierung der Germanisten haben verschiedene Verbände, Fachtagungen, Seminare und Literaturzeitschriften eine wich- tige Funktion der Fortbildung ausgeübt.[9] In ihrer meist interdisziplinären Ausrichtung halfen sie den amerikanischen Wissenschaftlern anderer Fachgebiete zudem, die besonderen sozio-historischen und sozio-kultu- rellen Bedingungen und Wirkungen dieser Literatur in größeren Zusam- menhängen zu verstehen. Besonders hervorgehoben seien dabei die jähr- lichen DDR-Konferenzen in Conway, New Hampshire, seit 1974 zunächst organisiert von Christoph Schmauch und dann von Margy Gerber, die neben literarischen Themen auch Soziologie, Kultur, Geschichte und Politik mit einbeziehen. Auch in den Publikationen, Jahrestagungen und Diskussionsgruppen der germanistischen Organisation »Women in Ger- man«, seit 1976 eine landesweite, feministisch ausgerichtete Koali-

---

8 Frank Trommler (Hrsg.): Germanistik in den USA. Neue Entwicklungen und Methoden. Opladen 1989, S. 28.

9 Eine zusammenfassende Darstellung bei Herminghouse, a.a.O., S. 17-23.

tion von Männern und Frauen, werden die Werke von DDR-Autorinnen regelmäßig diskutiert.[10]

Der spezifisch amerikanische Denkansatz in der Rezeption von DDR-Schriftstellerinnen, der auch in den Beiträgen dieses Bandes zum Ausdruck kommt, kann in einigen Punkten kurz umrissen werden:

1. In ihrem politisch-anthropologischen Interesse am weltweiten weiblichen Beitrag zur Kultur entsteht für Amerikaner neben dem Problem der kulturellen Verschiedenheit auch das der politischen Differenz. Die Texte von DDR-Schriftstellerinnen werden somit zum einen analysiert als Dokumente politischer Haltungen, die in der Kultur des Herkunftlandes verankert sind und von denen sich eine Autorin jeweils abgrenzt oder nicht; zum anderen als grenzüberschreitender Ausdruck von weiblichen Lebenszusammenhängen und feministischen Befreiungsutopien. Entstanden unter anderen gesellschaftlichen Voraussetzungen, wird diese Literatur zudem im Kontext der realen Lebensbedingungen von Frauen in der DDR reflektiert. Dabei werden sowohl die fortschrittliche soziale Gesetzgebung wie auch die autokratischen Herrschaftsformen beachtet, die dem DDR-Staat eigen waren.

2. In ständiger, zuweilen auch unausgesprochener Reflexion ergibt sich dabei zugleich eine komparatistische Suche nach neuen ästhetischen Mustern bei Frauen, möglicherweise einer »weiblichen Ästhetik« der Verweigerung und experimentellen Innovation, die in der weiblichen Autorschaft auszumachen wäre. Das Phänomen der besonders regen Rezeption der zweiten Generation von DDR-Autorinnen in den USA ist neben deren Kritik an vorherrschenden gesellschaftlichen Normen vor allem auf ihr experimentelles, spezifisch weiblich motiviertes Ausscheren aus vorgegebenen Schreibmustern zurückzuführen.

---

10 Siehe Biddy Martin: Zwischenbilanz der feministischen Debatten. In: Trommler: a.a.O., S. 165-195.

3. Im Zuge der Besinnung auf gerechtere Bewertung und Neuentdek-
kung von Aspekten spezifisch weiblicher Eigenart in der Literatur von
Autorinnen der DDR ergeben sich neuartige Perspektiven auch auf eine
Autorin der älteren Generation wie z.B. Anna Seghers, der feministische
Fragestellungen fernlagen. Im Kontext der Alltagsgeschichte oder als das
Objekt der bewußten Stilisierung einer Jüngeren in ihrer Suche nach einer
frauenspezifischen Tradition in der Literatur gewinnt Seghers' Werk neue
Bedeutung, die die gewohnte, ideologische Einordnung im Sinne des
DDR-Sozialismus heute als problematische Enge der Interpretation er-
scheinen läßt.

4. In ihrer Bemühung um differenzierte und präzise Unterscheidungen
zwischen der biologischen Geschlechterdifferenz und der kulturellen Konstruktion von Geschlechtskompetenzen und ihrer Bedeutung und Funktion
im hierarchisch gesteuerten Kulturprozeß treffen sich feministische Lite-
raturkritiker, DDR-Autorinnen und die Wissenschaftskritik amerikanischer Soziologinnen. Gemeinsame Bemühungen um eine Entmystifizie-
rung des ideologischen Konzepts »Frau« schließen gleichzeitig die Erkundung von bisher als widersprüchlich empfundenen authentischen weiblichen Denkformen ein — ein utopisches Potential für die Gesellschaft, das
auch in Zukunft noch einzulösen ist, sowohl in Amerika wie auch in
Deutschland.

Die Idee für dieses Buch entstand kurz nach der Öffnung der Mauer im
November 1989 mit der Hoffnung, ostdeutsche Leser mit der amerikanischen Wertschätzung und kritischen Deutung ihrer eigenen Literatur
bekannt zu machen.[11] Und doch — weil vertraut mit beiden Kulturen —
verstehen amerikanische Germanisten allzu gut, daß der Blick von außen
das eigene Selbstverständnis zugleich klären und befremden kann. Im

---

11 Die Verwirklichung dieses Projekts wurde durch ein Forschungsstipendium des »Amherst College
    Research Award Programs« ermöglicht. Mein Dank gilt Ronald C. Rosbottom für seine Ermunte-
    rung und freundliche Beratung; meine besondere Verbundenheit den Berliner Freunden: Günter
    und Barbara Albrecht, Holger und Birgit Teschke, die in vielen Gesprächen an der Entwicklung
    dieses Buches teilnahmen.

Gegensatz zu ihren Fachkollegen in der DDR war es ihnen leicht möglich, die Reise- und Forschungsmöglichkeiten in anderen Ländern auszu-
nützen. Viele Amerikaner pflegen seit Jahren persönliche Kontakte zu
DDR-Schriftstellern und Kritikern. Mitunter hatten sie bessere Beziehungen zu Kollegen im Osten als zu westdeutschen Germanisten. In ihren
Gesprächen schätzten sie besonders den herzlichen Kontakt und den
unkomplizierten und kenntnisreichen Ton, der auch unter amerikanischen
Kollegen gang und gäbe ist. Sie erlebten aber auch, daß die Menschen in
der DDR trotz Westfernsehen stärker vom westlichen Denken abgeschnit-
ten waren als allgemein vermutet. Der rigorose Antiamerikanismus in der
offiziellen Rhetorik, gekoppelt mit nur geringer Information über die
tatsächlichen sozialen und kulturellen Entwicklungen in Amerika, haben
noch heute in den neuen Bundesländern ihre Spuren hinterlassen.

Von Amerika aus gesehen, erscheint die Vereinigung Deutschlands als
die natürlichste Entwicklung der Welt. Die Anschuldigungen westdeut-
scher Kritiker in den Pressekampagnen gegen Christa Wolf, Anna Seghers u.a.m. im Sommer 1990 nahmen US-Germanisten mit Befremden
auf.[12] Die Vorwürfe erschienen ihnen allzu selbstgerecht und ließen wenig Bereitschaft zur dringend nötigen gesamtdeutschen Verständigung und
Neuorientierung vermuten. Der vorliegende Band dokumentiert, im Kontrast zu der westdeutschen Pauschalabgrenzung von der vormaligen DDR-
Kultur, wie anregend gerade die Literatur von DDR-Autorinnen in den
Vereinigten Staaten gewirkt hat. In interdisziplinärer Ausrichtung illustriert er — von theoretischen Überlegungen bis zur praktisch-pädago-
gisch motivierten Erläuterung — wichtige Themen, Schwerpunkte und das
weiterbestehende amerikanische Interesse an der Literatur von ostdeutschen Autorinnen. Die Beiträge sind notwendig begrenzt: zum einen
durch den Blickwinkel einer anderen Kultur, zum anderen durch die Bedingungen und Praxis der amerikanischen Rezeption. Der germanistische
Ansatz der folgenden Essays ist gleichzeitig erweitert durch Methoden der
Komparatistik, Filmtheorie und der Women's Studies. Alle Autoren

---

12 Andreas Huyssen: After the Wall: The Failure of German Intellectuals. In: New German Critique
    52 (Winter 1991), S. 109-143.

lehren an amerikanischen Colleges und Universitäten. Alle sind gegenwärtig damit beschäftigt, den besonderen Beitrag, den die Schriftstellerinnen der DDR zur deutschen Kultur der Nachkriegsepoche geleistet
haben, neu zu bedenken. Und alle suchen weiterhin nach Strategien, die
es uns erlauben werden, die Visionen und Entwürfe von Frauen in einen
reformistischen Diskurs über die Welt von morgen mit einzubringen.
Utopia, mit Macht gekoppelt, ist zur Diktatur ausgeartet. Als pluralistische, moralische Vision könnte Utopia zum demokratischen Korrektiv der
sich neu formierenden Gesellschaft der Bundesrepublik werden.

Amherst, Massachusetts im September 1991.

Dorothy Rosenberg

Neudefinierung des Öffentlichen und des Privaten:

Schriftstellerinnen in der DDR

Der Zusammenbruch der DDR als unabhängiger Staat und die Vereinigung mit der BRD im Herbst 1990 hat das Leben und die Erwartungen der gesamten DDR-Bevölkerung radikal verändert. Frauen, die eine Art positive Diskriminierung unter dem SED-Regime erlebt haben, werden von dem Übergang zum westdeutschen System besonders stark betroffen. Eine Untersuchung der widersprüchlichen Stellung der Frau in der DDR-Gesellschaft und der kritischen literarischen Auseinandersetzung mit diesem Thema wird uns vielleicht helfen, einen problematischen Teil der deutschen Vereinigung besser zu verstehen.

In den siebziger Jahren begannen DDR-Frauen über sich selbst zu schreiben. Auf Christa Wolfs *Nachdenken über Christa T.* folgten von Gerti Tetzner *Karen W.*, von Brigitte Reimann *Franziska Linkerhand* und von Irmtraud Morgner *Leben und Abenteuer der Trobadora Beatriz.*[1] Diese Werke waren die ersten, die die idealisierenden und fraglos angepaßten positiven Weiblichkeitsbilder in der DDR-Literatur der fünfziger und sechziger Jahre in Frage stellten. In der früheren DDR-Literatur waren weibliche Figuren noch reibungslos in den Arbeitsprozeß integriert worden, ohne daß der Anschein der häuslichen Ruhe und Behaglichkeit

---

1 Christa Wolf: Nachdenken über Christa T. Halle-Leipzig 1968. Gerti Tetzner: Karen W. Halle-Leipzig 1974. Brigitte Reimann: Franziska Linkerhand. Berlin/DDR 1974. Irmtraud Morgner: Leben und Abenteuer der Trobadora Beatriz nach Zeugnissen ihrer Spielfrau Laura. Berlin und Weimar 1984.

merklich gestört wurde.[2] In einer großen Anzahl von Romanen und besonders in den Sammlungen von Kurzgeschichten, die folgten, begannen Frauen zu beschreiben, welche Vor- und Nachteile für sie daraus entstanden, daß sie zum einen zur gesellschaftlichen Öffentlichkeit gehörten und zum anderen auch ihre Doppelrolle im Familienleben ausfüllten. Zu Wolf, Tetzner, Reimann und Morgner gesellten sich aus derselben Generation Maxie Wander, Charlotte Worgitzky, Renate Apitz und eine wachsende Zahl junge Schriftstellerinnen: darunter Monika Helmecke, Helga Königsdorf, Helga Schubert, Maria Seidemann, Angela Stachowa, Christine Wolter und Rosemarie Zeplin.[3]

In den siebziger Jahren und danach hat sich deshalb eine neue DDR-Literatur herausgebildet, in der von und über Frauen geschrieben wurde, in der die Widersprüche und Probleme einer Gesellschaft tiefgründig erkundet wurden, einer Gesellschaft, die ökonomische Organisation und politische Ideologie der Gleichberechtigung der Geschlechter förderte, in der aber die kulturellen Normen und die individuellen Haltungen gegenüber Geschlechterrollen und entsprechendem Geschlechterverhalten arg zurückgeblieben waren. Die grundlegenden sozialistischen Veränderungen der ökonomischen und juristischen Strukturen waren bis Mitte der siebziger Jahre weitgehend vollzogen. Anfang der achtziger Jahre fingen Schriftstellerinnen an, sich den viel tiefer gehenden Herausforderungen

---

2   Patricia Herminghouse: Wunschbild, Vorbild oder Porträt? Zur Darstellung der Frau im Roman der DDR. In: Literatur und Literaturtheorie in der DDR. Hg. Peter Uwe Hohendahl und Patricia Herminghouse. Frankfurt/M. 1976, S. 281-334, hier S. 288-312.

3   Maxie Wander: Guten Morgen, du Schöne. Berlin/DDR 1978. Charlotte Worgitzky: Vieräugig oder blind. Berlin/DDR 1978. Renate Apitz: Evastöchter. Rostock 1982. Monika Helmecke: Klopfzeichen. Berlin/DDR 1979. Helga Königsdorf: Meine ungehörigen Träume. Berlin und Weimar 1978. Helga Schubert: Lauter Leben. Berlin und Weimar 1975. Maria Seidemann: Der Tag, an dem Sir Henry starb. Berlin/DDR 1980. Angela Stachowa: Stunde zwischen Hund und Katz. Halle–Leipzig 1976. Christine Wolter: Wie ich meine Unschuld verlor. Berlin und Weimar 1976. Rosemarie Zeplin: Schattenriß eines Liebhabers. Berlin und Weimar 1980. Die oben genannten Autorinnen blieben in der DDR und veröffentlichten weitere Werke.
Siehe: Dorothy Rosenberg: GDR Women Writers: The Post-War Generations. An Updated Bibliography of Narrative Prose, June 1987. In: Women in German Yearbook. Ed. Marianne Burkhard and Jeanette Clausen. Lanham 1988, S. 233-240. Siehe auch: Dorothee Schmitz und Sara Lennox, Anmerkungen 36 und 42.

zuzuwenden, die mit den Geschlechterstereotypen und der sozialen Arbeitsteilung zusammenhängen.[4]

Die Aufnahme der oben genannten Autorinnen in der Literaturkritik der DDR war weitgehend positiv. Eine Rezension zu Maria Seidemanns Erzählband *Nasenflöte*[5] schließt:»Dabei werden Wertbegriffe menschlichen Verhaltens wie Integrität, Toleranz, Anstand, Großzügigkeit und Stolz mit sozialem und psychologischem Gespür überprüft.«[6] In einer anderen Rezension, die mit »Keineswegs nur Weiberprobleme«[7] ziemlich defensiv betitelt ist, bespricht Monika Melchert die 1984 erschienene Anthologie *Angst vor der Liebe und andere Geschichten über Frauen.*[8] Melcherts Kommentare illustrieren die zeitgenössische Wertschätzung und die offizielle Aufnahme dieser Literatur:

> Der dritte Teil läßt die jüngere Generation der Schreibenden zu Wort kommen, die bereits selbstverständlich die Rolle und die Rechte der Frauen in unserer Gesellschaft ihren Geschichten zugrunde legen. Sie stellen die Frage, wieviel davon im DDR-Alltag tatsächlich schon realisiert wird beziehungsweise wo sich nun, gerade durch die neue Situation der Frau bedingt, andere, bisher nicht vorausgesehene Probleme auftun. Dies ist das eigentlich Aufregende für uns, weil es uns in unserer unmittelbaren Erfahrung täglich betrifft.[9]

Melcherts Rezension beschäftigt sich interessanterweise weniger mit den literarischen Texten selbst als mit dem Grundanliegen der schreibenden Frauen. Die Rezensentin unterstellt zunächst, daß diese Literatur authentisch ist. Sie beugt der Verdächtigung vor, diese Literatur stehe mit westlichem radikalen Feminismus in Verbindung. Sie behauptet, daß es

---

4   Irene Dölling: Zur kulturtheoretischen Analyse von Geschlechterbeziehungen. In: Weimarer Beiträge 26 (1980), H. 3, S. 59-83.

5   Maria Seidemann: Nasenflöte. Geschichten aus der Provinz. Berlin/DDR 1983.

6   Anne Mieder: Von der Suche nach Glück. Maria Seidemann: Nasenflöte. Eulenspiegel Verlag Berlin. In: NDL 32 (1984), H. 10, S. 134-136, hier S. 136.

7   Monika Melchert: Keineswegs nur Weiberprobleme. In: NDL 33 (1985), H. 4, S. 160-163. Den Titel zitiert Irmtraud Morgner in einem Gespräch mit Eva Kaufmann, siehe Anmerkung 47.

8   Angst vor der Liebe und andere Geschichten über Frauen. Hg. Meta Borst. Halle–Leipzig 1984.

9   Melchert: Keineswegs nur Weiberprobleme, S. 161.

sich nicht einfach um Beschwerden handelt, und schließt mit der Feststellung, daß die Kritik, die diese Literatur enthält oder auslöst, notwendig und gerechtfertigt ist. Was hier besonders auffällt, ist Melcherts
offensichtliches Anliegen, die Themenwahl und die literarische Verfahrensweise der Schriftstellerinnen verteidigen zu müssen. Diese defensive
Haltung wird verständlicher, wenn man sie mit zwei anderen Rezensionen
vergleicht.

Ein 1982 erschienener Essay von Karin Hirdina zeigt einige der Hinder-
nisse rund um die Literatur von Frauen, die überwunden werden müssen,
um zu einer positiven Bewertung zu kommen.[10] Hirdina bringt Brigitte
Martins *Nach Freude anstehen*[11] auf den Nenner: »Es macht keinen Spaß
mehr, Frau zu sein«; sie warnt wiederholt vor einer »Anti-Männer Atti-
tüde« und fordert »soziale(r) Erkundung statt bloßer Männerbeschimp-
fung«.[12] Während die literarische Qualität von Martins Buch ohne Zweifel niedriger ist als die ihres ersten Kurzgeschichtenbandes[13], erscheint
Hirdinas einsichtsvoller Essay durchweg ausgewogen in der Verteilung
von Lob und Tadel für männliche und auch weibliche Autoren; ihre ab-
wehrende Reaktion gegenüber »feministischen Tendenzen« ist auffällig.

Das Problem, wie man Frauenliteratur diskutieren kann, ohne sie mit
westlichem Feminismus zu identifizieren, zeigt sich auch im Titel eines
Essays von Walfried und Christel Hartinger, »Does ›Women's Literature‹
Deal Exclusively with Problems of Women?«, der 1984 veröffentlicht
worden ist. Bei ihrem Versuch, Frauenliteratur gegen die Gefahr zu verteidigen, an den Rand gedrängt zu werden, bestehen die Hartingers wiederholt darauf: »the subject is not simply women; the women who are

---

10 Karin Hirdina: Frauen in der Literatur der DDR. In: Formen der Individualität. Hg. Irene
    Dölling. Berlin/DDR 1982. (Mitteilungen aus der kulturwissenschaftlichen Forschung Nr. 11),
    S. 87-95.

11 Brigitte Martin: Nach Freude anstehen. Berlin/DDR 1981.

12 Hirdina: Frauen in der Literatur der DDR, S. 90-93.

13 Brigitte Martin: Der rote Ballon. Berlin/DDR 1978.

seeking expression [...] are concerned specifically about the whole of society«[14]. Sie führen Christa Wolf und Irmtraud Morgner als Beispiele für die unzweifelhafte Ernsthaftigkeit und Bedeutung der Schriftstellerinnen an.

Melchert bezieht sich auch auf Wolf und Morgner, um die Ernsthaftigkeit der jüngeren Schriftstellerinnen zu begründen, denn Wolf und Morgner gelten als Autorinnen, die durch ihre Themenwahl von nationalen und internationalen Problemen — per definitionem nicht »Frauenprobleme« — über alle Zweifel erhaben sind:

> Nicht erst seit Christa Wolfs *Kassandra* und Irmtraud Morgners *Amanda* (seit daher aber mit schärferer Optik) ist uns ins Bewußtsein gehoben, daß die Frage von Krieg oder Frieden, die Frage der Erhaltung der menschlichen Zivilisation, viel mit der Lage der Frau im Sozialgefüge einer Gesellschaft zu tun hat. [...] die Literatur greift ein mit ihrem spezifischen sensiblen Instrumentarium, das Zusammenleben der Geschlechter in der Öffentlichkeit wie im intimsten Sozialbereich, der Partnerschaft zwischen Frau und Mann, zu erkunden.[15]

Wolf und Morgner stellen eine direkten Zusammenhang her zwischen dem privaten Status der Frauen in einer gegebenen Gesellschaft und ihrer Integration in die öffentliche Sphäre. Beide beschreiben die entschiedene Teilnahme von Frauen am Prozeß politischer Entscheidungsfindung als notwendig für das Überleben einer Kultur. Melcherts Art, Wolf und Morgner als einen weiteren Beweis für die Berechtigung weiblichen Schreibens darzustellen, illustriert das Problem, mit dem ich mich hier beschäftigen will. Kann die jüngere DDR-Literatur von Frauen als Beweis für die weitverbreitete Anerkennung der gegenseitigen Durchdringung der öffentlichen und privaten Sphären gelten? Diskutieren die jüngeren Autorinnen wirklich diese Widersprüche? Oder haben sie bloß die Definition

---

14 Walfried Hartinger and Christel Hartinger: Does ›Women's Literature‹ Deal Exclusively with Problems of Women? Women's Liberation and the Relation of the Sexes in the GDR literature of the 1970s. In: Journal of Popular Culture 18 (1984), S. 53-69, hier S. 56.

15 Melchert: Keineswegs nur Weiberprobleme, S. 162.

des Privaten erweitert um die sozialen und persönlichen Beziehungen, sowohl im Büro und in der Fabrik als auch in Küche und Schlafzimmer?

Produktion und Reproduktion:
Die öffentliche und die private Sphäre

Die Grenzen zwischen der öffentlichen und der privaten Sphäre sind weder auffällig noch leicht zu ziehen. David Bathrick versuchte 1983 eine Analyse der Entwicklung und Funktion der öffentlichen Sphäre in der DDR.[16] Obwohl Bathricks Argument die öffentliche Sphäre der privaten gegenüberstellt, erzielt er bedauerlicherweise weder eine Definition noch die Analyse der privaten Sphäre. Sie erscheint im ganzen Artikel vorwiegend als »die Familie«. Bathrick gründet seine Definition der Öffentlichkeit auf Jürgen Habermas *Strukturwandel der Öffentlichkeit* und entwickelt sie weiter in Anlehnung an Oskar Negt und Alexander Kluge, Agnes Heller und Rudolf Bahro.[17] Wie Bathrick bemerkt, unterstellt diese Definition das Primat der Produktion. Obwohl die Produktion und Reproduktion des täglichen Lebens gleichermaßen erwähnt werden, wird die Beziehung zwischen produktiver und reproduktiver Arbeit nie diskutiert.[18] Als Konsequenz dieser einseitigen Konzentration auf die Produktion ergibt sich, daß das bürgerliche Konzept der Familie unkritisch übernommen wird und als Synonym für die Privatsphäre benutzt wird. Nach Bathricks Ansicht charakterisiert sich der faschistische Staat durch rigorose Übergriffe »letzten Endes selbst auf die Familie«. Parallel dazu meint er, führe:

> die von der jungen SED eingeleitete sozialistische Revolution [...] zu einer weiteren Schwächung und einem rigorosem Abbau von selbständigen

---

16 David Bathrick: Kultur und Öffentlichkeit in der DDR. In: Literatur der DDR in den siebziger Jahren. Hg. Peter Uwe Hohendahl und Patricia Herminghouse. Frankfurt/M. 1983, S. 53-81.

17 Ebd., S. 55-58.

18 Ebd.

Organisationen und Einrichtungen, [...] Institutionen der Armee, der Schule oder der Familie.[19]

Weiter diskutiert er die Literatur als eine der wenigen Formen authentischer Vermittlung zwischen öffentlicher und privater Sphäre in der DDR:

> Zwar ist nach offizieller Lesart auch das Familienleben »integriert« und kollektiviert worden, doch erwies sich in Wirklichkeit die Geborgenheit der Privatsphäre als ein Zufluchtsort, als ein freier Raum [...] gegenüber der neuen Gesellschaft.[20]

Die Vision von der privaten Sphäre als einem »Zufluchtsort« und von der Familie als einem »freien Raum«, der die Flucht aus der entfremdeten öffentlichen Sphäre ermöglicht, ist weder neu noch spezifisch für die Analyse der DDR. Diese Vision spielt eine wichtige Rolle in der bürgerlichen Ideologie seit der industriellen Revolution. Sie betrifft die Trennung der produktiven von der reproduktiven Arbeit und geht auch einher mit der säuberlichen Trennung der Moral in eine öffentliche und eine private. Vielleicht könnten wir als ironischen Kontrapunkt zu Bathricks Behauptung die folgenden Beobachtungen aus Monika Marons Roman *Flugasche* heranziehen:

> Damals hatte Josefa zum ersten Mal begriffen, was die Leute meinten, wenn sie von ihrem Privatleben sprachen. Sie hatte bislang nie verstanden, wo die geheimnisvolle Grenze zwischen einem privaten und einem anderen Leben verlaufen sollte, wo das anfing oder endete, das niemanden anging und über das man nicht sprach. Mein Mann, deine Frau, meine Sache, deine Angelegenheit, eine besondere Art von Leben, nur mittels besitzanzeigender Fürwörter beschreibbar.[21]

Während ich durchaus gewillt bin, die Rolle der Literatur als authentische Vermittlung zwischen öffentlicher und privater Sphäre anzuerkennen, finde ich es nicht akzeptabel die private Sphäre durch Auslassung bezie-

---

19   Ebd., S.61f.

20   Ebd., S. 65.

21   Monika Maron: Flugasche. Frankfurt/M. 1981, S. 207.

hungsweise durch »die Familie« zu definieren. Wenn die Grenze zwischen öffentlichem und privatem Leben nur durch die »besitzanzeigende[n] Fürwörter« markiert ist, wie Maron aussagt, wäre es dienlich, die Eigentumsbeziehungen und die widersprüchliche Zuweisung von Rollen und Werten in den beiden Sphären zu bedenken, ehe man dazu übergeht, ihre Funktion in der DDR-Literatur zu diskutieren.

Zwei Grundprobleme, die in Bathricks Analyse nicht angesprochen werden, sind die hergebrachte juristische und ökonomische Durchdringung der beiden Bereiche. Bei der Definition der Öffentlichkeit zitiert Bathrick Habermas:

> Kritik und Kontrolle der Öffentlichkeit werden darin auf jenen Teil der bürgerlichen Privatsphäre ausgedehnt, der mit der Verfügung über die Produktionsmittel den Privatleuten eingeräumt war — auf den Bereich gesellschaftlich notwendiger Arbeit.[22]

Habermas' Definition der Produktionsmittel als des Teils der bürgerlichen Privatsphäre, über den die öffentliche Kontrolle ausgeübt werden müsse, und seine Identifikation der Produktion mit der Sphäre der gesellschaftlich notwendigen Arbeit verweisen auf den Kern der Probleme. Irene Dölling diskutiert in einem Artikel von 1982 einen der unerforschten Aspekte sozialistischer Entwicklung, der speziell Frauen betrifft. Die zentrale Frage dabei ist die Nichtanerkennung reproduktiver Arbeit:

> Diese [...] »geschlechtsspezifische Arbeitsteilung« (Gericke) im gesellschaftlichen Produktionsprozeß wirkt konservierend auf eine Vergesellschaftung der Mädchen, in der nach wie vor die Orientierung auf die Familie, die Vorbereitung auf Funktionen sehr stark ist, wenn nicht dominiert, die nicht bezahlt werden, die in einer am Leistungsprinzip orientierten Gesellschaft nicht UNMITTELBAR als **gesellschaftlich nützliche Tätigkeiten** bewertet werden.[23]

---

22 Bathrick: Kultur und Öffentlichkeit, S. 55.

23 Irene Dölling: Entwicklungswidersprüche berufstätiger Frauen in der sozialistischen Gesellschaft. In: Formen der Individualität. Hg. Irene Dölling. Berlin/DDR 1982. (Mitteilungen aus der kulturwissenschaftlichen Forschung Nr. 11), S. 76-87, hier S. 82, meine Hervorhebung.

Döllings Wortwahl unterstreicht das Problem: »gesellschaftlich nützliche Tätigkeiten.« Es ist sowohl praktisch als analytisch eindeutig, daß produktive Arbeit nicht ohne die tägliche Reproduktion der Arbeitskraft und die physische Reproduktion der Arbeiter selbst stattfinden kann. Diese Funktionen werden weiterhin zum überwiegenden Teil innerhalb der Familie von Frauen ausgeführt. Die gesamte ökonomische Struktur entwickelter Industriegesellschaften, sozialistischer wie kapitalistischer, hängt von diesen Dienstleistungen ab, die ohne direkte Bezahlung ausgeführt werden. Die reproduktive Arbeit ist in strukturellen, sozialen und ökonomischen Analysen weitgehend unsichtbar geblieben, weil diese Dienstleistungen, obgleich lebensnotwendig, keinen materiellen Wert tragen.

Kulturell abgeleitete Geschlechterrollenstereotype und ein sie stützender Zirkelschluß haben die Natur der reproduktiven Arbeit verdunkelt. Demnach wurde sie als etwas definiert, was nicht wirklich Arbeit ist. In Kürze: Die Industrialisierung der Gesellschaft zerstörte die Großfamilie als Basis der Produktion, indem sie die Produktion von der Reproduktion (inzwischen Konsumtion genannt) physisch und zeitlich trennte. Die Industrialisierung teilte die Zeit in bezahlte Arbeitszeit und unbezahlte »Freizeit«, und die Reproduktion der Arbeitskraft wurde zur Privatangelegenheit freier Arbeiter in ihrer freien Zeit:

Dies führt in der Tendenz zu einer neuen Funktionsteilung zwischen den Geschlechtern […] zwischen gesellschaftlich produktiven, bezahlten Tätigkeiten und unbezahlter Hausarbeit. Diese Trennung erweckt den Anschein, daß Hausarbeit und Kindererziehung ein »privater Dienst«, ein »Lebensdienst« der Hausfrau gegenüber ihren Familienangehörigen sei. »Abgesichert« wird dieser Schein durch die Berufung auf die »Naturfunktion« der Frau als Mutter und ihre damit angeblich verbundene Neigung zu spezifischen Hausfrauen-Tätigkeiten. Wir sehen es heute als selbstverständlich an, daß Kinder einer besonderen Aufmerksamkeit und Erziehung bedürfen, daß die Wärme und Geborgenheit eines auf sie orientierten Familienlebens für ihre

Entwicklung unabdingbar sind und, daß die Frauen als Mütter dafür die Verantwortung tragen.[24]

Der Zirkelschluß lautet: Arbeit ist bezahlte Arbeit. Arbeit, die nicht bezahlt wird, ist nicht Arbeit. Zurück zu Dölling:

> Aber solange Arbeit in erster Linie Mittel zum Lebensunterhalt ist, solange die individuelle Konsumtion vorrangig durch die in Lohn ausgedrückte, individuelle Arbeitsleistung vermittelt ist, wird sich auch die traditionelle Auffassung halten, daß die »privaten« Reproduktionstätigkeiten keine wirkliche Arbeit seien.[25]

In ihrem Essay benutzt Dölling Termini wie »Liebesdienst«, »naturgegebene Funktionsteilung«, »Opferbereitschaft«, »eine private Reproduktionsfunktion«, und »freiwillig zu erfüllen«, um sowohl in Hinblick auf die Gegenwart als auch auf die Vergangenheit soziale Haltungen gegenüber Frauen und produktiver Arbeit deutlich zu machen. Diese Termini sind kaum DDR-spezifisch; sie reflektieren, wie langsam sich kulturelle Stereotype ändern, sogar angesichts sich schnell entwickelnder materieller Bedingungen.

Ein weiteres Resultat der Unsichtbarkeit der ökonomischen Bedeutung reproduktiver Arbeit ist die Verklärung der Familie und der Trennlinie zwischen öffentlicher und privater Sphäre. Eine breite Skala staatlicher oder öffentlicher Interventionen in die Familie oder in das Privatleben durch juristische Regelungen ist in die bürgerliche Definition der Privatsphäre mit eingeschlossen. Diese staatlichen Eingriffe in die Privatsphäre sind so selbstverständlich geworden, daß auch sie für die soziale Kritik unsichtbar geworden sind. Unter diese Maßnahmen fallen die Regelung der zivilen Ehe und die Scheidung, die Schulpflicht, die staatliche Regulierung der Sexualität und des Reproduktionsverhaltens durch eine Gesetzgebung, die den Zugang zur Abtreibung und zu empfängnisverhütenden Methoden regelt und Homosexualität sowie andere nicht reproduktive

---

24 Irene Dölling: Exkurs zum Konzept der historischen Individualitätsformen: Entwicklungswidersprüche berufstätiger Frauen in der sozialistischen Gesellschaft. In: Irene Dölling: Individuum und Kultur. Ein Beitrag zur Diskussion. Berlin/DDR 1986. S. 131-161, hier S. 139.

25 Dölling: Exkurs zum Konzept, S. 150.

Sexualpraktiken verbietet. Die Einmischung der zeitgenössischen Staaten in Ost und West in die individuelle Reproduktionsfunktion ist entweder unsichtbar geblieben oder ohne weitere Bedeutung für soziale Kritiker, die die Familie als sicheren Hafen und Gegengewicht zur entfremdeten öffentlichen Sphäre ansehen.

Die juristischen Maßnahmen belegen die Tatsache, daß der Staat sich das Recht nimmt, in die Privatsphäre in dem Maße einzugreifen, in dem er es für nötig hält, um den Produktionsprozeß zu sichern, der auf der Reproduktion und der Ausbildung von Arbeitern beruht. Das Maß der Intervention durch den deutschen faschistischen Staat war außergewöhnlich hoch. Jedoch war dieses Konzept selbst keineswegs neu, und es bleibt sowohl kapitalistischen als auch sozialistischen Gesellschaften eigen. Die Reproduktion der Arbeitskraft, der andere Aspekt der reproduktiven Arbeit, wird in der Regel in der öffentlichen Sphäre durch Gesetze bestimmt, die Löhne, Arbeitszeiten und Arbeitsbedingungen betreffen (Familienlohn). Mit Ausnahme der Fruchtbarkeit und Schulpflicht scheint die tägliche Reproduktion der Arbeitskraft nicht der aktiven staatlichen Einmischung in die Privatsphäre zu bedürfen, weil sie bereits durch kulturspezifische Stereotypen der Geschlechterrollen gewährleistet wird.

Das Öffentliche und das Private in der Literatur

Von der Mitte der fünfziger bis zur Mitte der siebziger Jahre vollzog sich eine rasche und ziemlich weitgehende Integration der Frauen in die öffentliche Sphäre in der DDR. In dieser Zeit erlebten Frauen bedeutende und gesetzlich konkrete Verbesserungen ihres juristischen, ökonomischen und sozialen Status.[26] Wohl waren Frauen juristisch ins allgemeine Arbeitsleben, in Ausbildungsberufe und in Fach- und Hochschulausbil-

---

26 Petra Koch, Hans Günther Knöbel: Familienpolitik der DDR im Spannungsfeld zwischen Familie und Berufstätigkeit von Frauen. Pfaffenweiler 1988.

dung integriert, doch waren die tatsächlichen Probleme, die seit den
späten siebziger Jahren auftraten, viel schwieriger anzugehen:

> Die Gleichberechtigung der Frau, die in der DDR zumindest im juristischen
> Sinne als realisiert betrachtet werden kann, hat aber die tatsächliche Gleich-
> stellung der Frau in Familie und Gesellschaft noch nicht bewirken können;
> auch die Berufstätigkeit der Frau, als Grundvoraussetzung ihrer Gleich-
> stellung mit dem Mann, scheint in der Realität eher zu einer extremen
> Mehrbelastung der Frau geworden zu sein, ohne jedoch wesentliche
> Änderungen in der Einschätzung ihrer Rolle in Familie und Gesellschaft
> bedingt zu haben.[27]

Die Erringung der Gleichberechtigung hat sich als viel komplexer erwie-
sen, als es schien. Es handelte sich eben nicht darum, die Frauen mit
einer einfachen sozialen Hydraulik aus der Küche an einen öffentlichen
Arbeitsplatz zu befördern. Solange es dabei blieb, daß Frauen vorwiegend
durch ihre traditionelle Funktion in der Privatsphäre definiert wurden,
und solange diese von der Privatsphäre her bestimmte Geschlechterrollen-
erwartung im wesentlichen unverändert blieb — sogar wenn Frauen
andere Funktionen in der öffentlichen Sphäre ausübten —, tendierte die
soziale Bewertung, die mit dieser öffentlichen Rolle verbunden war,
dahin, mit der Rolle verbunden zu bleiben und nicht mit der weiblichen
Trägerin der Rolle.[28] Darüber hinaus wurden die Verhaltensnormen und
Rollenmuster aus den privaten Sphären übertragen auf die Wahrnehmung
von Frauen im öffentlichen Leben.[29]

In der DDR war eine im Vergleich zum Westen weitaus dramatischere
Kollision zwischen den öffentlichen und privaten Strukturen des Rollen-
verhaltens im Leben von Frauen zu beobachten, weil in der DDR viel

---

27 Ebd., S. 98.

28 In politisch-administrativen Bereichen der DDR waren Frauen mit 52 Prozent vertreten. Dagegen
    wurden nur 30 Prozent in die Volkskammer oder als Bürgermeisterin gewählt. Siehe: Statistisches
    Taschenbuch der DDR. Berlin/DDR 1987, S. 18-20.

29 Die Literatur liefert zahlreiche negative Bilder von »Karriere-Frauen«, die als unweiblich und
    letzten Endes unglücklich dargestellt werden. Diese Frauen werden bestraft für ihre »Ver-
    nachlässigung« der Familie zugunsten der Karriere. Siehe z.B. Elfriede Brüning: Partnerinnen.
    Halle–Leipzig 1978 oder Dorothea Kleine: Jahre mit Christine. Rostock 1978.

mehr Frauen arbeiteten (90 Prozent in der DDR, 50 Prozent in den USA) und weil die Integration von Frauen in das Berufsleben sowohl ideologisch als auch ökonomisch motiviert war:

> Es ist auch Ausdruck für die von vielen Frauen konflikthaft erlebte Notwendigkeit, sich in Beruf und Familie mit ganz unterschiedlichen Anforderungen auseinanderzusetzen, diese psychisch vereinbaren zu müssen, daß heißt, in ihrer Handlungsfähigkeit damit fertig werden zu müssen, daß sich die geltenden Anforderungen und Normen in diesen Bereichen zum Teil gegenseitig ausschließen, daß sie ihnen daher auch nie ganz entsprechen können und mit den eingegangenen Kompromissen oftmals unzufrieden sind.[30]

Annemarie Auer beschreibt das Problem bildhafter:

> Die Frauen werden nicht [...] für ewig dazu verdammt bleiben, »ein Leben lang zickzack zu laufen wie eine falsch programmierte kybernetische Maus«. Der zerreißende Widerstreit zwischen Gattungspflicht und Produktivität, den die tätige Frau auszufechten hat, ist keineswegs ihr gegebenes, unausweichliches Los, wenn auch jede von ihnen es nur unter erheblichem zusätzlichem Kraftaufwand fertigbringt, nicht den Auswirkungen einer inadäquat gewordenen Lebensform zu erliegen, die ihre letzte Bastion in einer rückständigen Familienorganisation innehat.[31]

Ein anderes Resultat der Verklärung der Familie und der Unsichtbarmachung der reproduktiven Arbeit war die systematische Unterbewertung der für diese Arbeit notwendigen Fertigkeiten und Eigenschaften. Wie Irene Dölling in ihrem Artikel »Entwicklungswidersprüche« trocken bemerkt, bleiben weibliche Strategien »in der Regel unterhalb des Diskurses«[32]. Die Literatur reflektiert die Rollenmuster der Vergangenheit, die sich trotz veränderter materieller Bedingungen erhalten haben. Besonders in Werken männlicher Schriftsteller werden Frauenbilder nostalgischer Art angeboten: tröstend, einfühlsam, liebevoll, geduldig — dies

---

30 Dölling: Exkurs zum Konzept, S. 152.

31 Annemarie Auer: Mythen und Möglichkeiten. In: Hg. Edith Anderson: Blitz aus heiterm Himmel. Rostock 1975, S. 237-284, hier S. 282. Hier zitiert Auer Christa Wolf: Selbstversuch. a.a.O., S. 47-82, hier S. 61.

32 Dölling: Exkurs zum Konzept, S. 84.

alles »natürliche« Werte einer romantisierten Privatsphäre aus der Vergangenheit. Wie Hirdina bemerkt:

> Es scheint, als hätten Männer in ihren Bildern von Frauen eine fast biologische Vorstellung. Es sei die »Natur« der Frau, anschmiegsam zu sein, einfühlend und mitleidend, Mutter und zuständig für alle Wärme und Menschlichkeit im Leben. Und: Sie lebt vor allem in bezug auf den Mann. Sie soll sein wie ein Spiegel, in dem Inhalt nur ist, wenn ein Mann hineinschaut.[33]

Diese Frauenbilder setzen die Spaltung von Denken und Fühlen fort. Männliche Schriftsteller neigen dazu, entweder reproduktive Arbeit unsichtbar zu machen (vielleicht weil sie sie nicht tun) oder sie als unentfremdet, kreativ und heilend (vielleicht aus demselben Grund) zu verklären. Schriftsteller überbewerten entschieden den Wert der Hausarbeit für das Selbstbewußtsein der Frau. Hirdinas ungläubiges Erstaunen hat seine guten Gründe:

> Nun sind diese — von Männern entworfenen — Züge keine bloße Willkür. Sie spiegeln ziemlich exakt die soziale Arbeitsteilung zwischen den Geschlechtern wider. Allerdings die in der Klassengesellschaft wirkenden. [...] So der historische Ausgangspunkt beim Beginn des sozialistischen Aufbaus. Aber 30 Jahre später? Sollte sich so wenig in den Lebensbedingungen der Frauen geändert haben?[34]

Koch und Knöbel heben hervor, daß, obwohl die DDR auf bedeutende Erfolge in ihrer Frauen- und Familienpolitik verweisen konnte, dennoch »Von einer tatsächlichen Vereinbarkeit von Familie und Beruf [...] nur partiell gesprochen werden [kann].«[35] Dorothee Schmitz zitiert hingegen eine offiziöse (wenn auch nicht offen artikulierte) Haltung, wonach die meisten wichtigen staatlichen Maßnahmen bereits durchgeführt worden seien und die weitere Emanzipation ein vorwiegend individuelles Problem

---

33 Hirdina: Frauen in der Literatur der DDR, S. 89.
34 Ebd., S. 89.
35 Koch/Knöbel: Familienpolitik der DDR, S. 100.

gewesen sei.[36] Man kann sich in der Tat nur schwer vorstellen, welche öffentlichen, juristischen Regelungen übriggeblieben sein sollten. Die noch notwendigen Veränderungen sind elementarer und einschneidender als die vorwiegend politischen Maßnahmen, die in den sechziger und siebziger Jahren durchgeführt worden waren.

Die reproduktive Arbeit sichtbar zu machen, die Widersprüche zwischen Öffentlichem und Privatem des täglichen Lebens auszustellen, die weiblichen Handlungsstrategien und Wertvorstellungen auf die Ebene des öffentlichen Diskurses zu heben, das war die wesentliche Leistung der DDR-Schriftstellerinnen in der letzten Dekade. Im Gefolge dessen fand eine breite öffentliche Diskussion dieser Gesichtspunkte in der Literatur statt, und Schriftstellerinnen, Leserinnen und Soziologinnen sind sich weitgehend einig, daß gerade hierin die authentische Kommunikation zu sehen ist, die zwischen der öffentlichen und der privaten Sphäre vermittelt (obgleich die Auffassung der Disputantinnen darin variiert, wo die Grenzen der Authentizität liegen).

Dieser Informationsaustausch in der DDR spielte sich auf mehreren Ebenen und in mehreren Richtungen ab. Autorinnen sammelten und übermittelten Informationen aus der privaten Sphäre, sie beförderten sie von der Erfahrungsebene auf die Artikulationsebene in der öffentlichen Sphäre. Die künstlerischen Produktionen dieser Schriftstellerinnen wurden von Soziologinnen, Politikwissenschaftlerinnen, Kulturtheoretikerinnen, Politikerinnen und dem Staat, aber auch von den Germanistinnen als stimmige Reflexion der Probleme und Erfahrungen aus der privaten Sphäre gewertet, als Informationen, die auf andere Weise nicht verfügbar waren.[37]

---

36 Dorothee Schmitz: Weibliche Selbstentwürfe und männliche Bilder. Zur Darstellung der Frau in DDR-Romanen der siebziger Jahre. Frankfurt/M., S. 320-334, hier S. 325.

37 Siehe z.B.: Frauen in der DDR. Bilanz des Weltaktionsplanes für die Dekade der Frau, Zeitraum 1976-1985, »Gleichberechtigung, Entwicklung, Frieden«. Bericht der Regierung der DDR an den Generalsekretär der Vereinten Nationen, S. 44. Hier spielt die Literatur eine merkwürdige Rolle als Beweismittel: Insbesondere in den letzten zehn Jahren wurden wichtige neue Aspekte in die literarische Darstellung [...] eingebracht. Ausgehend von der Selbstverständlichkeit gesellschaftlicher und sozialer Gleichberechtigung, Berufstätigkeit und materieller Unabhängigkeit werden neue Fragestellungen und Forderungen reflektiert: »Unter welchen Bedingungen entstehen erfüllte Partner- und Liebesbeziehungen, wie lassen sich Qualifizierung und Berufstätigkeit mit

Reflektiert in der öffentlichen Sphäre, wurden diese literarischen Arbeiten auch in der privaten Sphäre von »gewöhnlichen« Lesern aufgenommen, die das eigentliche Publikum waren, an das sich die Bücher wendeten. Die Leserinnen schätzten die Literatur wegen ihrer Authentizität. Beschrieben diese Bücher die Konflikte und Probleme ihres eigenen Lebens? Boten sie Figuren an, mit denen sich Frauen indentifizieren konnten, in denen sie sich selbst wiedererkannten?

Dölling sah die Rolle dieser Literatur unter anderem darin, daß sie überlasteten Frauen die Gewißheit vermittelte, daß ihre Probleme nicht das Resultat individuellen Versagens waren:

> In Belastungs- und Krisensituationen, in denen die faktische Unvereinbarkeit von Anforderungen aus der beruflichen und familiären Sphäre erfahren wird, werden deshalb oft die Ursachen vordergründig in persönlichem Versagen, Ungenügen gesucht. Diese Form von »Krisenbewußtsein«, gekoppelt mit Schuldgefühlen und Identitätsverlust »als Frau«, ist in der Gegenwartsliteratur in zahlreichen Varianten beschrieben und protokollarisch dokumentiert — hier dürften sich viele Frauen mit ihren Erfahrungen bestätigt finden.[38]

In einem Interview 1984 scheint diese Annahme Döllings direkt bestätigt:

> Aber so richtig reden läßt sich darüber nicht. Mit wem? Mit dem Partner, wo es grade so schwierig läuft? Mit den Kolleginnen? Die wissen's auch nicht besser. Und die Eltern? Die können ja auch nicht miteinander sprechen. Man liest dann Bücher und sieht Filme und vergleicht sich und versucht herauszufinden, was eigentlich los ist.[39]

---

einer harmonischen Gestaltung des Familienlebens und einer sorgfältigen Betreuung und Erziehung der Kinder vereinbaren?« Im Zentrum der literarischen Darstellungen steht hierbei das Verhältnis von gesellschaftlichen Voraussetzungen und Möglichkeiten und überkommenen Bewusstseins- und Moralauffassungen. Diese Literatur ist stark durch soziologische und psychologische Erkundungen geprägt und hat einen großen Anteil an der Selbstverständigung über die Verantwortung von Frauen und Männern in den gesellschaftlichen Entwicklungsprozessen unserer Epoche.

38 Dölling: Entwicklungswidersprüche, S. 84.

39 Verliebt — verlobt — verheiratet. In: Irene Runge: Ganz in Familie. Berlin/DDR 1985, S. 131-137, hier S. 137.

Arbeiten von Autorinnen wie Schubert und Martin, Königsdorf und Stachowa halfen Leserinnen, das Gefühl von Isolation zu überwinden, indem sie ihnen bewußtmachten, daß sie nicht die einzigen sind, die mit den Konflikten zwischen privaten und öffentlichen Anforderungen zu tun hatten. Diese Autorinnen stellen Konflikte dar, die die Leserinnen von sich aus noch nicht artikulieren können, wohl aber wahrnehmen und bereit sind, kritisch zu diskutieren, wenn ihnen die entsprechende Möglichkeit gegeben wird. Diese Literatur übt weiterhin eine wichtige Funktion aus, indem sie die Probleme einfach dingfest macht und Alternativen andeutet. Es ist offensichtlich wichtiger, die weitverbreiteten Gefühle von Unzulänglichkeit und Isolierung abzubauen, als konkrete Verhaltensstrategien und Teillösungen anzubieten.

In Maxie Wanders Vorwort zu *Guten Morgen, du Schöne* heißt es:

Wir können uns eigentlich nicht wundern, daß in der sozialistischen Gesellschaft Konflikte ans Licht kommen, die jahrzehntelang im Dunkeln schmorten und Menschenleben vergifteten. Konflikte werden uns erst bewußt, wenn wir uns leisten können, sie zu bewältigen. Unsere Lage als Frau sehen wir differenzierter, seitdem wir die Gelegenheit haben, sie zu verändern.[40]

Guten Morgen, du Schöne war 1977 zum erstenmal veröffentlicht worden und wurde sofort ein Bestseller. Das Buch wurde gleichermaßen als Literatur gewürdigt und als eine Art Sozialphänomen verstanden.[41] Es wurde als Bühnenvorlage dramatisiert, als Hörspiel produziert und in Ost- und Westdeutschland immer wieder neu aufgelegt. Öffentliche Buchlesungen und Theateraufführungen ziehen weiterhin ein breites Publikum an. Was Maxie Wanders Buch zutage gefördert hat, faßt Sara Lennox zusammen:

---

40 Wander: Guten Morgen, du Schöne. Zitiert hier und unten aus der Edition Luchterhand, Darmstadt und Neuwied 1978, S. 7.

41 Siehe Eva Kaufmann: Für und wider das Dokumentarische in der DDR-Literatur. In: Weimarer Beiträge 32 (1986), Nr. 4, S. 684-689, hier S. 688. Siehe auch Anmerkung 14, Hartingers: Does »Women's Literature« Deal Exclusively with Problems of Women, S. 53, 58.

Nachdem die Frauen juristische und politische Gleichberechtigung im Sozialismus erhalten haben, sind sie nunmehr in der Lage, die Unzulänglichkeiten dieses Systems zur Sprache zu bringen.[42]

Nach *Guten Morgen, du Schöne* entwickelte sich die Dokumentarliteratur zu einer der populärsten literarischen Formen in der DDR. Interview-Sammlungen, Autobiographien, autobiographische (fiktionale) Darstellungen und Protokolle sind in großen Auflagen erschienen. Das Bedürfnis nach Authentischem, nach der individuell erfahrenen Realität selbst war groß. Das konnte zum Teil eine Reaktion auf Schönfärberei und Happy-End-Bilder gewesen sein, die für die DDR typisch waren:

> So spielt der Autor nicht mehr den Vormund. Durch das Offenlegen der subjektiven Sehweise des Reporter-Autors erhöht sich die Objektivität des Berichteten. [...] Dokumentarliteratur besitzt heute in der DDR große moralische und künstlerische Autorität.[43]

In ihrer Einleitung zu Wanders Buch schrieb Christa Wolf:

> Nicht das geringste Verdienst dieses Buches ist es, authentisch zu belegen, wie weitgehend die Ermutigung, an öffentlichen Angelegenheiten teilzunehmen, das private Leben und Fühlen vieler Frauen in der DDR verändert hat. Zu spät ist es jetzt, zu sagen: Das haben wir nicht gemeint. Es zeigt sich: Rückhaltlose Subjektivität kann zum Maß werden für das, was wir (ungenau, glaube ich) »objektive Wirklichkeit« nennen.[44]

Wolfs Kommentar zu der fragwürdigen Natur dessen, was als »objektive Realität« gilt, hat auch mit dem Reiz und der Popularität von Dokumentarliteratur zu tun.

Wie feministische Autorinnen festgestellt haben, ist weder die Existenz einer öffentlichen und einer privaten Sphäre, noch die Arbeitsteilung zwischen diesen beiden an sich negativ. Das Problem liegt darin, daß die

---

42 Sara Lennox: »Nun ja! Das nächste Leben geht aber heute an.« Prosa von Frauen und Frauenbefreiung in der DDR. In: Literatur der DDR in den siebziger Jahren. Hg. Peter Uwe Hohendahl und Patricia Herminghouse. Frankfurt/M. 1983, S. 224-258, hier S. 234.

43 Kaufmann: Für und wider das Dokumentarische, S. 687-688.

44 Christa Wolf: Berührung. Ein Vorwort. In: Maxie Wander: Guten Morgen, du Schöne. Darmstadt und Neuwied 1978, S. 9-20, hier S. 11.

beiden Sphären als etwas definiert wurden, das nach unterschiedlichen politischen, ökonomischen und sozialen Regeln organisiert ist und auch unterschiedliche soziale Werte, Moralnormen und unterschiedliches Geschlechterverhalten erfordert. Die soziale Schizophrenie verstärkte sich dramatisch, als Frauen in großer Zahl ins Berufsleben eintraten und nicht nur mit einer doppelten physischen Arbeitsbelastung, sondern auch mit intensiven psychologischen Widersprüchen in bezug auf Werte und Normen dieser zwei Sphären ihre Erfahrung machten.

In den achtziger Jahren haben Schriftstellerinnen wie Christa Wolf und Irmtraud Morgner in wachsendem Maße die Rolle von Sozialphilosophinnen (wenn auch nicht als solche einmütig anerkannt) übernommen. Sie zeigten die Äußerungsformen und Folgen der sozialen Schizophrenie in der öffentlichen und der sozialen Sphäre. Wie Melchert bemerkt, werden in Christa Wolfs *Kassandra* und Irmtraud Morgners *Amanda*[45] direkte Bezüge zwischen dem Status der Frau in der Gesellschaft und der Frage von Krieg und Frieden hergestellt. *Kassandra* beschreibt, wie Frauen vom Prozeß politischer und sozialer Entscheidungsfindung in dem Maße ausgeschlossen werden, in dem die patriarchale Sozialordnung in Troja hergestellt wird. Die neue Ordnung ist notwendig, um die trojanische Gesellschaft für den Kampf gegen die Griechen zu reorganisieren — und macht den Krieg damit unvermeidlich.

In den *Kassandra-Vorlesungen*[46] kommt Wolf immer wieder auf die Rolle der Frau in einer Gesellschaft zurück, die die Elemente des Übergangs vom Matriarchat zum Patriarchat in sich hat; sie sucht in Vergangenheit und Gegenwart nach Beweisen und Anhaltspunkten. Sowohl in den Vorlesungen als auch in der Erzählung beleuchtet Wolf einerseits die Zusammenhänge zwischen dem, was in der öffentlichen und privaten Sphäre vor sich geht und andererseits dem dringenden gesellschaftlichen Bedürfnis von Frauen, sich aktiv und bewußt an der Neubewertung und

---

45 Christa Wolf: Kassandra. Erzählung. Berlin und Weimar 1983. Irmtraud Morgner: Amanda. Ein Hexenroman. Berlin und Weimar 1983.

46 Christa Wolf: Voraussetzungen einer Erzählung. In: Wolf: Kassandra. Berlin und Weimar 1983.

Neudefinierung der sozialen Strukturen und der Methoden von Konfliktlösung zu beteiligen.

Was Wolf mit parabelartig-historischen Beispielen darzustellen versucht, unternimmt Irmtraud Morgner durch die ironische und phantastische Darstellung der zeitgenössischen DDR-Gesellschaft. In *Amanda* führt sie die Gewalt und Zerstörungspotenz vor, die unseren »ererbten« und weiterfortgeführten Methoden sozialer und politischer Problemlösung innewohnen. In einem Interview mit Eva Kaufmann formulierte Morgner eine schlüssige Analyse und stellte zwischen der andauernden sozialen und häuslichen Ausbeutung der Frau und dem Zustand der Weltpolitik direkte Bezüge her:

> Es geht um nicht weniger als darum, [...] die tradierte Gewohnheit, große Meinungsverschiedenheiten kriegerisch auszutragen, zu verlassen, Auseinandersetzungen friedlich zu führen, den Krieg zu tabuisieren [...]. Wir haben noch eine Reserve für den Kampf um Frieden und Zukunft. Eine Reserve noch, die ist riesig [...]: die Hälfte der Menschheit. Die weibliche Hälfte, die sich bisher als politische Kraft noch gar nicht wesentlich geben konnte.[47]

Im Frühjahr 1987 veröffentlichte Christa Wolf einen schmalen Prosaband mit dem Titel *Störfall*, der sich mit der unmittelbaren Gegenwart beschäftigt und über die direkten und indirekten Forderungen nach Neuverteilung der Kompetenzen und Werte zwischen den beiden Sphären hinausgeht. Anstatt für die Reintegration der öffentlichen und der privaten Sphäre als Bereicherung des Lebens zu plädieren, macht Wolf einfach auf die Notwendigkeit aufmerksam, das Leben selbst vor den Folgen der sozialen Schizophrenie zu bewahren. Die Ich-Erzählerin, allein in einem Sommerhaus in Mecklenburg, führt in der Form des Plusquamperfekt all das an Gedanken, Erinnerungen, Gesprächen und Überlegungen vor, was ihr an dem Tag des Unglücks von Tschernobyl vom Wachwerden bis zum Einschlafen durch den Kopf geht.

---

47 Eva Kaufmann: Interview mit Irmtraud Morgner. In: Weimarer Beiträge 30 (1984), Nr. 9, S. 1494-1514, hier S. 1497.

Ich habe mir vorgenommen, eine Liste derjenigen Tätigkeiten und Freuden anzufertigen, die jene Männer der Wissenschaft und Technik wahrscheinlich nicht kennen. [...] Ich habe mir einfach überlegt, ob verschiedene Abschnitte unseres Gehirns vielleicht aufeinander einwirken, dergestalt, daß einer Frau, die monatelang ihren Säugling stillt, eine Hemmung einer bestimmten Hirnpartie verbieten würde, mit Wort und Tat diejenigen neuen Techniken zu unterstützen, die ihre Milch vergiften können.[48]

Während des Tages, auf Schritt und Tritt von Assoziationsketten begleitet, durchdenkt die Ich-Erzählerin die Folgen von Ereignissen, die durch Ideologie initiiert und durch Technologie praktisch umgesetzt wurden. Sie beschreibt die gewöhnlichen Tätigkeiten eines gewöhnlichen Tages: Lebensmittel einkaufen, Unkraut jäten, telefonieren, Wein trinken und essen. Sie stellt ihre Liste auf:

Liste der Tätigkeiten, die jene Männer von Wissenschaft und Technik vermutlich nicht ausüben oder die sie, dazu gezwungen, als Zeitvergeudung ansehen würden: Einen Säugling trockenlegen, Kochen, einkaufen gehn, mit einem Kind auf dem Arm oder im Kinderwagen. Wäsche waschen, aufhängen, abnehmen, zusammenlegen, bügeln, ausbessern, Fußböden fegen, wischen, bohnern, staubsaugen. Staubwischen. Nähen, Stricken, Häkeln. Sticken. Geschirr abwaschen. Geschirr abwaschen. Geschirr abwaschen. Ein krankes Kind pflegen. Ihm Geschichten erfinden. Lieder singen. — Und wieviele dieser Tätigkeiten sehe ich selbst als Zeitvergeudung an?[49]

Indem sie Radiosendungen hört und Fernsehnachrichten über Tschernobyl sieht, überlegt sie, ob der Kopfsalat, den sie von Unkraut gesäubert hat, eßbar sein wird und sie rät ihrer Tochter, ihre Kinder nicht draußen spielen zu lassen. »Die fast andächtige Beschreibung von Alltäglichkeiten wird, gerade im Licht der Katastrophendrohung, zum Lob des Lebens.«[50] Diese Feier des Alltags, der von der Zerstörung durch unkontrollierte technologische Prozesse bedroht ist, wird auf widerspruchsvolle

---

48 Christa Wolf: Störfall. Nachrichten eines Tages. Berlin und Weimar 1987. Zitiert nach der Luchterhand Ausgabe, Darmstadt und Neuwied 1987, S. 27.

49 Wolf: Störfall, S. 38.

50 Hans Kaufmann: Dringliches Forschen. In: NDL 35 (1987), Nr. 8, S. 134-138, hier S. 136.

Weise untermalt durch den imaginierten Dialog der Erzählerin mit ihrem
Bruder, der gerade eine Gehirnoperation durchmacht und dessen Leben
buchstäblich von der Perfektion der Technologie abhängt. Dieses Buch
ist das weitaus radikalste, der hier diskutierten, da es die Kritik der
Methoden und der Organisation des technologischen Wandels überschreitet und nach deren letztendlichen Rechtfertigungsgründen fragt.

Während viele männliche Theoretiker weiterhin die »private« als eine
Sphäre romantisieren, in der »eine andere Moral vorherrscht«, und sie als
den Luxus verklären, der nicht auf die »äußere« Welt ausgedehnt werden
kann, macht Wolf genau das Entgegengesetzte. Sie behauptet, daß wir es
uns nicht länger leisten können, Denken und Fühlen zu trennen, Handeln
und die Folgen dieses Handelns ohne direkten Zusammenhang zu sehen.
Die Werte und Verhaltensnormen, die in der Privatsphäre kultiviert
wurden, sind für das öffentliche Überleben unabdingbar geworden.

Wolf und Morgner sind, indem sie sich unterschiedlicher Beispiele und
unterschiedlicher Methoden bedienten, zu ähnlichen Schlüssen gekommen. Jede entwickelt eine Analyse der Deformation des Individuums und
der Gesellschaft durch die traditionelle Zuweisung von Geschlechterrollen
und -charakteristika in einer patriarchalischen Gesellschaft, die in private und öffentliche Sphären geteilt ist, was auch heißt, Zusammenarbeit
und gegenseitigen Respekt als die der Privatsphäre zugehörigen Verhal-
tensstandards auszugeben und zu unterstellen, daß die öffentliche Sphäre
allein von aggressivem Wettbewerb und von Gewalt bestimmt sein könne.
Damit denunzieren sie die soziale Schizophrenie nachdrücklich.

Es ist nicht verwunderlich, daß die private Sphäre durch Auslassungen
definiert wurde. Die Privatsphäre ist, wie sie sich seit der industriellen
Revolution entwickelt hat, durch jene Tätigkeiten charakterisiert, die nicht
profitbringend waren und demzufolge nicht kommerzialisiert wurden.
Entsprechend dem Charakter des Produktionsprozesses, ist es auch nicht
überraschend, daß die meisten Werke der DDR-Literatur, sowohl die
beschreibenden als auch die analytischen, sich auf den Einfluß konzentriert haben, den die Veränderungen der öffentlichen Sphäre auf die

private bewirken und nicht umgekehrt. Veränderungen in der Privatsphäre sind fast ausschließlich Anpassungsreaktionen.

Kultur hat historisch gesehen eine sozial konservative Rolle gespielt und
hat nur widerwillig auf politische und ökonomische Veränderungen reagiert. Die Rolle der Familie, so wie sie in der DDR-Gesellschaft war, ist
weiterhin ähnlich der in anderen zeitgenössischen westlichen Gesellschaften. Sie ist verantwortlich für die physischen und psychologischen
Aspekte der Reproduktion sowie der Erziehung und Sozialisation der
Kinder. Die Literatur, besonders in Werken von Frauen, leistet die Ent-
Mythologisierung dieser Funktionen und das dringliche Hinterfragen,
warum sich diese »überholten« Formen halten und wie sie ersetzt werden
könnten. Die Intensität, mit der der Widerspruch zwischen den Anforderungen dieser beiden Sphären als ständiges Thema oder Unterthema in
der von Frauen geschriebenen DDR-Literatur behandelt wurde, ist ein
Anzeichen dafür, daß dieser Widerspruch im Leben von DDR-Frauen
eine beherrschende Rolle spielte. Seine Abwesenheit in den Werken
männlicher DDR-Schriftsteller ist ein deutliches Indiz dafür, daß eine
solche Diskrepanz zwischen öffentlicher und privater Geschlechter-
rollenerwartung für diese kein akutes Problem war.

Die Frage, die zu Beginn dieser Diskussion gestellt wurde, kann nunmehr teilweise beantwortet werden. Ein Teil der von Frauen geschriebenen Bücher hat ausdrücklich auf die gegenseitige Durchdringung dieser
beiden Sphären aufmerksam gemacht. Jüngere Autorinnen neigen dazu,
sich auf die spezifischen Widersprüche zu konzentrieren, die sich daraus
ergaben, daß die Integration von Frauen in das Berufsleben nicht auch
von der entsprechenden Anerkennung und Reorganisation der reproduktiven Arbeit begleitet wurde, und sie betonten den Einfluß der öffentlichen auf die private Sphäre. Die Autorinnen der älteren Generation
begannen die Auswirkungen zu erkunden, die die fortwährende Teilung
von Werten und Verhaltensweisen auf die öffentliche Sphäre haben.
Wolfs Essay *Berührung* (1978) sagt eine neue Phase weiblichen Handelns

voraus.[51] Artikulierten auch jüngere Schriftstellerinnen die Suche nach einer neuen Lebens- und Denkweise? Diskutierten sie wirklich die Widersprüche zwischen der öffentlichen und der privaten Sphäre? Die Antworten sind nicht eindeutig. Manche Autorinnen haben die Küche und das Schlafzimmer in die Öffentlichkeit geholt und damit eine Fülle totgeschwiegener Themen zur Sprache gebracht, z.B.: physisch Behinderte und geistig Gestörte, Alte, Selbstmord, Alkoholismus, Abtreibung, Unangepaßte, Nicht-Normgerechte, Nicht-Integrierte, Erfolglose. Andere haben den offensichtlich unlösbaren Widerspruch beschrieben, in den Frauen heute verwickelt sind, wenn sie — wie Christa Wolfs kybernetische Maus — versuchen, widersprüchliche Anforderungen gleichzeitig zu erfüllen.

Die Tatsache, daß DDR-Schriftstellerinnen traditionell weibliche Wahrnehmungen in der öffentlichen Sphäre zur Sprache gebracht, daß sie die Probleme der Reproduktion hervorgehoben, den Widerspruch zwischen produktiver und reproduktiver Arbeit veranschaulicht, die traditionelle Wertstruktur der öffentlichen Sphäre in Frage gestellt und Werte der Privatsphäre sowie weibliche Handlungsstrategien als alternative Möglichkeiten im Atomzeitalter thematisiert haben, ist eine Errungenschaft, die eine fortschreitende Bewußtseinsentwicklung in der DDR beweist. Während Wolfs und Morgners Arbeiten Kritik und Analyse bieten und die politischen Beziehungen zwischen Öffentlichem und Privatem in ihren Schriften explizit artikulieren, erscheinen diese in den Arbeiten vieler jüngerer Autorinnen implizit. Ob dies an Unterschieden des Talents, der Gewohnheit, der persönlichen Neigung oder Erfahrung liegt, ist eine offene Frage.

Frauen haben aufgehört zu helfen, männliche Wunschbilder von Frauen zu entwerfen, und sie haben begonnen sich selbst zu beschreiben. Die Kritik des Modells, das von Frauen verlangt, daß sie weiterhin all die nichtanerkannte häusliche Tätigkeit und Reproduktionsarbeit erledigen und dazu die Last eines vollen Arbeitslebens im Büro und Betrieb über-

---

51 Wolf: Berührung, S. 19.

nehmen, charakterisierte die erste Hälfte des Jahrzehnts. Es folgte eine kritische Reflexion der psychologischen und der damit verbundenen rein physischen Anforderungen. Daß eine Frau auf der Arbeitstelle »wie ein Mann« denken soll: instrumental, rational, ehrgeizig, wettbewerbsfähig, zielorientiert und zusammenhanglos, daß sie sich aber weiterhin »wie eine Frau« im sonstigen Leben verhalten sollte: fürsorglich, gefühlsbetont, unterstützend, auf andere orientiert, einfühlsam, einigend, kooperativ — daß Frauen also tatsächlich auf Dauer zwei Rollen spielen sollten, bezeichnet den Riß zwischen öffentlichem und privatem Verhalten. Dieser Widerspruch enthüllt sich zunehmend als Symptom einer schädlichen Sozialstruktur.

Schriftstellerinnen wie Wolf, Maron, Morgner, Königsdorf und Schubert behaupten, daß einerseits diese doppelt geschichtete »Umschaltung« der Persönlichkeit unmöglich ist und daß andererseits die Persönlichkeitsspaltung in Gesellschaften, in denen Öffentlichkeits- und Privatsphärenverhalten strikt getrennt sind und männlich definiertes instrumentales Denken das öffentliche Leben beherrscht, direkt für deren ungesunde und zerstörerische Natur verantwortlich ist. Wenn man die Auswirkungen dieser Persönlichkeitsspaltung konkret im Mikrokosmos von Frauenleben gesehen hat, muß man feststellen, daß die Lösung der bedrohenden Probleme besonders folgende Fähigkeiten erfordert: Zusammenhänge zu sehen, die engen pragmatischen Kategorien eines rationellen Denkens aufzubrechen, Ursachen und Wirkungen aufzuspüren, mit dem anderen zu fühlen.

Die DDR-Gesellschaft, die sich zunächst auf Grund des Erfolges im industriellen Bereich formiert hat, ist inzwischen an den Punkt ihrer Entwicklung gekommen, an dem sie sich nicht ändern konnte, sondern sich zerstört hat. Die Rolle, die Schriftstellerinnen in der DDR gespielt haben wie auch im gesamten Deutschland spielen werden, ist darin zu sehen, daß sie die öffentliche Diskussion der Probleme stimulieren, die sich aus der willkürlichen und künstlichen Trennung von öffentlicher und privater Sphäre ergeben. Es ist nicht unbedingt Aufgabe der Literatur, auch Lösungen anzubieten.

Übersetzt von Eva Kaufmann und Dorothy Rosenberg

Monika Totten

Alltagsgeschichte im Dialog: DDR-Protokoll-Literatur von Frauen

Die Protokolle von DDR-Autorinnen gewähren heute, beim Wiederlesen nach der Wende 1989, einen ungleich präziseren Einblick in die alltägliche Wirklichkeit von Menschen in den siebziger und achtziger Jahren als die zur selben Zeit entstandene Belletristik. Während die Autorinnen und mit ihnen sympathisierende westliche Leser früher oft dazu neigten, diese Wirklichkeit trotz aller Kritik positiv zu bewerten, so erkennt man inzwischen verstärkt die kritischen Punkte in der Bestandsaufnahme des Alltags in der DDR. In diesen Protokollen kommen Frauen zu Wort, die im Grunde sehr viel zu sagen haben, »die aber in Wirklichkeit nichts zu sagen haben innerhalb dieser Gesellschaft«[1]. Authentische Aufzeichnungen alltäglicher Probleme rufen zur Veränderung der gesellschaftlichen Zustände auf.

Zu den Vorläufern dieser Tatsachenliteratur gehören die proletarische Prosa der zwanziger Jahre, deren Forum der »Bund proletarisch-revolutionärer Schriftsteller« war, und die agitatorischen Texte der sechziger Jahre, in der Bundesrepublik entstanden aus der Dortmunder »Gruppe 61« und dem daraus hervorgegangenen »Werkkreis Literatur der Arbeitswelt«. Außer dem Sprecher des obigen Zitats, Günter Wallraff, war es vor allem

---

1   So Günter Wallraff im Gespräch mit Heinz Ludwig Arnold. In: Frank Trommler: Sozialistische Literatur in Deutschland. Stuttgart 1976, S. 735. Zur proletarischen Prosa der zwanziger Jahre vgl. auch S. 472-479.

Erika Runge, die sich mit ihren Sammlungen *Bottroper Protokolle* (1968), *Frauen: Versuche zur Emanzipation* (1970), und *Reise nach Rostock* (1971) zur Sprecherin für »Nicht-Autoren« machte.[2] In den siebziger Jahren und Anfang der achtziger Jahre machten sich dann drei Frauen in der DDR mit dem Kassetten-Recorder auf den Weg, um Biographien des Alltags aufzuzeichnen. Im Gegensatz zu ihren Kollegen und Kolleginnen in der BRD verfolgten diese Frauen jedoch kein (bewußt) agitatorisches Ziel.

Es sind Schriftstellerinnen, keine Journalistinnen oder Sozialwissenschaftlerinnen, die diese Projekte unternahmen: Sarah Kirsch, Maxie Wander und Gabriele Eckart. Ihre Motivation war zum einen, so Wander, einfach zuhören zu wollen. Zum anderen jedoch gibt es ein anspruchsvolleres Ziel, nämlich Zeitgeschichte zu schreiben. In Kirschs Worten in den Nachbemerkungen zu *Die Pantherfrau*:

> Der Schriftsteller muß Chronist seiner Zeit sein. Seine Arbeiten sollen nach fünfzig, nach zweihundert Jahren Auskunft geben, wie bestimmte Leute zu bestimmten Zeiten gelebt und gefühlt haben.[3]

Ganz ähnlich, aber spezifischer auf die DDR bezeichnete Eckart im Vorwort zu ihrem Buch *So sehe ick die Sache* ihre Aufgabe:

> Die Gedanken und [...] die Charaktere und Biographien [...] dokumentieren für mich einen Zeitausschnitt aus der Geschichte unserer Gesellschaft, die noch jung ist und voll Unruhe nach Formen für ihr Leben sucht.[4]

---

2   Vgl. Reinhard Baumgart: Die Literatur der Nicht-Autoren. In: Merkur 24 (1970), S. 736-742. Poetologisches zur Protokoll-Literatur am Beispiel der Bottroper Protokolle findet sich in Nikolaus Miller: Prolegomena zu einer Poetik der Dokumentarliteratur. München 1982.
In Runges Fußstapfen treten Marianne Herzog: Von der Hand in den Mund. Frauen im Akkord. Berlin 1976. Und in den achtziger Jahren, nicht mehr arbeitspolitisch, sondern sexual-politisch ausgerichtet: Alice Schwarzer: Der »kleine Unterschied« und seine großen Folgen: Frauen über sich: Beginn einer Befreiung. Erweiterte und aktualisierte Ausgabe. Frankfurt/Main 1984.

3   Die Pantherfrau. Fünf unfrisierte Erzählungen aus dem Kassetten-Recorder. Berlin 1973. In der BRD erschienen mit dem Untertitel: Fünf Frauen in der DDR. Ebenhausen bei München 1975. Reinbek bei Hamburg 1973. Zitat (1978), S. 133.

4   So sehe ick die Sache. Protokolle aus der DDR. Köln 1984, S. 14.

Wander faßt ihre Aufgabe persönlicher auf. In der Vorbemerkung zu
Guten Morgen, du Schöne heißt es:

Ich halte jedes Leben für hinreichend interessant, um anderen mitgeteilt zu
werden [...] Mich interessiert, wie Frauen ihre Geschichte erleben, wie sie
sich ihre Geschichte vorstellen.[5]

Die Rezeption der Bücher beweist, daß die Zeit reif war für Geschichtsschreibung von unten, als Alltagsgeschichte »kleiner Leute«. Der große
Anklang drüben fand auch hüben eine gewisse Resonanz, obwohl bisher
nur ein Ausschnitt aus einem der Protokollbände auf Englisch erschienen
ist.[6] Die Leserzahl ist daher in den USA bedeutend geringer, doch findet
man Protokoll-Literatur an den Universitäten in Vorlesungen und Seminaren über DDR-Literatur, über Frauenliteratur und mitunter auch in Über-
sichtskursen über deutschsprachige Nachkriegsliteratur. Die amerikanischen Studenten, die bis 1989 oft wenig über die Geschichte und
jeweilige Situation der DDR wußten, lesen diese Protokolle des Alltags
tatsächlich als Chronik, lassen sich aber gleichzeitig »berühren« von der
Unmittelbarkeit der Gefühle und Gedanken, die aus diesen Seiten spricht.
Daher wundern sich junge Studenten beiderlei Geschlechts oft über die
Offenheit der Befragten, darüber, daß auch DDR-Frauen feministische
Einstellungen haben, daß sie diesen Feminismus auch zu praktizieren
scheinen, daß sie so unabhängig seien.[7] Es paßt nicht in ihr Konzept vom
Leben in einer »kommunistischen Gesellschaft«, daß die Frauen so kri-
tisch über ihre Partner und über sexuelle Probleme und Bedürfnisse
reden, viel offener oft, als sie selbst es kennen, oder daß eine junge

---

5   »Guten Morgen, du Schöne«. Protokolle nach Tonband. Berlin (DDR) 1977. In der BRD er-
     schienen mit dem Untertitel: Frauen in der DDR. Darmstadt und Neuwied 1978. Zitat (1978),
     S. 8.

6   Maxie Wander, Good Morning, My Lovely. In Connexions 5 (1982), S. 16-17. Siehe auch Linda
     Schelbitzki Pickle: ›Unreserved subjectivity‹ as a force for social change: Christa Wolf and Maxie
     Wander's Guten Morgen, du Schöne. In: Studies in GDR Culture and Society 2. Hg. Margy
     Gerber et al. Lanham, New York, London 1982, S. 217-230.

7   Einige der männlichen Studenten (18-24 Jahre alt) in meinem diesjährigen Literatur-Seminar am
     Massachusetts Institute of Technology meinten, diese Literatur sei so offensichtlich für Frauen
     geschrieben, daß sie sich ausgeschlossen fühlten.

Schülerin sich überlegt, ob sie vielleicht auch ohne Ehemann ein Kind haben möchte.

Vor allem Wanders Protokolle wirken am aufschlußreichsten über die Lage der Frau in der DDR der siebziger Jahre.

Sicherlich hat dies mit der Auswahl der Interview-Partnerinnen, mit den thematischen Schwerpunkten der Fragen selbst und nicht zuletzt mit der sympathischen Direktheit der Fragerin zu tun. Aus Wanders Tagebüchern wissen wir, daß die Gespräche sorgfältig vorbereitet waren und sich oft langjährige Freundschaften aus ihnen ergaben.[8] Ihr Interview-Band ist daher auch wegen seiner Offenheit und lebendigen Sprache zum »Standardwerk« des Genres geworden. Es steht im folgenden im Mittelpunkt meiner Ausführungen; die anderen beiden Werke sollen zum Vergleich dienen.

Zur Beantwortung der Frage, wie Wander die Frauen zu solch erstaunlicher Aufrichtigkeit ›verleitet‹ hat, müssen dialogische Aspekte der Originalfassung in der monologischen Form des späteren Protokolltextes aufgespürt werden. Der Text gibt sich ja nicht als Interview, sondern als durchgehende biographische Erzählung der jeweilig Befragten. Die implizierte Stimme der Fragestellerin muß also aus den Antworten rekonstruiert werden. Diese Fragen bestimmen nicht nur den Inhalt, sie steuern auch die Richtung des ganzen Gesprächs. Kurz: das Nicht-gesagte, das, was zwischen den Zeilen steht, ist vielleicht am sprechendsten.

Wie können die tatsächlichen Interviews rekonstruiert werden? Oft erkennt man schon an der Typographie des Textes, wann eine neue Frage gestellt wurde; ein neuer Abschnitt stellt dann ein neues Thema zur Diskussion. Ein übergangsloser Themenwechsel verrät eine vorhergehende Frage. Oft werden die Aufforderungen Wanders in die Antwort integriert oder in Kurzform wiederholt, z.B. impliziert der Satzanfang »Was ich gerne machen möchte« die Frage.

---

8   Maxie Wander: Tagebücher und Briefe. Berlin 1979. In der BRD erschienen als: Leben wär' eine prima Alternative. Tagebuchaufzeichnungen und Briefe. Darmstadt und Neuwied 1980.

Wanders Gesprächskomplexe drehen sich um Allgemein-Menschliches im Leben der Frauen. Am Ende des Interviews steht gewöhnlich eine analytische Frage, wie etwa: Was spielt die größte Rolle in deinem Leben? oder die Erkundigung nach Wunschvorstellungen, wie etwa: Wie definierst du Glück? Die Märchenfrage fehlt auch nicht: Was würdest du tun, wenn du einen Wunsch offen hättest? Die meisten Themen sind also recht allgemein formuliert, zielen aber auf spezifisch persönliche Stellungnahmen. Das Politische nimmt einen vergleichsweise kleinen Raum ein. Provokativ scheint die Fragerin selten zu sein, sie wird aber beharrlicher, wenn sie nicht genug Auskunft mit ihren ersten Anstößen erhält.

Daß Wander eine vertrauenerweckende Gesprächsleiterin ist, verraten Sätze wie »Ach, bei mir sprudelt's heute richtig. Ich rede sonst nie soviel« (S. 50) oder »Seltsam, daß ich dir das eingestehe« (S. 61). Das »du« schafft natürlich auch sofort eine freundschaftliche Atmosphäre. Ein Satz wie »Du glaubst, du hast mich jetzt ertappt, ja?« (S. 62), woraufhin die Sprecherin tatsächlich ihr Geheimnis preisgibt, läßt uns den ›verhörenden‹ aber dennoch freundschaftlichen Hergang des Gesprächs nachvollziehen. Wander hakt nach, wenn sie spürt, daß etwas Relevantes verschwiegen wird. Ein Beispiel: »Und ich habe wenig Hemmungen, sage ich. Konkret, ja? Konkret gehe ich gelegentlich mit einem Mann ins Bett oder auf die grüne Wiese« (S. 61). »Wenig Hemmungen« läßt Wander aufhorchen, und wenn die Befragte nicht weiterredet, sagt sie so etwas wie: kannst du mir ein konkretes Beispiel geben? Und die Antwort kommt spontan und offen. Mit diesen versteckten Zeichen in zahlreichen Textstellen gewinnt der Leser den Eindruck, daß die Protokolle aus absolut ehrlichen und vertrauensvollen Dialogen hervorgegangen sind, die Wander danach transkribiert und zu einer monologischen Form ediert hat.

Schon im Vorwort zum Band umreißt Wander die Problematik der Gesprächsinhalte und deutet damit zugleich auf eine neue Aufbruchstimmung unter Frauen, die sich in diesen Protokollen vielleicht zum ersten Mal über ihr Leben Rechenschaft geben. »Die Unzufriedenheit mancher Frauen mit dem Erreichten halte ich für optimistisch. Wenn manchmal Bedrückendes überwiegt, dann liegt es vielleicht daran, daß über Glück

zu reden kaum jemand das Bedürfnis hat.« (S. 7) Optimistisch ist dem-
nach der Befund, daß jetzt endlich die Zeit gekommen ist, in der Frauen
sich artikulieren können, und damit möglicherweise zugleich ein erster
Schritt zur Lösung getan ist. Mit dem Zitat »Ein ganz und gar glückliches
Zeitalter hätte keine Literatur« beruft die Autorin sich denn auch auf
Heinrich Mann. Dieses poetische Credo, das Entstehen von Literatur aus
Mangelerfahrung, teilen viele Schriftsteller.[9] Auf die Situation der Frau
in unserer Zeit bezogen, erhält diese allgemeine Feststellung jedoch eine
Relevanz, die besonders die als erfolgreich erklärte Emanzipation der
Frau im Sozialismus in Frage stellt.

Frappierend ist dabei die weitverbreitete Alltäglichkeit solcher spezifischen Probleme in der DDR, die auch Frauen in westlichen Ländern
immer wieder beanstanden. Ebenso auffällig ist es zudem, daß die Befragten ihre Schwierigkeiten eher auf private als gesellschaftliche oder
politische Umstände zurückführen. Obwohl die Gleichberechtigung als
politisches Selbstverständnis des sozialistischen Staates in der Verfassung
der DDR verankert war, führen die meisten Frauen Fehlleistungen auf
diesem Gebiet nicht auf gesellschaftliches Versagen zurück. In den
Interviews geht es um Probleme der berufstätigen Frau, die vor allem
innerhalb der Familie immer wieder überfordert ist, um Ehesorgen, um
mangelnde Zufriedenheit im Berufsleben oder in der Schule, um Apathie
und Anpassung, um Entfremdung und um Einsamkeit. Auch Maxie Wander versteht diese Alltagsprobleme in der DDR nicht als politisch provokativ. Es ist viel von Schwesterlichkeit und Menschwerdung die Rede,
von Hoffnungen, die als sozialistische Ziele anvisiert werden. In ihrem
Vorwort zu Wanders Band hält auch Christa Wolf trotz aller Desillusionierung an der Utopie von der Selbstverwirklichung der Frau in einem
sozialistischen Staat fest.

Als Leserin im Jahr 1991 schaut man jedoch weniger hoffnungsvoll in
eine spezifisch sozialistisch programmierte Zukunft, und die damalige
Zuversicht der Autorinnen erscheint heute fast wie ein Verzweiflungsakt.

---

9   So z. B. Martin Walser in: Selbstbewußtsein und Ironie. Frankfurter Vorlesungen. Frankfurt 1981.

Um so stärker sticht die Erfahrung des Mangels, die vormalige Gesellschaftskritik ins Auge. So ist es denn zu erklären, daß jetzt beim Wiederlesen der Protokolle die ambivalenten Gefühle der Frauen, die im Osten und Westen ähnlich sind, besonders die kulturelle Umbruchsituation der Frau in unserer Zeit typisieren. Lena zum Beispiel, deren Bericht den Band einleitet, ist eine eigenwillige, starke Persönlichkeit voller Widersprüche. Sie ist in der Männerwelt erfolgreich, indem sie sich »männlich verhält« (S. 21), unabhängig, selbstbewußt, sie weiß sich durchzusetzen, ist beruflich aggressiv und benimmt sich wie ein weiblicher Don Juan. Was sie über Frauen sagt, könnte nicht ›männlich-kritischer‹ sein:

> Ich habe Frauen nie besonders gemocht. Frauen leiden oft unter Minderwertigkeitskomplexen, sie [...] können nicht objektiv sein [...] Auch beruflich habe ich lieber mit Männern zu tun. (S. 31)

Andererseits jedoch gesteht sie etwas sehr »Weibliches«: »Der Sinn meines Lebens ist erfüllt, ich habe mich in meinen Kindern verwirklicht« (S. 30). Ihr Befürfnis nach »seelischer Berührung« mit einem Mann wird jedoch nicht erfüllt, — Männer suchen »weibliche Frauen«.

Lena, 43 Jahre alt im Jahr 1975, ist typisch für die widersprüchliche Situation von Frauen einer Zwischen- oder Übergangsperiode. An ihr und ihrer Familie sehen wir, wie Konflikte zwischen alten und neuen Rollenmustern von Frauen ausgespielt werden. Sie wurde von der Mutter puritanisch und religiös und vom Vater kommunistisch erzogen. Ihre Söhne jedoch sieht sie als »Kinder einer neuen Zeit, und ich bin mit so vielen Ressentiments und Zwängen behaftet, daß es eine Sünde wäre, sie davon trinken zu lassen« (S. 30).

Glücklich ist Lena also in ihrer »Männerrolle« nicht. Sie leidet unter der quälenden »Verantwortlichkeit«, hat das Bedürfnis, einmal loszulassen. Christa Wolfs bekannter Kommentar im Vorwort typisiert die ambivalente Situation Lenas, die sie selbst noch nicht voll versteht:

> Die Möglichkeit, die unsere Gesellschaft ihnen [den Frauen] gab: zu tun, was die Männer tun, haben sie, das war vorauszusehen, zu der Frage

gebracht: Was tun die Männer überhaupt? Und will ich das eigentlich?
(S. 16)

Nicht nur Lena, keine der Frauen scheint glücklich. Ute, die 24jährige
ledige Mutter, beschwert sich über Benachteiligung wegen ihrer Ehelo-
sigkeit bei der Wohnungsbeschaffung und am Arbeitsplatz. Sie kritisiert
besonders die vorherrschende Spießigkeit und das traditionelle Rollen-
verhalten: »Die Mädchen mußten schuften, die Jungs hatten 'n feinet
Leben« (S. 33). Andererseits ist sie selbst noch in diesem Verhalten
befangen: »Ick wollte immer 'nen Mann haben, den ick anhimmeln kann«
(S.41). Bemerkenswert ist, daß Ute selbst Standes- oder Berufsvorurteile
hegt, ganz wie in der bösen alten Zeit:

> Ick weeß nich, det sind so Kreise, die vor lauter Intelligenz nicht mehr
> wissen, wat sie nu eigentlich wollen.
>
> Die kritisieren nur, det jehört zum juten Ton. Det ist schon früher so
> gewesen. Zum Beispiel Schriftsteller, die sind mit ihrem Leben immer nicht
> fertig geworden, der eene hat sich umgebracht, der andere hat sich abge-
> kapselt, wa?« (S. 43)

Am Schluß des Bandes steht Bertha, die 74jährige, eine tapfere, einfache
Frau, mit einem äußerst entbehrungsreichen Leben. In ihrem Bericht,
nüchtern und selbstverständlich erzählt, ersteht zugleich die ereignisreiche
Geschichte dieses Jahrhunderts. In ihrer politischen Naivität genießt sie
es gleichermaßen, auf Kaisers Geburtstag Walzer getanzt und Karl und
Rosa auf der Tribüne gesehen zu haben. Doch meint sie, daß sie ein
gutes Gespür für gesellschaftlichen Fortschritt hat. Über ihre Enkel sagt
sie: »Nun haben sie alle einen richtigen Beruf und verstehen nicht mehr,
wie schwer wir's gehabt haben« (S. 193). An ihrer Biographie ermißt
Bertha, daß in der DDR viel für einfache Menschen erzielt wurde.

Kirschs und Eckarts Texte sind dagegen weniger mitreißend und persönlich umfassend. Im Vergleich zu Wanders sympathischer Persönlichkeit
und subjektiven Interview-Methoden scheinen die beiden anderen Autorinnen sachlicher in ihren Fragestellungen; dazu kommt bei Kirsch eine
gewisse Zaghaftigkeit der Methode, die aus den kulturpolitischen Erwägungen der frühen siebziger Jahre entstanden sein mag. Sie bemerkt noch

einschränkend: »Die Frauen haben mir so freimütig, wie das bei uns möglich ist, von sich erzählt.«[10] Ihre Interviews wurden schon 1971 und 1972 aufgenommen und zu Papier gebracht, d.h. also gerade zu Beginn der Tauwetterperiode. Wander hatte es 1975 da sicher einfacher. Die fortschreitende Unzufriedenheit in der DDR gab Eckart wiederum Anlaß, sich 1980 zu wundern: »Fast alle erstaunten mich durch ihre Offenheit, das Selbstbewußtsein und den kritischen Sinn, mit denen sie über alles, was sie fühlten und dachten, sprachen.« (S. 11)

Kirschs Sammlung ist weniger bunt, weniger abwechslungsreich als Wanders. Neben der Auswahl der Frauen und der rigideren Reihenfolge der Fragen hat dies etwas mit der Länge zu tun; *Die Pantherfrau* beschränkt sich auf fünf Interviews. Selbst die Titelgeschichte, die so aufregend klingt, ist bemerkenswert nüchtern erzählt. Beruf und Politik wird mehr Raum gegeben als persönlichen Themen, obwohl diese auch nicht zu kurz kommen. Die Aussparung von Sexualität in Diskussionen über Partnerschaft schränkt die Texte unnötig ein. Daß die Diskussion Kinder (alle Frauen haben eins oder zwei) kaum berührt, ist seltsam. Interessiert sich Kirsch nicht für dieses Thema? Bemerkenswert ist zudem, daß drei von den fünfen sich als glücklich bezeichnen. Die beiden anderen, im Beruf in leitenden Stellungen, sind zwar überarbeitet, aber zufrieden mit ihren Leistungen. Was ihnen fehlt, ist die persönliche Beziehung zu einem Mann: »Ich hätte ein Königreich dafür gegeben« (S. 101). Schon hier scheinen sich beruflicher Erfolg und privates Glück nicht glatt vereinen zu lassen, wie später auch von Lena in Maxie Wanders Protokollen bestätigt wird.

Doch nicht nur Thematisches, sondern auch Stilistisches unterscheidet Kirschs Sammlung von Wanders. Ihre literarisch sehr bewußte Editionsarbeit ist in diesem ersten DDR-Protokollband einer Frau spürbar.[11] Be-

---

10   Auf der Rückseite des Buchdeckels der BRD-Ausgabe. Dieser Satz erscheint natürlich nicht in den »Nachbemerkungen« der DDR-Ausgabe.

11   Vgl. Ann Clark Fehn, Authorial Voice in Die Pantherfrau. In: Erkennen und Deuten. Essays zur Literatur- und Literaturtheorie. Edgar Lohner in memoriam. Hg. Martha Woodmansee und Walter Lohnes. Berlin 1983, S. 335-346.

wußt knüpfte Kirsch an filmische Schnitt-Techniken an, die nicht den
verbindlichen Ton zwischen den Gesprächspartnern anstrebt, der in
Wanders Band so lebhaft zwischen den Zeilen herauszuhören ist. Sie
rückt die authentische Aussage jeder Frau in den Mittelpunkt. Kirsch
behält bewußt die Sprache des weiblichen Alltags bei, in der sie eine
bisher noch unausgeschöpfte Potenz sieht, die sich dem Leser unmittelbar
einprägt: »Die Umgangssprache [...] ist spontan und bildreich, sie läßt
Assoziationen zu und gibt Unbewußtem Raum.«[12] Wie in den westdeutschen Protokollen von Erika Runge ist auch hier der Sprachton zuweilen
mundartlich gefärbt und umgangssprachlich typisiert, — ein Merkmal,
das Wander und Eckart dann verstärkt aufgegriffen haben und das diese
Protokolltexte typisch für Menschen und Dialektlandschaften der DDR
ausweist.

Eckarts Interviews für *So sehe ick die Sache* fanden 1980 statt. Anders
als Wander und Kirsch beschränkt sich die Autorin geographisch auf ein
kleines Gebiet und beruflich auf die Beschäftigten eines Obstbaukom-
binats. Diese absichtliche Beschränkung ist von Vorteil; man bekommt
einen tieferen Einblick in die Arbeits- und Lebensbedingungen und in die
Psyche einer bestimmten Gruppe von Menschen, obwohl der Band dadurch auch vergleichsweise monoton wirkt. Es fehlt den Protokollen nicht
an Vielfalt in anderer Hinsicht: Männer und Frauen aller Altersgruppen
sind vertreten, innerhalb des Obstanbaubereiches gibt es eine große
Anzahl von Berufen und beruflichen Stellungen, vom Lehrling bis zum
Kaderleiter. Der Autorin ging es also nicht spezifisch um das Welt- und
Ich-Verständnis von Frauen unserer Zeit, sondern um einen umfangrei-
cheren Blick auf die Arbeits- und Lebenswelt einer Produktionsgemein-
schaft im ländlichen Alltag der DDR.

Für den historisch-politisch-soziologisch interessierten Leser ist dieses
Gesamtbild in seiner Gesellschaftskritik höchst aufschlußreich. Im Nachhinein ist es verständlich, daß das Buch 1980 nicht in der DDR veröffentlicht werden konnte. Die kritische Einstellung, vor allem der jungen

---

12 Kirsch: Pantherfrau (1973), S. 134.

Leute, ist vernichtend: sie bemängeln die Arbeitsbedingungen, die zentrale Arbeitsplanung funktioniert nicht, oft gibt es nicht genug, oft zuviel zu tun. Sie beklagen sich über mangelnde Verantwortung und zeigen wenig Arbeitsethik: um das Soll zu erfüllen, werden zum Beispiel wahllos Düngemittel verspritzt, die ökologischen Folgen werden nicht in Betracht gezogen. Sie beschweren sich über die rigide Hierarchie im Betrieb. Die persönlichen Berufsziele der Befragten sind für eine sozialistische Gesellschaft, die kostenlose Weiterbildung garantiert, erstaunlich niedrig gesteckt, nur wenige haben Ambitionen. Ganz besonders ins Auge fällt der krasse Materialismus, der sich in keiner Weise von dem in westlichen Staaten unterscheidet. Das Hauptthema für viele ist Geld, wie man mehr verdienen kann und was man sich dafür anschaffen könnte. Die Wohnungsmöglichkeiten sind unzureichend. Die Lehrlinge leiden unter zu wenig Platz und der Unmöglichkeit, allein zu sein. Die Älteren hingegen fühlen sich in den Wohnsilos isoliert. Das Leben außerhalb des Wohn- und Arbeitsplatzes bietet wenig. Die zentral organisierten kulturellen Veranstaltungen beschränken sich zum großen Teil auf Dia- oder Tanzabende. Das große Wort »Freiheit« wird selten in den Mund genommen. Immer wieder wird das Bedauern ausgedrückt, nicht in den Westen reisen zu können.

Diese jungen Leute, die ja die Hoffnung für die sozialistische Zukunft sind, stellen (sich) keine »großen« Fragen. Auffallend ist ihr mangelndes Interesse an Politik. In die Partei tritt man nur aus Selbstinteresse ein: »FDJ, ist doch bloß ein Trott« (S. 153). Anpassung oder Zynismus sind an der Tagesordnung. Oft sind die Menschen durch Zufall in ihren Beruf geraten. Nichts bleibt übrig von der Selbstverwirklichung im sozialistischen Staat durch die Arbeit, ein Ethos, das sympathisierende »Westler« bewundert haben. Die Antwort einer Zwanzigjährigen auf die (implizierte) Frage, was sie sich im Leben wünscht: »Vielleicht eine Couchgarnitur für mein Zimmer. Später will ich heiraten und zwei Kinder« (S. 156).

Schon zehn Jahre vor der Wende dokumentieren diese Interviews, daß eine typische Gruppe von Arbeitern und Angestellten die Hoffnung auf eine bessere sozialistische Zukunft aufgegeben hatte, daß sich diese

Menschen an westlichen Maßstäben orientierten und Erfolg vor allem am materiellen Wohlergehen maßen. Aus heutiger Sicht wird Eckarts Buch zum Barometer für die wirkliche Stimmung des Volkes. »Der Geist der real existierenden Utopie« (S. 9), der noch in Wanders Sammlung zu spüren war (so Wolf im Vorwort), hat sich in dieser Arbeitsgruppe verflüchtigt. Das platte, schwere Alltagsleben hat ihn weggeblasen.

Mit ihren Protokollen stellen Kirsch, Wander und Eckart Ansätze zu einer »Gegenöffentlichkeit« her.[13] Ihre Aufzeichnungen von authentischen Frauenleben schaffen ein Wirklichkeitsverständnis innerhalb der DDR-Literatur, das fern von kulturpolitischen Programmen des sozialistischen Realismus ein Barometer des Alltags ist. Im Gegensatz zur agitatorischen Funktion der Protokolle der zwanziger und sechziger Jahre zeichnen die DDR-Frauen hier ihre eigene widersprüchliche Situation wahrheitsgemäß auf, ohne Programme zur Veränderung. Die Aktualität dieser Texte liegt in der Praxis und Erfahrung. Heute stellt sich heraus, daß sich ihr wirklichkeitsveränderndes Potential nicht nur auf die DDR beschränkt. Es wird sich auch weiterhin im Leser entfalten.

---

13   Vgl. Trommler, a.a.O., S. 736-8.

Nancy Lukens

Der nüchterne Blick:
Jüngere DDR-Autorinnen
vor und nach der Wende

Schon lange vor dem Herbst 1989 äußerte sich Christa Wolf in einem
Interview zur jüngeren Geschichte (der eigenen wie der öffentlichen ihres
Landes), die, in ihren Worten, »jetzt dicht unter der Oberfläche zu
pochen beginnt«[1]. Im *Nachtrag zu einem Herbst* (Februar 1990) berief
sie sich noch einmal auf diese Formulierung und fragte herausfordernd:

Wenn es nun dieses Gemeinwesen mit seiner Geschichte nicht mehr gibt —
die ja, wird man es wahrhaben wollen?, ein Zweig der deutschen Geschichte
war —: Wird dieses Pochen noch jemanden interessieren?[2]

Dieses ›Pochen‹ der »unerledigten Widersprüche« im Bewußtsein der
Menschen in der DDR ist auch in der Prosa der bis zur ›Wende‹ im Lande gebliebenen jüngsten Autorinnen deutlich spürbar. Es ist aber nicht
nur ein Pochen gegen Türen bzw. Mauern der politischen Repression,
wenn die Häufigkeit von Ausbruchmotiven auch auffallend ist. Darüber
hinaus besteht das ›Pochen‹ dieser Literatur vor allem in der rückhaltlos
ehrlichen Beschreibung krasser Widersprüche in der Praxis eines theoretisch bejahten Sozialismus, in dem die Gleichstellung der Frau zwar
gesetzlich gesichert ist, wo jedoch patriarchalische Verhältnisse und
Machtvorstellungen weiterhin dominieren. Fast als zynische Antwort auf
Wolfs rhetorische Frage dagegen — wenngleich diese nicht frauenspezi-

1   Unerledigte Widersprüche: Gespräch mit Therese Hörnigk (Juni 1987/Oktober 1988). In: Christa
     Wolf: Im Dialog. Aktuelle Texte. Frankfurt/M. 1990, S. 67f.
2   Nachtrag zu einem Herbst. In: Christa Wolf: Im Dialog, S. 17.

fisch formuliert worden war — dürfte man die Feststellung einer *Zeit-Autorin* zum Auftakt der Dezemberwahl 1990 betrachten: »Die Frauen aus der ehemaligen DDR gehören jetzt schon zu den sicheren Verliererinnen der Wahl«, da die Anliegen der Frauen in West und Ost »im Wahljahr 1990 kein Thema« seien.[3]

Die jüngere Generation der Autorinnen, deren Bewußtsein als Frauen im sozialistischen deutschen Staat geformt wurde und die in den siebziger und achtziger Jahren literarisch debütierten, d.h. nicht mehr die bekannten Namen der älteren Generationen wie z.B. Seghers, Wolf und Morgner, sondern die zur Zeit der Wende ca. Dreißig- bis Fünfzigjährigen, hat die amerikanische Germanistik mit wachsender Neugier und Faszination, wenngleich auch in bisher beschränktem Maße rezipiert.[4] Der Charakter der Anliegen weiblicher Autoren in den letzten Jahren gibt einen Einblick in Widersprüche und Hoffnungen, die über die Grenzen der vormaligen DDR hinausweisen.

Bekanntlich besaß die DDR-Literatur im Gegensatz zur westdeutschen die Funktion eines Forums zur Artikulierung solcher Themen, die von den offiziellen Medien als zu kontrovers gemieden wurden. Daß weibliche Autoren hier eine besondere Rolle spielten, wurde spätestens 1974 mit dem gleichzeitigen Erscheinen von drei großen Romanen bewußt: Brigitte Reimanns *Franziska Linkerhand*, Irmtraud Morgners *Leben und Abenteuer der Trobadora Beatriz nach Zeugnissen ihrer Spielfrau Laura* und Gerti Tetzners *Karen W.* In diesen Werken werden die gelebten Widersprüche des Individuums nicht nur im Kontext des Sozialismus, sondern auch im größeren globalen Zusammenhang der patriarchalischen Leistungsgesellschaft rückhaltlos und nüchtern beim Namen genannt und

---

3   Ilka Piepgras: Die Wahl schon vorher verloren. In: Die Zeit 49 (7. Dezember 1990), S. 4.

4   Da bisher die Werke dieser Autorinnen noch nicht in englischer Übersetzung erschienen sind, blieb das Interesse weitgehend auf DDR-Spezialisten und feministische Germanisten beschränkt. Siehe u.a. Dorothy Rosenberg, Another Perspective. Young Women Writers in the GDR. In: Studies in GDR Culture and Society 4 (1984), S. 187-197. Die erste englischsprachige Anthologie von DDR-Frauenliteratur (mit Werken von 25 Autorinnen aus den Jahren 1970-1986) wird in Kürze erscheinen: Daughters of Eve (Arbeitstitel). Hg. Dorothy Rosenberg und Nancy Lukens. Lincoln, Nebraska (in Vorbereitung).

in ihren Auswirkungen auf das Verhalten und Bewußtsein der Menschen beschrieben.

Die im folgenden behandelten Autorinnen, die unter sich eine Vielfalt von sozialen, politischen und ästhetischen Positionen verkörpern, aber meines Wissens ohne Ausnahme über die ›Wende‹ hinaus ›geblieben‹ sind, seien hier chronologisch nach Geburtsjahr mit ihren wichtigsten Werken aufgelistet: Charlotte Worgitzky, geb. 1934, bekannt durch *Vieräugig oder blind* (1978) und ihren ›Abtreibungsroman‹ *Meine ungeborenen Kinder* (1982); Gerti Tetzner, geb. 1936, *Karen W.*, Roman (1974), *Im Lande der Fähren* (mit Reiner Tetzner, 1988), *Eines schönen Sonntags* (1990); Christa Müller, geb. 1936, *Vertreibung aus dem Paradies* (1979), *Die Verwandlung der Liebe* (1990); Helga Schütz, geb. 1937), *Jette in Dresden* (1977), *Julia oder die Erziehung zum Chorgesang* (1980), *In Annas Namen* (1986), *Erzählung* (1990); Helga Königsdorf, geb. 1938, *Meine ungehörigen Träume* (1978), *Der Lauf der Dinge* (1982), *Respektloser Umgang* (1986), *Ungelegener Befund* (1990), *1989 oder ein Moment Schönheit* (1990); Renate Apitz, geb. 1939, *Evastöchter* (1981), *Hexenzeit* (1984), *Herbstzeitlose* (1989); Rosemarie Zeplin, geb. 1939, *Schattenriß eines Liebhabers* (1980), *Alpträume aus der Provinz* (1984), *Der Maulwurf oder fatales Beispiel weiblicher Gradlinigkeit* (1990); Helga Schubert, geb. 1940, *Lauter Leben* (1975); *Blickwinkel* (1984), *Judasfrauen* (1990); Monika Helmecke, geb. 1943, *Klopfzeichen* (1979); Christiane Grosz, geb. 1944, *Scherben* (1978), *Blatt vor dem Mund* (1983), *Die Tochter* (1987); Maria Seidemann, geb. 1944, *Der Tag, an dem Sir Henry starb* (1980), *Nasenflöte* (1983), *Der geschminkte Chamäleon* (1986); Beate Morgenstern, geb. 1946, *Jenseits der Allee* (1979), *Nest im Kopf* (1979); Angela Stachowa, geb. 1948, *Stunde zwischen Hund und Katz* (1976), *Geschichten für Majka* (1978), *Kleine Verführung* (1983); Daniela Dahn, geb. 1949, *Spitzenzeit* (1980), *Prenzlauer Berg-Tour* (1987); Angela Krauß, geb. 1950, *Das Vergnügen* (1984); Maja Wiens, geb. 1950, *Traumgrenzen* (1983); Petra Werner, geb. 1951, *Poesiealbum* (1976), *Die Lüge hat bunte Flügel* (1983), *Sich einen Mann backen* (1984); Gabriele Kachold, geb. 1953, *Zügel los* (1989).

Bei den zu erwartenden kritischen Studien im vereinten Deutschland zu
den inzwischen historisch gewordenen empirischen Verhältnissen in der
DDR werden die vor und während der Ereignisse von 1989/90 entstandenen Werke dieser zeitgenössischen Autorinnen eine wichtige Funktion in
der Bewertung der Situation der Frauen einnehmen. Zuverlässiger als in
den oft ideologisch gesteuerten Veröffentlichungen von DDR-Sozialwis-
senschaftlern spiegelt die DDR-Belletristik die alltäglichen Verhältnisse.[5]
Allerdings hat sich meines Wissens die westliche Literaturwissenschaft,
auch die feministische, bisher wenig mit diesen Autorinnen beschäftigt.[6]
Dies mag freilich an oft beschränkten Auflagezahlen und an der vergleichsweise noch geringen Bekanntheit dieser jüngsten Literatur liegen.

Im folgenden daher die Fragen: Welche wichtigen Erfahrungen und
Reflexionen der Frauen in der Industriegesellschaft, und insbesondere im
Sozialismus, kommen hier zum Ausdruck? Welche gemeinsamen Anliegen verbinden die Frauen in Ost und West? Welche Auswirkungen hatten
die jetzt gestrichenen großzügigen sozialen Förderungsmaßnahmen auf
das Bewußtsein von Gleichberechtigung bei Frauen? Welche Perspektive
besaßen sie in Bezug auf Beruf, Liebe/Ehe, Kinder, Freundschaft, politisches Engagement? Wie steht es um ihr weibliches Selbstverständnis?
Welche formalen Aspekte dieser Literatur sind von Interesse? Erscheint
in dieser DDR-Kurzprosa, mehr als in der westlichen Frauenliteratur, die

---

5 Eine ausführliche Diskussion der Rolle der DDR-Belletristik für die politische Soziologie der DDR
   bietet z. B. Anita M. Mallinckrodt: The Environmental Dialogue in the GDR: Literature, Church,
   Party and Interest Groups in their Socio-Political Context. Lanham, Md. 1987, S. 1-26.

6 Sigrid Weigel etwa erklärt die Einschränkung ihrer ausgezeichneten diskursgeschichtlichen Analyse
   westlicher ›Frauenliteratur‹ auf die Werke, die im literarischen Diskurs der BRD eine Rolle spielen, damit, daß »ansonsten die anderen Bedingungen der kulturpolitischen Situation in der DDR
   berücksichtigt werden müßten« (Die Stimme der Medusa, S. 10). Ein solcher theoretischer Ansatz
   wäre m.E. jetzt gerade im Hinblick auf diese historischen Bedingungen der DDR-Frauenliteratur
   besonders angebracht. — Siehe auch Sonja Hilzinger: Als ganzer Mensch zu leben... : Emanzipatorische Tendenzen in der neueren Frauen-Literatur der DDR. Frankfurt a.M./Bern/New York
   1985. Hilzinger beschränkt sich auf die »ältere« Generation; die jüngste ihrer Autorinnen ist Gerti
   Tetzner, Jahrgang 1936, davor Anna Seghers, Christa Wolf, Irmtraud Morgner, Sarah Kirsch und
   Maxie Wander. — Die neueste, erweiterte Ausgabe von Wolfgang Emmerichs Kleiner Literaturgeschichte der DDR (Frankfurt/M. 1989) muß sich dem Umfang des Materials entsprechend mit der
   Aufzählung von Namen und Titeln begnügen, wobei man zwar Einblick gewinnt in die jeweiligen
   Kontext der Literatur von Frauen, doch vorwiegend aus der Perspektive der maßgebenden älteren
   männlichen Autoren wie Volker Braun, Heiner Müller u.a.

Potenz einer besseren Zukunft? Die hier behandelten Texte sind daher als exemplarisch zu betrachten, als Artikulationsweisen einer nunmehr historisch gewordenen Realität im ›real existierenden Sozialismus‹.

Durchgehend konsequent beschreiben diese Texte die inzwischen abgebauten ökonomischen Strukturen und deren Terminologie aus der spezifischen Perspektive weiblicher Protagonisten. Die Arbeit geschieht oft im Kontext von Genossen, Brigade, LPG oder Kombinat. Der Druck der Planwirtschaft auf Erfüllung von Produktionsquoten und der daraus resultierende Streß werden nicht nur registriert, sondern kulturkritisch reflektiert, ob im mathematischen Forschungsinstitut wie in Helga Königsdorfs *Der todsichere Tip* oder *Lemma I*[7], in einer Textilfabrik wie bei Tetzners *Grenzen*[8], in einer Brikettfabrik wie bei Angela Krauß' *Arbeit*[9], an der Universität wie bei Renate Apitz' *Die harmonische Else*[10], im Schulwesen wie in Charlotte Worgitzkys *Karriere abgesagt*[11], oder im Zirkus wie bei Christiane Grosz' *Der Trick*[12].

Amerikanische Leser können nur staunen, was für staatliche Hilfen zur ökonomischen und beruflichen Gleichberechtigung und zur Familienförderung ihren DDR-Zeitgenossinnen bis vor kurzem selbstverständlich waren:[13] Voll bezahlter Schwangerschaftsurlaub von 6 Monaten; bis zu 90 Prozent bezahlter Elternschaftsurlaub[14] von 12 Monaten (18 Monate vom 3. Kind an); kostenlose Kinderbetreuung bzw. Kindergarten mit Mahlzeiten zu einer Mark pro Tag, zu einem großen Teil am Arbeitsplatz; Lohnersatz bis zu 90 Prozent für alleinstehende Mütter bei Krank-

---

7   In: Helga Königsdorf: Der Lauf der Dinge. Berlin 1982.

8   Gerti Tetzner: Karen W. Halle 1974.

9   In: Angela Krauß: Das Vergnügen. Berlin 1984.

10 In: Renate Apitz: Evastöchter. Rostock 1981.

11 In: Charlotte Worgitzky: Vieräugig oder blind. Berlin 1978.

12 In: Das Kostüm. Berlin 1982.

13 Statistisches Taschenbuch der DDR, 1989; Gisela Helwig: Frau und Familie. Bundesrepublik Deutschland — DDR. Köln, 1987; Dorothy Rosenberg: Einführung zu: Daughters of Eve, Lincoln, Nebraska (in Vorbereitung).

14 Seit 1986 konnte der Elternschaftsurlaub entweder vom Vater oder von der Mutter wahrgenommen werden.

heit der Kinder; einen monatlichen ›Haushaltstag‹ für Mütter von Kindern
unter 16 Jahren sowie für alle Ehefrauen und alle Frauen über 40; kostenlose Schwangerschaftsberatung und -verhütungsmittel; kostenlose Schuler-
ziehung und Berufsausbildung, auch bei Berufstätigen, die beurlaubt wurden, um einer fortführenden Ausbildung oder einem Studium nachzugehen. Die geschiedene Filmemacherin in Christa Müllers *Candida* zum
Beispiel hätte ihren Beruf weder lernen noch ausüben können ohne die
Kinderbetreuung, die es für ihre Tochter gab.[15] Diese Maßnahmen
waren den jüngeren Generationen, die ja nichts anderes gekannt hatten,
so selbstverständlich, daß sie bei den hier behandelten Autorinnen meist
nur nebenbei erwähnt sind. Werden sie thematisiert, so doch in der Form
einer Kritik an der impliziten Haltung der Gesellschaft, nach der nur
Frauen solche Hilfen zur Kindererziehung und Haushaltsführung brauchen. Daniela Dahn bezeichnet den monatlichen Haushaltstag in *Das
heutig Weibliche* ironisch als eine »großzügige Geste« von Männern, die
sich der Verantwortung für die private Sphäre dadurch entziehen.[16]

Eine amerikanische Leserin, die Mobilität und offene Grenzen als
selbstverständlich hinnimmt, ist nicht überrascht, daß in manchem dieser
Texte die deutsch-deutsche Grenze und die Mauer als bedrückender Bestandteil der dargestellten Alltagswirklichkeit in Erscheinung treten. Das
Wort ›drüben‹ weist unmißverständlich auf den unbereisbaren Westen,
etwa bei Renate Apitz' *Harmonische Else* im Fall der Familie der Genos-
sin Ellen, deren Vater sie wegen ihrer Beziehung zu einem ›Grenzgänger‹
verstößt, der »drüben eins zu vier arbeitet«.[17] Und Helga Schütz' Anna
geht um Mitternacht zum Grenzübergang Friedrichstraße, um den Abschied ihres ehemaligen Liebhabers von seiner neuen Freundin von »drüben« voyeuristisch zu beobachten, irrt dann auf dem Heimweg von ihrer
Bahnstation Schönefeld über die Felder am Sperrgebiet entlang, bis sie
bei einer alten Mähmaschine, einem »Feldschreck«, einem »heimatlichen

---

15 In: Christa Müller: Vertreibung aus dem Paradies. Berlin 1979.
16 In: Daniela Dahn: Spitzenzeit. Halle 1980, S. 122.
17 In: Renate Apitz: Evastöchter. Rostock 1981.

Zeichen«, hinsinkt und einschläft.[18] Ähnlich figuriert das Unerreichbare, Unbekannte des Westens, aber aus kindlicher Perspektive, bei Christa Müllers Candida, die als junges Mädchen ihren im Westen lebenden Vater nach seinen Besuchen über die Brücke nach »drüben« verschwinden sieht, womit er für sie ebenso »weg« ist wie ihre Puppe, die sie von der Brücke aus den Strom hinunterschwimmen sieht.[19]

Als gemeinsames Anliegen der Frauen in Ost und West stellt sich anhand dieser Texte vor allem das In-Frage-Stellen des »abgezirkelten Lebenskreises« heraus, wie ihn etwa Gerti Tetzners Anwältin/Textilfabrikarbeiterin/Ehefrau/Mutter Karen W. beschreibt,[20] d.h. der Erwartungen, die die Frau in der öffentlichen sowie in der privaten Sphäre linear programmieren und ihre Doppel- bzw. Dreifachbelastung als strukturelle Selbstverständlichkeit voraussetzen. Karen W. registriert zwar ironisch distanziert die frauenfeindliche Behandlung am Arbeitsplatz, indem ihr Vorgesetzter, nachdem er erfährt, daß sie ausgebildete Anwältin ist, aufhört, sie »Kleene« zu nennen, und ihr nun »exakt und hochdeutsch«, aber mit mißtrauischen Blicken begegnet.[21] Aber ihr Befremden und ihr Bedürfnis auszubrechen gehen viel tiefer, sie weisen in das ganze Netz der patriarchalischen sozialen Strukturen, die auch ihre Ehe definieren. Solche deutlich in den sozialpolitischen Kontext gestellte Kritik am linearen, instrumentalen Denken, das weder schöpferisches Umdenken noch kritische Seitensprünge zuläßt, findet man vorwiegend in Texten der noch vor dem Krieg geborenen Schriftstellerinnen Wolf, Morgner, Königsdorf, Worgitzky, Tetzner und Schütz.

Etwas weiter in die private Sphäre gerückt erscheint diese Kritik dann bei den jüngeren, denen die historische Perspektive auf den Optimismus der ›Aufbaujahre‹ wohl eher fehlt. Renate Apitz' Studentin in *Die harmonische Else* erfindet zum Beispiel der Reihe nach mögliche Lebensläufe

---

18 In: Helga Schütz: In Annas Namen. Berlin 1986.

19 In: Christa Müller: Vertreibung aus dem Paradies. Berlin 1979.

20 Gerti Tetzner: Grenzen. In: Karen W. Halle 1974, S. 26.

21 Ebd.

für ihre Professorin, die ihre doppelte Rolle als Hochschullehrerin und als Frau erklären könnten, wobei die Hauptschwierigkeit immer in der Unfähigkeit der Männer in ihrem Leben besteht, ihrer Kompetenz und ihrem Bedürfnis nach emotioneller Partnerschaft entgegenzukommen.[22] In Monika Helmeckes *Lauf weg! Kehr um!*[23] bleibt für die Protagonistin, einer Komponistin mit zwei Kindern und nicht beteiligtem Ehemann, nur der Zugriff auf Zaubermittel übrig, um die Doppelbelastung auszuhalten — ähnlich wie für Worgitzkys mit einer Fee verbündeten Superfrau in *Karriere abgesagt*[24] und Morgners ›luftwandelnder‹ Vera Hill in *Das Seil*[25]. Während bei Morgner die Kernphysikerin und Mutter eine utopische Alternative zum gängigen Leistungsethos verkörpert und der drastische Ausgang der Erzählung sowie deren bewußt subversive Struktur und Sprache die ganze herrschende Moral in Frage stellt, bleibt der Ton bei Helmecke und anderen Vertreterinnen der jungen Generationen bis zu den Ereignissen von 1989/90 eher heiter resigniert.

Ein anderes Anliegen, das in diesen Texten zum Ausdruck kommt, ist die Frage, wie sich die Beziehungen einer juristisch voll emanzipierten Frauengeneration zu ihren Männern, zu ihren Geliebten und Kindern sowie zu anderen Frauen gestalten. Beate Morgensterns *Jenseits der Allee*[26] schildert Verständigungsprobleme zwischen verschiedenen Generationen von Frauen, etwa in der gleichnamigen Geschichte, wo eine ältere Kollegin versucht, sich einer jüngeren zu nähern. In Angela Stachowas *Plauderei über meine Freundin Resi* beschreibt die Ich-Erzählerin humorvoll-distanziert das Dreiecksverhältnis, in dem sich ihre Freundin zwischen ihrem Geliebten und dessen Ehefrau gefangenhält.[27] Maria Seidemanns *Der Brückenbauer* schildert recht positiv die Beziehung ›auf

---

22 Renate Apitz: Die harmonische Else. In: Evastöchter. Rostock 1981.

23 In: Monika Helmecke: Klopfzeichen. Berlin 1979.

24 In: Charlotte Worgitzky: Vieräugig oder blind. Berlin 1978.

25 In: Irmtraud Morgner: Leben und Abenteuer der Trobadora Beatriz nach Zeugnissen ihrer Spielfrau Laura. Berlin 1984.

26 In: Beate Morgenstern: Jenseits der Allee. Berlin 1979.

27 In: Angela Stachowa: Kleine Verführung. Halle 1983.

Zeit‹ zwischen einer Museumsangestellten und einem vorübergehend in ihrer Stadt arbeitenden Bauarbeiter, wobei das zentrale Motiv der ›Tarn-kappe‹ deutlich werden läßt, wie sehr die Protagonistin durch die im rückblendenden Monolog geschilderten Vernachlässigungen und Mißhand-lungen ihrer Kindheit noch belastet ist und sich jetzt nicht weiter ver-wundbar machen will.[28] Eine Szene in Maja Wiens' Roman *Traumgren-zen* handelt von dem ganzen Umkreis der Fragen und Erlebnisse einer Frau auf der gynäkologischen Station, die sich zur Beendigung ihrer zweiten Schwangerschaft entschlossen hat und »es« nun hinter sich bringt.[29] Hier wird implizit Kritik geübt sowohl am euphemistischen Sprachgebrauch, der diesen Schritt als ›Unterbrechung‹ bezeichnet, als auch an der Haltung männlicher und weiblicher Ärzte, die Frauen in ihrem Sexualverhalten eher moralistisch verurteilen, als sich um das Wohl der Familie zu kümmern.

Helga Schuberts *Luft zum Leben*[30] thematisiert psychologische Beschä-digungen durch vorgegebene Muster männlichen Heldentums in familiä-ren Beziehungen. Die Ich-Erzählerin stellt die verhaltene Mutter-Sohn-Beziehung vom befremdenden ersten Schwangerschaftsgefühl an bis zu dem Moment, wo der Sohn als Soldat im ersten Urlaub nicht die Mutter aufsuchen will, sondern die Freundin, wobei er gerade in dem Brief, mit dem er der Mutter die bewußte Trennung von ihr klarmacht, sie zum ersten Mal zärtlich anredet. Durch die Darstellung der Freundin deutet Schubert an, daß preußisches Soldatentum und sein Ethos auch noch die junge Männergeneration in ihrer Liebesfähigkeit beschädigen wird. Rose-marie Zeplins *Schattenriß eines Liebhabers*[31] dekonstruiert durch Ironie das »Wunder« einer konventionellen Liebesbeziehung. In Monika Hel-meckes *30. September*[32] erzählt eine Mutter von zwei Kindern im Se-kundenstil den Hergang eines einzigen Tages, den sie mit der Versorgung

---

28 In: Maria Seidemann: Der Tag an dem Sir Henry starb. Berlin 1980.
29 Maja Wiens: Traumgrenzen. Berlin 1983.
30 In: Helga Schubert: Blickwinkel. Berlin 1984.
31 Rosemarie Zeplin: Schattenriß eines Liebhabers. Berlin 1980.
32 In: Monika Helmecke: Klopfzeichen. Berlin 1979.

der Kinder verbringt. Auch da herrscht eher Nüchternheit als Bitterkeit oder Wut. In allen diesen Texten übersteigt die emotionale Bereitschaft der Protagonistinnen eine überaus lakonisch dargestellte tägliche Wirklichkeit. Theoretische Überlegungen sowie programmatische politische Forderungen kommen in der Prosa vor der Wende nicht vor, dafür spricht die Souveränität der Erzählhaltungen und Darstellungsmittel für ein stark ausgeprägtes Bewußtsein der Frauen über ihre spezifische Situation.

Diesen Autorinnen geht es durchaus um das Verhältnis zwischen Gleichberechtigung, Kompetenz, Verwundbarkeit und Schwach-Sein-Dürfen. Charlotte Worgitzkys Lehrerin in *Karriere abgesagt*, deren Superfrau-Leistung auf einem Zauber beruht, dank dem sie keinen Schlaf braucht, will aus dieser Lüge hinaus und will »normal« sein, will menschlich schwach sein dürfen, aber niemand will das wahrhaben.[33] Die Protagonistin in Christiane Grosz' *Der Trick* besitzt im Gegensatz zu ihrem Mann echte Zauberkünste, erkrankt aber an der Tatsache, daß der Erfolg ihres Mannes von einer Lüge abhängt und sieht ein, daß sie wählen muß zwischen Ausübung ihres Talents und Liebe, jedenfalls bis jemand den Bann der Lüge im Zirkus bricht.[34]

Daniela Dahn stellt in ihrem Feuilleton-Aufsatz *Das heutig Weibliche*[35] fest, Karl Marx habe bekannt, er sähe als Lieblingstugend bei Frauen Schwäche, bei Männern Stärke; trotzdem habe Dahn selbst bei den Kritikern des marxistischen Systems keinen gefunden — falls er die Vorteile des marxistischen Mythos der männlichen Stärke genoß —, der diese Auffassung des neunzehnten Jahrhunderts kritisiert oder der die Frauen gerne stark gesehen hätte. Weiterhin sei klar, daß »Emanzipation nicht Mannwerdung, Gleichmacherei bedeute«. Was es aber bedeutet, schließt

33 In: Charlotte Worgitzky: Vieräugig oder blind. Berlin 1978.
34 Christiane Grosz: Der Trick. In: Das Kostüm. Berlin 1982.
35 In: Daniela Dahn: Spitzenzeit. Halle 1980.

Dahn, ist bei aller beruflich-sozialen Gleichstellung auch mal »Schwach-Sein-Dürfen«.[36]

Auch die formalen Elemente dieser Literatur sind bezeichnend für den darin zum Ausdruck gebrachten nüchternen Blick auf weibliche Erfahrungen und Überzeugungen. Die Kurzprosa, eine offene Form, die als Gattung in den siebziger Jahren immer häufiger gebraucht wurde, schließt Formen ein wie z.B. das von Daniela Dahn und anderen gebrauchte Feuilleton, weiterhin das durch Schriftstellerinnen wie Sarah Kirsch, Maxie Wander und Gabriele Eckart besonders bekannte autobiographische Interview-Protokoll, das das authentische Erleben eines Subjektes besonders zur Geltung kommen läßt. Die hier besprochene Literatur greift aber auch häufig zur Phantastik bzw. zu Zauber- und Märchenmotiven, um die bestehende Wirklichkeit in ihren Voraussetzungen noch betonter in Frage zu stellen oder humorvoll zu beleuchten.

Auffallend ist, wie selten männliche Erzählerfiguren in Erzählungen von Frauen vorkommen. Dafür wirkt der eine männliche Ich-Erzähler in allen hier besprochenen Texten, der Gynäkologe in Petra Werners *Die Lüge hat bunte Flügel*[37], der den Verlauf seiner Beziehung zu einer alleinstehenden Mutter mit zunehmender Wut schildert, durch den im Subtext des Erzählten unüberhörbar ironischen Kommentar der Autorin besonders unsympathisch. Während der Diskurs des Erzählers von seinem egoistischen Bedürfnis zeugt, in den Augen der heute sensibilisierten Leser ›weiblich‹ sensibel und großmütig zu wirken, jedoch gleichzeitig zu herrschen und jegliche Verbindlichkeit zu vermeiden, gewinnt die Protagonistin — der kontrollierenden Erzählweise nach eine schamlose Betrügerin - zunehmend die Sympathie der Leser durch den ihr eigenen Diskurs des subjektiven Anspruchs auf Anteilnahme. Durch ihren Pronomengebrauch (»wir«, »unser Kind«, »unsere Wohnung«) bindet sie wider dessen Willen den Erzähler in ihre Situation mit ein, dessen »ich«-Perspektive (»meine

36 Daniela Dahn: Das heutig Weibliche. In: Spitzenzeit. Halle 1980.

37 In: Petra Werner: Die Lüge hat bunte Flügel. Berlin 1983.

Wohnung«, »dein Kind«) sie eher zum bedauernswerten Objekt machen
will und sie aus seiner emotionalen Welt ausschließt.

Zusammenfassend kann man sagen, daß die oben besprochene neue
Frauenliteratur — ohne Ausnahme vor dem Zusammenbruch des SED-
Apparates im Kontext dieses Systems entstanden und von DDR-Verlagen
veröffentlicht — durch eine tiefgehende Ambivalenz gekennzeichnet ist,
die sich teils souverän-heiter, teils lakonisch-trauernd präsentiert.
Konstatiert wird immer wieder die Diskrepanz zwischen den alltäglichen
Verhältnissen und der Vorstellung eines humanen Sozialismus, die besonders bei den Älteren dieser Generation stark mitschwingt. Doch das
übergreifend Utopische, das etwa bei Wolf und Morgner gerade in den
von ihnen bewußt konstruierten dystopischen Texten durchleuchtet, ist
hier weniger präsent. Das Bestehende wird zwar mit Verfremdung wahrgenommen, und immer wieder wird erkannt, daß die Frau sich stark
machen muß, um sich durchzusetzen, aber man vernimmt wenig Hoffnung auf die Möglichkeit systematischer Erneuerung.

Einen scharfen Kontrast zu dieser Einstellung stellen allerneueste, während des Umbruchs geschriebene Texte dar. Als Beispiel hier ein stark
experimenteller, autobiographischer Text *mein erfurt mein mittel-alter*[38]
von der jungen Gabriele Kachold (geb. 1953), die schon als Studentin
wegen ihrer Beteiligung am Protest gegen die Biermann-Ausbürgerung
ein Jahr im Gefängnis gesessen hatte. Wie aus dem Text hervorgeht,
konnte die Ich-Erzählerin nach jahrelangem Leben mit »dieser leiche« der
alles Kreative abwürgenden Verhältnisse gerade in der Konfrontation mit
dem reformbedürftigen System — in ihrem Fall als junge Lehrerin an der
pädagogischen Hochschule — endlich »nicht mehr an dieser leiche vorbei«. Da wird sie Mitinitiatorin einer Bewegung in ihrer Seminargruppe,
die von alternativen Vorlesungen in Universitätsräumen über »fdj-aktivta-
gungen« zu Disziplinarverfahren und Exmatrikulation führt.

---

38 In: Schöne Aussichten: Neue Prosa aus der DDR. Hg. von Christian Döring und Hajo Steinert.
    Frankfurt 1990, S. 273-288.

Kacholds Prosa ist avantgardistisch: syntaktisch innovativ, stilistisch kühn, eine Mischung zwischen Prosa und Lyrik. Das zentrale Bild der sezierbereiten Leiche, die die Ich-Erzählerin »mit mir herumträgt« und an der sie wegen der blockierten Sicht nicht mehr vorbeikommt, zeugt von ihrer pro-aktiven, verantwortungsbewußten Haltung, da sie nicht mehr bereit ist, sich vom System definieren zu lassen, weder als Puppe noch als Opfer. In der erzählten Zeit der Konfrontationen, die auf die inzwischen bekannten »kommenden Ereignisse« (S. 280) zugeht, entdeckt die Erzählerin zum ersten Mal ihre eigene Subjektivität als Frau, sowohl im solidarischen Auftreten mit ihren Freunden gegen den Staatsapparat als auch im Sich-Abgrenzen gegen die angepaßten Freundinnen, die sich schließlich dem Druck des Systems beugen und sie verraten. Trotz der erlebten Verfolgung, des Karriereverlusts und des Verrats durch weniger Mutige eröffnet die Erfahrung, entscheidungsfähig zu sein, die Möglichkeit zu »eine[r] neue[n] sprache für die seelenräume die wir meinen wenn wir ums bleiben kämpfen wollen« (S. 285). Diese Möglichkeit der Selbstfindung ist aber keinesfalls eine utopische Abstraktion, Kacholds Bildersprache ist auffallend physiologisch-konkret orientiert und steht in direkter Assoziation mit der sozialpolitischen Aussage, die das ›Leichenhafte‹ des Systems durchaus mit der hysterischen Angst der Männer an der Macht identifiziert, aber dieser nun mit Mitleid begegnet:

> ich lecke die narben eurer mannkriege was bin ich schon ich frau ich dazwischengekommene zwischen eurer schwänze kampf zwischen eurer männerküssezungenschlag. (S. 284)

Der Schluß von Kacholds Text wirkt fast exorzistisch-beschwörend, indem die Ich-Erzählerin die aufgeschnittene Leiche eines von ihr »zu tode geliebten« alten Mannes betrachtet und dann den eigenen, vom Apparat ebenfalls zum ›Staatsfeind‹ erklärten Mann wieder ins Leben ruft:

> mein mann ich gebe dir das herz zurück steh auf und geh dahin du mußt nicht tot sein mich haben sie auch nicht verbrannt obwohl sie mich gern tot gesehen oder zumindest verbannt in der hoffnung mir nicht mehr gegenübertreten zu müssen diese ewigen studenten der pädagogischen hochschule auf der ersten stufenleiterbahn ihrer karriere durch schweigen ist auch ein weg aber irgendeine widerstandskraft fehlt

mein erfurt mein mittelalter
ich muß an dieser leiche vorbei

Dieser Aufruf ist exemplarisch für die energisch ›pochende‹ Haltung der zur Wende beitragenden Schriftstellerinnen und der von ihnen dargestellten Frauen. War die Subjektivität der Protagonistinnen und Erzählerinnen in der Literatur der siebziger und achtziger Jahre noch eine eher nach innen ›pochende‹ — was angesichts der Schwierigkeit, im damaligen Staat Demokratie zu üben, nicht überrascht —, so erscheinen in diesen Texten doch die wesentlichen Merkmale einer konstruktiven feministischen Gesellschaftskritik enthalten. Trotz der gegenwärtigen Tendenz im vereinten Deutschland, diverse allgemein-gesellschaftliche Probleme als ›Probleme von Frauen‹ auszugrenzen oder gar unter den Tisch fallen zu lassen, sollte man doch darauf hoffen, daß die Stimmen der ehemals im Sozialismus lebenden Frauen im Gespräch mit ihren westlichen Zeitgenossen zur Geltung kommen werden. Dies würde entscheidend zur Erneuerung der Werte in der westlichen Industriegesellschaft beitragen können.

Patricia Herminghouse

Phantasie oder Fanatismus?
Zur feministischen Wissenschaftskritik in der Literatur der DDR

In Christa Wolfs erstem Roman *Der geteilte Himmel* (1963) begrüßen die Arbeiter einer Waggonfabrik die »Nachricht« vom Sputnik, dem ersten erfolgreichen Flug eines bemannten Raumschiffs, mit ungeteilter Euphorie. Der Jubel, den dieser Triumph der sowjetischen Wissenschaft auslöst, versinnbildlicht den Glauben der damaligen Epoche an Wissenschaft und Technologie als Vorbedingung des menschlichen Fortschritts. Und doch: entgegen Wolfs offensichtlichem Versuch, in diesem Werk dem Bitterfelder Mandat nachzukommen, enthält der Roman auch auffällige Hinweise auf das zerstörerische Potential eben dieser Technologie des wissenschaftlichen Fortschritts. Die aufregende »Nachricht« erreicht Rita und ihre Mitarbeiter während der Probefahrt eines neuen Waggonmodells, in deren Verlauf sie aber bestürzt feststellen müssen, daß auf einmal die Notbremsen den Zug — dieses beliebteste Sinnbild des Fortschritts in der sozialistischen Tradition — nicht rechtzeitig anhalten können. Später wird Rita in einem vermutlichen Selbstmordversuch von der unaufhaltbaren Triebkraft der rollenden Wagen in der Fabrikhalle beinahe zu Tode gequetscht:

> Sie sieht immer noch die beiden Waggons, grün und schwarz und sehr groß. Wenn die angeschoben sind, laufen sie auf den Schienen weiter, das ist ein Gesetz, und dazu sind sie gemacht. Sie funktionieren. Und wo sie sich treffen, da liegt sie.[1]

---

1   Christa Wolf: Der geteilte Himmel. Halle (Saale) 1963, S. 11f.

Auch Manfred Herrfurths Glauben an das Potential der Kybernetik, das
zukünftige Leben der Menschen zu vervollkommnen, wird durch Ritas
Bedenken aufgehoben, daß »die Voraussagen der Elektronengehirne [...]
nichts daran [änderten], daß auf der Erde [...] weiterhin im großen Stil
spekuliert, weiterhin in großem Stil gerüstet wird« (155). Auf fatale
Weise wird seine Ungeduld als Wissenschaftler, »die Ungeduld des
Experimentators, dem nicht schnell genug ganze Städte und Länder als
Objekt für seine Experimente zufielen« (156), eingeholt: Im April 1986,
genau 25 Jahre nach dem Flug des Sputniks, liefert eine weitere NACH-
RICHT aus der Sowjetunion — in diesem Fall handelt es sich um Tscher-
nobyl — den Beweis für die tödlichen Konsequenzen eines ungezügelten
Fortschrittsdenkens, die bereits durch die »Nachricht« im Geteilten
Himmel angedeutet wurden. »Treiben die Utopien unserer Zeit notwendig
Monster heraus?« lautet die verzweifelte Frage der Erzählerin in Wolfs
Störfall (1987).[2]

Obwohl viele Kritiker erkannt haben, daß die verheerende »NACH-
RICHT« dieses Romans auf die frühere »Nachricht« anspielt, und eigentlich wohl ein Widerruf der Euphorie ist, die sie hervorrief,[3] so bleibt
doch der Kontrast zwischen der spannenden Verkündigung dieses Ereig-
nisses im *Geteilten Himmel* und der Art, wie von den Nachrichten im
Rundfunk das Reaktorunglück von 1986 »jede Stunde umgemünzt und
zerkleinert wird«, im allgemeinen unbemerkt. Zitierte *Der geteilte Himmel* damals den Kosmonauten Gagarin mit seinem lyrischen Bezug auf
»die Wolken und ihre leichten Schatten auf der fernen, lieben Erde«, die
ihm wie ein frischgepflügtes Feld erschien (227), so fragt sich die
Erzählerin in *Störfall*, ob ein Dichter es je wieder wagen würde, eine
weiße Wolke (geschweige denn einen »strahlenden« Himmel) zu besin-
gen.(62) Da es nichts als das Wort »Wolke« gibt, um das zu bezeichnen,
was die frische Saat in ihrem Garten mit Radioaktivität berieselt, wird sie

---

2   Christa Wolf: Störfall. Nachrichten eines Tages. Darmstadt und Neuwied 1987, S. 37.

3   Vgl. u.a. Anna Kuhn: Christa Wolf's Utopian Vision. From Marxism to Feminism. Cambridge,
    New York, New Rochelle, Melbourne, Sydney 1988, S. 211f; Dorothee Schmitz-Köster: Troba-
    dora und Kassandra und ... Weibliches Schreiben in der DDR. Köln 1989, S. 135.

mit dem Unvermögen der Sprache konfrontiert, mit dem ›Fortschritt‹ der Wissenschaft Schritt zu halten. »Wie merkwürdig«, grübelt sie,

daß A-tom auf griechisch das gleiche heißt wie In-dividuum auf lateinisch: unspaltbar. Die diese Wörter erfanden, haben weder die Kernspaltung noch die Schizophrenie gekannt. Woher nun der moderne Zwang zu Spaltungen in immer kleinere Teile, zu Abspaltungen ganzer Persönlichkeitsteile von jener altertümlichen, als unteilbar gedachten Person. (35f.)

Doch während sie wegen dieses katastrophalen Versagens der Technologie davor erschreckt, frisches Gemüse zu essen, basteln auf der anderen Seite des Globus die fanatisierten Wissenschaftler in Livermore Laboratories an der noch schrecklicheren Technologie von »Star Wars«:

Was sie kennen, ist ihre Maschine. Ihr lieber, geliebter Computer. An den sie gebunden, gefesselt sind, wie nur je ein Sklave an seine Galeere. Ernährung: Erdnußbutterbrote. Hamburgers mit Tomatenketchup. Cola aus dem Kühlschrank. (71)

Gerade an diesem Tag aber muß sie auch um ihren Bruder bangen, dessen Überleben auf schicksalhafte Weise vom Gelingen oder Nichtgelingen eines hochtechnischen Eingriffs abhängt: der Versuch eines Chirurgen, seine Hirnschale aufzusägen, um einen Gehirntumor zu entfernen. Trotz der Beklemmung, mit der die Erzählerin in ihrem rustikalen Sommerhaus der Technologie gegenübersteht, ist auch sie auffallend auf sie angewiesen: sie bedient sich öfters des Telefons, um sich über das Gelingen der Operation zu informieren und mit ihren Töchtern zu sprechen. Das Bewußtsein ihrer widersprüchlichen Beziehung zur Technologie, an der auch sie hängt, wie ihr Bruder am Tropf der Intensivstation, mündet am Ende in einen Alptraum, aus dem sie heulend erwacht.

Wolf ist nicht allein in ihrem sich steigernden Zweifel gegenüber einem Fortschrittsbegriff, der sich fast ausschließlich als fortschreitende Technisierung der Gesellschaft herausstellt. Bei Schriftstellerinnen wie Helga Königsdorf und vor allem Irmtraud Morgner wird dieser als männlicher Wissenschaftsfanatismus charakterisierte Denkstil zunehmend einer vernichtenden, geradezu als feministisch zu bezeichnenden Kritik unterzogen. Diese Autorinnen entlarven ihn als anachronistische Herrschaftsideo-

logie, welche wiederum andere, ihnen als Frauen vertrautere emanzipatorische Erkenntnisweisen verdrängt. In ihren Texten geschieht dies oft
anhand der Konfrontation der subjektiven Erfahrung einer Frau, meistens
einer Wissenschaftlerin, der sich oft eine Doppelgängerin zugesellt, mit
der männlichen Welt der Wissenschaft. Bevorzugt dabei werden Mittel
der Phantasie und der Magie, welche im Gegensatz zur tradierten Science
Fiction den wissenschaftlich-technischen Fortschritt nicht verherrlichen,
sondern ihn zutiefst in Frage stellen. Das herrschende Wissenschaftsverständnis weicht dabei vorwissenschaftlichen, der Frau in Mythen und
Geschichte zugesprochenen Erkenntnisweisen, welche den vorherrschenden, scheinbar neutralen wissenschaftlichen Diskurs als geschlechtsspezifische Ideologie entblößen.

Die Kritik dieser Autorinnen deckt sich in vielen Beziehungen eher mit
solchen neueren kritischen Ansätzen anglo-amerikanischer Feministinnen
wie Evelyn Fox Keller[4], Donna Haraway[5], Sandra Harding[6] und Ruth
Bleier[7] als mit selbst in der DDR erschienenen Untersuchungen wie
Renate Feyls *Der lautlose Aufbruch. Frauen in der Wissenschaft* (1983).
Trotz ihrer Aktualität auch für die Situation in der damaligen DDR gibt
es leider bis jetzt fast keine deutschen Übersetzungen dieser Texte, die
die anglo-amerikanische feministische Diskussion der letzten Zeit maßgebend bestimmt haben. Wegen fehlender Übersetzungen aus dem Deutschen bleiben andererseits, mit Ausnahme von Christa Wolf, die Überlegungen von DDR-Schriftstellerinnen zu herkömmlichen Wissenschafts-
und Fortschrittsbegriffen den anglo-amerikanischen Feministinnen weitgehend unbekannt, obwohl ihre literarischen Herausforderungen den west-

---

4   Vgl. besonders Evelyn Fox Keller: Reflections on Gender and Science. New Haven und
    London 1985.

5   Vgl. Donna Haraway: A Manifest for Cyborgs: Science, Technology, and Socialist Feminism in
    the 1980's. In: Socialist Review 15 (1985), S. 65-107. Dazu auch Haraway: Situated Knowledges:
    The Science Question in Feminism and the Privilege of Partial Perspective. In: Feminist Studies
    14 (1988), H. 3, S. 575-599.

6   Vgl. Sandra Harding: The Science Question in Feminism. Ithaca, N.Y., 1986.

7   Vgl. Ruth Bleier: Science and Gender. A Critique of Biology and Its Theories on Women. New
    York 1984.

lichen Kritikerinnen in vielen Punkten in verblüffender Weise zuvorkamen. Dieser Essay ist als Versuch zu verstehen, über Gemeinsamkeiten in der Fragestellung von Frauen in den beiden Gesellschaftssystemen nachzudenken, selbst wenn die politischen Voraussetzungen wie auch — notgedrungenerweise — die gewählte Form des Diskurses grundverschieden sind.

I.

Die anglo-amerikanische feministische Debatte über Wissenschaft und Technologie umfaßt ein breites Spektrum von Einstellungen. Steht am Anfang der Ärger über den Ausschluß der Frau aus dem Wissenschaftsbetrieb, so reicht die Diskussion bis zur Entschlossenheit, das herrschende Wissenschaftsverständnis aufzubrechen, dessen technologische Folgen als Ausbeutung, Zerstörung und Unterdrückung verurteilt werden.[8] In der Behauptung, daß es sich bei der Wissenschaft, wie auch im Fall der Geschlechterdifferenzierung, um gesellschaftlich konstruierte Kategorien handelt, baut die feministische Wissenschaftskritik unverkennbar auf Grundzüge von Foucaults Analyse der Verkettung zwischen Wissen und Macht[9] als auch auf Thesen der Kritischen Theorie, vor allem Horkheimers und Adornos *Dialektik der Aufklärung* (1947). In etwas überschwenglicher Weise kennzeichnet Donna Haraway das Anliegen der feministischen Wissenschaftskritik als den Versuch,

gleichzeitig Rechenschaft über die radikale historische Bedingtheit aller Erkenntnisse und aller erkennenden Subjekte abzulegen, eine kritische Verfahrensweise zu entwickeln, die uns der eigenen sinnstiftenden ›semiotischen Technologien‹ bewußt werden läßt, *und* einer ernsten Verpflichtung Genüge zu tun, die ›wirkliche‹ Welt derart verantwortungsbewußt darzustellen, daß jeder seinen Anteil daran realisiert: eine Welt, die allen überall

---

8   Einen knappen Überblick über die hauptsächlichen Streitfragen gibt Sondra Farganis: Science: The Feminist Perspective. In: Farganis: The Social Reconstruction of the Feminine Character. New Jersey 1986, S. 181-189.

9   Vgl. Michel Foucault: La Volenté de savoir. Paris 1976.

Freiheit in Grenzen, einen adäquaten Lebensunterhalt, kein völlig sinnloses Leiden, und ein gewisses Maß an Glück ermöglicht.[10]

Den meisten feministischen Ansätzen gemeinsam ist die Auffassung, daß das, was gewöhnlich als »objektive« Wissenschaft angesehen wird, eigentlich eine gesellschaftliche Konstruktion sei. Die sozial bedingten Wertvorstellungen, Erfahrungen und Urteile der Wissenschaftler beeinflussen die grundsätzlichen Annahmen, von denen sie ausgehen. Das betrifft sowohl die Sprache ihrer Fragestellung als auch das Beweismaterial, das sie entweder wahrnehmen oder eben nicht wahrnehmen, und die Art, wie sie ihre Ergebnisse auswerten: in der Tat, »was sie hoffen, wünschen, brauchen und glauben wahr zu sein«[11]. Angesichts des potentiell beträchtlichen Widerstandes gegen ein derartiges Entmystifizieren der Wissenschaft argumentiert Sandra Harding:

> Wenn wir nicht bereit sind, die bevorzugten Denkstrukturen und Verhaltensweisen der Wissenschaft als Kulturerzeugnisse statt als heilige, den Menschen bei der Geburt der modernen Wissenschaft übergebene Gebote zu sehen, dann werden wir kaum verstehen können, wie die Geschlechtssymbolik, das geschlechtsspezifische Sozialgefüge der Wissenschaft, das männliche Selbstverständnis und die Verhaltensweise einzelner Wissenschaftler, Problemstellungen, Begriffe, Theorien, Methoden, Auslegungen, Ethik, Sinngebung und Zielvorstellung der Wissenschaft geprägt haben.[12]

Mit ihrer Enthüllung der geschlechtsspezifischen Ideologie, mit der die Begriffssysteme der modernen Wissenschaft durchdrungen sind, bestreiten die Feministinnen den Anspruch des »männlichen Monopols in der Produktion von wissenschaftlichen Erkenntnissen und Diskursen«[13]. Sie weisen darauf hin, daß der Anspruch auf Objektivität und Neutralität der Wissenschaft historisch auf das Bedürfnis der Wissenschaftler zurückgeht,

---

10 Donna Haraway: Situated Knowledges, S. 579. Um der Verständlichkeit willen sind alle in diesem Teil angeführten Zitate von der Verfasserin aus dem Englischen übersetzt worden.

11 Ruth Bleier: Introduction. In: Feminist Approaches to Science. Hg. Ruth Bleier. New York 1986, S. 3.

12 Harding: The Science Question, S. 39.

13 Elizabeth Fee: Critiques of Modern Science: The Relationship of Feminism to Other Radical Epistemologies. In: Feminist Approaches, S. 43.

sich der materiellen Unterstützung der Machthabenden zu versichern.[14] Die Betonung von systematisierenden Begriffen und quantitativer Erfassung, die seit Newtons Zeit als Merkmale der Wissenschaftlichkeit gelten, wird also auf den Versuch zurückgeführt, ihr Vorhaben als politisch neutral auszugeben. Jedoch ergab sich aus dem Wissen, das dabei erzeugt wurde, eine neue Form der Macht: die Macht der Naturbeherrschung. Zusammen mit dem Ausschluß des Weiblichen aus der Wissenschaft wurde sie »historisch konstitutiv für eine besondere Definition der Wissenschaft — als unumstößlich objektiv, universell, unpersönlich — und männlich«[15]. So wurden »wissenschaftlich« und »männlich« zu sich gegenseitig bestärkenden Begriffen[16] in einem auf Vorherrschaft zielenden System, das die Machtverhältnisse des gesellschaftlichen Kontextes nur reproduzierte. Daß die Interessen der Frauen dabei nicht vertreten waren, versteht sich von selbst. Wie Sandra Harding einwendet, hat die Geschlechterpolitik, die die Frau vom wissenschaftlichen Diskurs ausschloß, »die Mittel zur Förderung der Wissenschaft verschafft, und die Wissenschaft die Mittel zur Förderung der männlichen Dominanz«[17].

Wenn Frauen systematisch vom Planen und Leiten in der Wissenschaft ausgeschlossen werden und ihre Arbeit diskreditiert wird, dann scheint es, daß weder der den Personen zugewiesene Rang innerhalb der Wissenschaft noch die Bewertung der Forschungsergebnisse wertneutral, objektiv, sozialgerecht sein können oder wollen. Statt dessen scheint der Diskurs der Wertneutralität, Objektivität, sozialen Gerechtigkeit lediglich Projekten der gesellschaftlichen Dominanz zu dienen.[18]

Mit dem Hinweis auf die Frauenfeindlichkeit der ausschlaggebenden Metaphern des wissenschaftlichen Diskurses, besonders in der Beharrlichkeit, mit der die Frau an den Bereich der Natur gefesselt wird,

---

14 Harding: The Science Question, S. 206.

15 Evelyn Fox Keller: The Gender/Science System : or, Is Sex to Gender as Nature Is to Science? In: Feminism and Science. Hg. Nancy Tuana. Bloomington, Indianapolis 1989, S. 42.

16 Harding: The Science Question, S. 63.

17 Ebd., S. 112.

18 Ebd., S. 67.

behaupten feministische Wissenschaftstheoretikerinnen, daß solche Denk-
figuren nicht bloß idiosynkratisch sind,[19] sondern daß sie das erkenntnis-
leitende Interesse der Wissenschaft und ihres Diskurses bestimmen. Fran-
cis Bacons bildliche Bezugnahme auf Vergewaltigung und Folter der Natur, die Auffassung der Natur als Geheimnis, das zu enthüllen und zu
durchdringen ist,[20] sowie die fetischistische Betonung der weiblichen
Rolle in der biologischen Reproduktion: Solche Vorstellungen dienen alle
dazu, die Gleichsetzung von Frau und Natur zu verfestigen. In der feministischen Kritik wird deshalb die Grundstruktur des wissenschaftlichen
Denkens in binären Gegensatzpaaren als falscher Dualismus abgelehnt,
der nur gewisse Qualitäten in einem »männlichen« Wertsystem privile-
giert, während andere auf einen untergeordneten Rang verwiesen werden.
Das zeigt sich auch andererseits darin, daß Eigenschaften, die bei der
(männlichen) Wissensproduktion positiv eingeschätzt werden, bei Frauen
nur negativ bewertet werden. Dieser Dualismus wird verdächtigt, lediglich dem Aufbau eines »maskulinen« Machtgefüges dienlich zu sein, denn
er führt fast unausweichlich zur Festlegung einer hierarchischen Rangord-
nung zwischen Subjekt und Objekt, dem Ich und dem Anderen, öffentlich
und privat, Ratio und Gefühl.[21]

Angesichts der Unzulänglichkeit bestehender erkenntnistheoretischer
Paradigmen befürworten die Wissenschaftskritikerinnen ein neues Denken
bezüglich der Beziehung zwischen dem erkennenden und dem zu erkennenden Wesen. Indem sie einer weniger rigiden Trennung des erkennenden Subjekts vom Objekt seiner Erkenntnisse den Vorzug geben, lehnen
sie als »maskulin« eine Erkenntnisweise ab, die davon ausgeht, daß Wissen getrennt vom Bewußtsein existiert. Statt einer Ideologie von Wissenschaft, die nur »eine Projektion von Gleichgültigkeit, Autonomie, Entfremdung« sei, verlangt Donna Haraway ein neues Paradigma der par-
tiellen, »situierten« Erkenntnisse. Im Gegensatz zum männlichen Modell
eines in sich konzentrierten, kohärenten, einheitlichen Ichs, geht sie von

19 Ebd., S. 23.
20 Bleier: Feminist Approaches, S. 8.
21 Vgl. Farganis: Science: The Feminist Perspective, S. 188.

der Auffassung aus, daß »das erkennende Ich unvollkommen in allen Aspekten ist, nie vollendet, ganz, einfach nur da und originell; es ist stets konstruiert, mangelhaft zusammengeflickt und darum fähig, sich mit einem anderen zu verbinden, gemeinsam zu sehen, ohne zu behaupten, der andere zu sein«[22]. Nach Haraway muß in einer feministischen Ethik und Wissenschaftspolitik dem zu erkennenden Objekt selbst die Stellung eines Handelnden in der Produktion des Wissens zugestanden werden, anstatt daß es ausgenutzt wird als »anzueignende Materie, [...] Stoff für die Erzeugung der Macht, die Tat, des Erkennenden« (592). Das zu erkennende Objekt wird als »Handelnder und Agent« aufgefaßt, »nie als Sklave eines Herrn, der als alleiniger Agent und Autor ›objektiver‹ Erkenntnisse die Dialektik blockiert« (ebd.). In dieser Hinsicht will das feministische Paradigma ein Modell des Dialogs, nicht der Dominanz sein, eins, das den intersubjektiven Bezug statt Manipulation und Herrschaft erstrebt.

In dem Versuch, sich alternative Erkenntnis- und Verhaltensweisen in der Wissenschaft vorzustellen, besinnen sich diese Theoretikerinnen oft auf das subversive Potential von solchen Erkenntnisweisen, die historisch der Frau zugeschrieben wurden und die zur Zeit der Aufklärung einer Teleologie der Dominanz weichen mußten. Im Bereich der geistigen Einbildungskraft, der Träume, sogar des Mythos und der Magie, sucht man nach Erfahrungen der Frau, die wieder in den Diskurs einzuschalten wären. Durch ein neues Prüfen alternativer vorwissenschaftlicher Verhaltensweisen und Glaubenssysteme, so wird suggeriert, sind möglicherweise Erkenntnisweisen zu entdecken, »welche lange Zeit von Frauen gehegt und gepflegt wurden, Erkenntnisweisen, deren Stärke wir jetzt wieder registrieren, obwohl sie im herrschenden Ethos unserer Zeit vernachlässigt werden«[23]. Im Gegensatz zur Fortschrittsideologie, die es der modernen Wissenschaft ermöglichte, solche alternativen Erkenntnisweisen zu verdrängen, will der feministische Ansatz lediglich eine Aufhebung der Grenzen und eine Erweiterung der Erkenntnismöglichkeiten bei der

---

22 Haraway: Situated Knowledges, S. 586.

23 Mary Belenky et al: Women's Ways of Knowing: the Development of Self, Voice and Mind. New York 1986, S. IX.

Erfassung der »Wirklichkeit« legitimieren. Auf einen exklusiven weiblichen Zugang zur Wahrheit hin wird nicht gezielt.[24] Dem »irrationalen« Bereich wird wieder Bedeutung zugemessen wegen seines Potentials, den Herrschaftsdiskurs der instrumentalen Rationalität zu durchbrechen und durch eine nicht entfremdete Weltsicht zu ersetzen.

II.

Es überrascht nicht, daß in der DDR eine solche Kritik nicht in aller Öffentlichkeit geäußert werden konnte. Der im »wissenschaftlichen Sozialismus« verordnete Glauben an das emanzipatorische Potential der wissenschaftlich-technischen Revolution konnte höchstens im Abseits der Belletristik kritisiert werden. Jahrzehntelang wurden die normalen Vermittlungswege des öffentlichen Diskurses durch verschiedene Formen der Zensur blockiert, so daß, wie von Schriftstellern der DDR immer nachdrücklicher bemerkt wurde, die Rolle der Journalistik in den Bereich der schönen Literatur verdrängt wurde. Wegen dieser Ersatzfunktion fahndeten DDR-Leser in der Lyrik, im Drama und vor allem in der Prosa nach kritischen, oft oppositionellen Aussagen. Die Tabus, die eine unmittelbare Kritik des wissenschaftlichen-technischen Ethos verhinderten, bestätigten jedoch implizit ihr bedrohliches Potential für das Machtgefüge, das diese Fortschrittsideologie benutzte, um seine Version des »real existierenden Sozialismus« zu legitimieren. Während die Kritik an der wissenschaftlich-technischen Revolution, besonders in ihrer Manifestation als maßlose Zerstörung der Umwelt, gewiß nicht von Frauen allein vorgebracht wurde,[25] so waren es doch die Schriftstellerinnen der DDR wie Wolf,

---

24 Donna Haraway: Primatology is Politics by Other Means. In: Feminist Approaches to Science, S. 81.

25 Vgl. dazu u.a. Anita Mallinckrodt: The Environmental Dialogue in the GDR. Lanham, MD, 1987; Eckart Förtsch: Literatur als Wissenschaftskritik. In: Lebensbedingungen in der DDR. Köln 1984; Hubertus Knabe: Zweifel an der Industriegesellschaft. Ökologische Kritik in der erzählenden DDR-Literatur. In: Umweltprobleme und Umweltbewußtsein in der DDR. Köln 1985; Fortschritt als Frage. Eine Diskussion um Entwicklungsprobleme von Gegenwartskünsten. In: Weimarer Beiträge 32 (1986), H. 8, S. 1280-1312; und Doris Berger: Vom schwierigen sprachlichen Umgang mit der Katastrophe. Texte von DDR-Autoren gegen die atomare Bedrohung. In: Die

Morgner und Königsdorf, die in ihren Werken die phantasievollsten Subversionen des Fortschrittsdiskurses hervorbrachten. In ihren theoretischen Aussagen sowie in den literarischen Werken selbst wird die Fähigkeit der Phantasie herausgestellt, die herkömmliche Wirklichkeitsauffassung zu entkräften und dem Bereich des Unbewußten, der Träume, der Phantasie nicht weniger Bedeutung als der »objektiven« empirischen Wirklichkeit beizumessen.

In dieser Hinsicht scheint Helga Königsdorf, selbst eine international anerkannte Mathematikerin, es vorzuziehen, ihre kritischen Erkenntnisse in Erzählungen — nicht in ausgedehnten theoretischen Abhandlungen — einzuflechten, die manchmal heiter,[26] manchmal schwermütig sind (wie besonders in ihren längeren Werken, z.B. *Ungelegener Befund* (1990) und *Respektloser Umgang* (1986), eine Geschichte, die uns hier näher beschäftigen wird). Königsdorf spricht von einer »neuen Kassandrafunktion von Literatur«: »Nicht die Kassandra, die das Unheil weissagt und die keinen Glauben findet, sondern eine Kassandra, die nichts beschönigt und die trotzdem ermutigt, sich gegen das Unheil zu wehren.«[27] Wenn das technologische Vernichtungspotential sich dem menschlichen Vorstellungsvermögen entzieht, so kann Literatur den Lesern helfen, ihre subjektive Haltung gegenüber dem übermächtig scheinenden »Fortschritt« neu zu definieren, ihr eigenes »Ich« in das für die Gattung Mensch notwendige neue Denken einzubringen. Für sie heißt Literatur nicht: besser wissen, nicht: belehren, sondern

gemeinsam mit dem Leser, ›Ich‹ sagen. Und ›Ich‹ sogleich wieder in Frage stellen. [...] Das ist ein unbequemer Vorgang, und in diesem Sinn soll und muß meiner Meinung nach Literatur unbequem sein, muß unbequeme Literatur unter die Leute, auch in unbequemen Zeiten. Dann erst recht. (97)

Literatur der DDR 1976-1986, Hg. Anna Chiarloni et al. Pisa 1988, S. 177-197.

26 Vgl. Helga Königsdorf: Ein sehr exakter Schein. Frankfurt 1990, eine Anthologie, deren Texte den im Aufbau-Verlag erschienenen Bänden *Meine ungehörigen Träume* (1978), *Der Lauf der Dinge* (1982) und *Lichtverhältnisse* (1988) entnommen wurden.

27 Helga Königsdorf: Rede am 24. November 1987. In: X. Schriftstellerkongreß der Deutschen Demokratischen Republik. Plenum. Hg. Schriftstellerverband der Deutschen Demokratischen Republik. Berlin und Weimar 1988, S. 96.

Im Falle von Irmtraud Morgner, die ihre Ansichten eher in Interviews als in Essays und Reden dargelegt hat, lassen sich auch viele Aussagen in ihrem großen Roman *Leben und Abenteuer der Trobadora Beatriz nach Zeugnissen ihrer Spielfrau Laura* (1974) als Morgners eigene Meinungen zur Funktion der Literatur und zur Situation der schreibenden Frau belegen. Hier kommt es darauf an, eine Schreibweise zu finden, die ihrer spezifisch weiblichen Situation entspricht, »dem gesellschaftlichen, nicht biologisch bedingten Lebensrhythmus einer gewöhnlichen Frau, die ständig von haushaltbedingten Abhaltungen zerstreut wird«[28]. Wie Laura dem Leiter des Aufbau-Verlags erklärt:

> Um einen Roman im üblichen Sinne zu schreiben, das heißt um jahrelang etwa an einer Konzeption festzuhalten, muß man sich einer Art des Schreibens zuwenden, die von den Erlebnissen und Begegnungen des epischen Ich absieht. [...] Lebenswahrheit in Büchern kann nicht sein ohne Bekenntnis des Autors zu sich selbst. (258f.)

Fordert die orthodoxe Romanform ein fanatisches Arbeitsethos, das auch die nicht anerkannte Mitarbeit anderer voraussetzt, so beschreibt Laura hier Morgners »Romanform der Zukunft«, welche stattdessen die schöpferische Arbeit der Leser erfordert. Da die literarischen Formen sich nicht so schnell entwickeln wie die Wirklichkeit, mit der sie sich beschäftigen, wird der Gebrauch des Phantastischen zum wichtigen Mittel, sich mit dieser Wirklichkeit auseinanderzusetzen. »Denn«, wie uns im Trobadora-Roman wiederholt versichert wird, »die Menschen glauben große Wahrheiten eher in unwahrscheinlichen Gewändern.«[29] Die Phantasie kann die Grenzen von Zeit und Raum überbrücken und die Frau in ihrem Versuch beflügeln, das »männliche Meer von Egoismus« (39) (die Historie) zu verlassen und an »das sanfte Land« (41) der Utopie zu gehen.

Genau das scheint auch Christa Wolf in ihrem Beitrag zum Berliner Schriftstellertreffen zur Friedensförderung zu befürworten:

---

28 Irmtraud Morgner: Leben und Abenteuer der Trobadora Beatriz nach Zeugnissen ihrer Spielfrau Laura. Roman in dreizehn Büchern und sieben Intermezzos. Berlin und Weimar 1974, S. 258.

29 Der Satz wird zum ersten Mal der schönen Melusine in den Mund gelegt (S. 47), bildet dann den Schluß der *Guten Botschaft der Valeska* (S. 683).

Ich kann mir nichts anderes vorstellen, als daß die Literatur heute schon das machen müßte, was phantastisch und utopisch erscheint. Das zu schaffen, was in der Definition von Wissenschaft und Politik überhaupt nicht ›wahr‹ ist oder nicht einmal vorhanden, jedenfalls nicht effektiv; also all das, dessen Abwesenheit genau die Todesverzweifelung hervorgebracht hat, an der die ›zivilisierte‹ Menschheit leidet, die sie dazu treiben könnte, sich in den Tod zu stürzen.[30]

Da es wenig Sinn hat, Wolfs schon so oft erörterte Beiträge zum Thema an dieser Stelle noch einmal ausführlich zu behandeln, sollen nur ein paar weitere Hinweise auf ihre in vielen Aufsätzen, Reden und Interviews dargelegten Ansichten genügen.

Obwohl es aus der vierten Kassandra-Vorlesung, z.B., klar hervorgeht, daß sie sich auch relativ intensiv mit den einschlägigen Texten des westlichen Feminismus beschäftigt hat,[31] gibt es unter den angeführten Titeln keinen Hinweis auf die oben diskutierte anglo-amerikanische Wissenschaftskritik. Doch überrascht es nicht, wenn sie einige Jahre später die Aufklärung ausdrücklich verurteilt als »ein imponierendes Denk-Gebäude einer kleinen Gruppe europäischer intellektueller Männer [...], die, was ›menschlich‹ sein sollte, an sich selber maß«[32].

In der oben erwähnten Kassandra-Vorlesung distanziert sie sich aufs neue vom gängigen Fortschrittsbegriff:

Die Art Fortschritt in Kunst und Wissenschaft, an die wir uns gewöhnt haben: ausgefallene Spitzenleistungen, ist [...] nur durch Ent-Persönlichung zu

---

30 Christa Wolf: Rede am 14. Dezember 1981. In: Berliner Begegnung zur Friedensförderung. Protokolle des Schriftstellertreffens am 13./14. Dezember 1981. Darmstadt und Neuwied 1982, S. 119.

31 Christa Wolf: Kassandra. Vier Vorlesungen. Eine Erzählung. Berlin und Weimar 1983, S. 162. Es werden u.a. folgende Werke (ohne Autorennamen) erwähnt: *Die imaginierte Weiblichkeit* (Silvia Bovenschen); *Das Patriarchat* (Ernest Bornemann); *Männerphantasien* (Klaus Theweleit); *Das Geschlecht, das nicht eins ist* (Luce Irigaray); *Kulturgeschichtliche Spuren einer verdrängten Weiblichkeit* (Brigitte Wartmann); *Ein Zimmer für mich allein* (Virginia Woolf); *Außenseiter* (Hans Mayer); *Weiblichkeit in der Schrift* (Hélène Cixous).

32 Christa Wolf: Zum 80. Geburtstag von Hans Mayer. In: Wolf: Ansprachen. Darmstadt 1988, S. 46.

haben. [...] Der Preis für die Art Fortschritt, die die Institution Wissenschaft seit längerem hervorbringe, sagte ich, sei mir allmählich zu hoch. (173)

Für Christa Wolf, die sich jahrzehntelang literarisch und essayistisch mit Wissenschaftlern und Fragen der Wissenschaft auseinandergesetzt hat,[33] sind es jetzt die Bereiche der Magie und der Mythologie, die ihr dabei helfen, die Autorität von jahrhundertealten literarischen Gattungen und Wirklichkeitsauffassungen aufzubrechen. Sie läßt sich auf Bereiche ein, wo »bisher Getrenntes sich hinter [ihrem] Rücken zusammengeschlossen« hat, wo ein wenig Licht in »vorher dunkle, ungewußte Räume« fällt, und weitere Räume zu ahnen sind:

> Mit der Erweiterung des Blick-Winkels, der Neueinstellung der Tiefenschärfe hat mein Seh-Raster, durch den ich unsere Zeit, uns alle, dich, mich selber wahrnehme, sich entschieden verändert. [... Es ist] eine Erweiterung dessen, was für mich ›wirklich‹ ist; aber auch das Wesen, die innere Struktur, die Bewegung dieser Wirklichkeit hat sich verändert und verändert sich beinahe täglich weiter.[34]

Unter Aufwand des ganzen Arsenals von Phantasie, Magie, Alchemie, Mythologie und der Traumwelt wagen die hier in Betracht kommenden Schriftstellerinnen kühne Verstöße gegen heilige Tabus, einschließlich der vorgeschriebenen Grenzen des sozialistischen Realismus. Zurückgewiesen wird der in der sogenannten Abbildtheorie unterstellte antagonistische, dualistische Bezug des schreibenden Subjekts zu einer objektiven Realität, die — um Christa Wolfs Metapher in Anspruch zu nehmen — mittels einer Art Lasso, Fabel genannt, eingefangen und interpretiert wird.

> Er, der Autor, kann zu Fuß oder beritten sein, ein tolpatschiger Cowboy oder ein Meister in seinem Fach, lässig oder fleißig — doch bleibt er, wenn er am Ende seinen Fang vorweist, derselbe, der er war. Von den Lesern

---

33 Vgl. z.B. ihre Erzählungen *Neue Lebensansichten eines Katers* und *Selbstversuch* (in: Unter den Linden. Berlin und Weimar 1973) sowie die Aufsätze *Lesen und Schreiben* (1968), *Von Büchner sprechen* (1980), *Ein Besuch* (über den Biologen Hans Stubbe, 1969) und *Krankheit und Liebesentzug. Fragen an die psychosomatische Medizin* (1984) (in: Die Dimension des Autors. Darmstadt und Neuwied 1987).

34 Christa Wolf: Vierte Vorlesung. In: Kassandra, S. 166f.

aber wagt er zu hoffen, sie mögen sich durch die Lektüre seines Buches ›verändern‹![35]

Statt solch einer didaktischen Haltung bemühen sich diese Schriftstellerinnen um ein dialogisches Verhältnis, sowohl zu ihrem Stoff als zu ihren Lesern.

In ihrer Herausforderung des männlichen Herrschaftsdiskurses appellieren diese Schriftstellerinnen an historische und mythische Belege eines weniger entfremdeten Verhältnisses zur Natur, zur Gesellschaft und zum Kosmos.[36] Mit diesem Schritt wollen sie nicht das alte Paradigma durch ein anderes ersetzen, sondern den blinden Glauben an das vorherrschende System entkräften und ihn durch andere Denkstrukturen und Erkenntnisweisen konfrontieren. Dadurch sollen die Mystifikationen einer angeblich wertfreien und geschlechtsblinden Epistemologie bloßgestellt werden, die letzten Endes die traditionelle Arbeitsteilung nach Geschlechtern aufrechterhält — und durch sie aufrechterhalten wird. In ihren Texten wird die Physik sehr oft zum Paradebeispiel einer maskulinen Wissenschaftspraxis, die nur gegen den Preis der weiblichen Subjektivität erhalten wird — ein Preis, den die Frauen immer seltener entrichten wollen.

III.

Schon zu Beginn ihrer literarischen Laufbahn, einschließlich ihrer früheren Texte wie *Gauklerlegende. Eine Spielfrauengeschichte* (1971) und dem unveröffentlichen *Rumba auf einen Herbst* (1965), versuchte Irmtraud Morgner, das unkritische Akzeptieren des Wissenschaftsdogmas durch ihre witzige Bloßstellung seiner ihm zugrunde liegenden Ideologie zu unterminieren. In *Hochzeit in Konstantinopel* (1968) gibt eine Frau zuerst ihre Stellung als Laborassistentin auf, weil sie kaum besser als eine Dienstbotin behandelt wird, und dann ihren Liebhaber, einen besessenen

---

35 Christa Wolf: Subjektive Authentizität. Gespräch mit Hans Kaufmann. In: Die Dimension des Autors, S. 779.

36 Vgl. Brian Easlea: Witch Hunting, Magic and the New Philosophy. Brighton 1980.

Wissenschaftler, der ihr erklärt: »Physik ist eine vitale Wissenschaft für vitale Männer.«[37] Diese satirische Charakterisierung des Faches bildet einen zentralen Aspekt ihres bekanntesten Romans *Leben und Abenteuer der Trobadora Beatriz nach Zeugnissen ihrer Spielfrau Laura. Roman in dreizehn Büchern und sieben Intermezzos* (1974). Wie die Hauptperson in dem 1968 erschienenen Roman gibt Laura Salman ihre wissenschaftliche Laufbahn als Germanistin auf und übernimmt eine weniger entfremdende Stellung als Triebwagenfahrerin der Berliner S-Bahn. Der Roman erzählt von ihrer phantastischen Begegnung mit der Trobadora Beatriz, die nach einem Schlaf von mehr als 800 Jahren, während denen sie der mittelalterlichen Welt der Männer zu entfliehen hoffte, in »das gelobte Land« die DDR der wissenschaftlich-technischen Revolution, kommt. Hier ist es wiederum ein Physiker, der seinen (ausschließlich männlichen) »Ordensbrüdern« predigt: »Physik sei eine vitale Wissenschaft für vitale Männer. Eine männliche Wissenschaft also.« (118) Wie sehr die Wissenschaft von dieser maskulinen Ideologie geprägt wird, zeigt sich auch in den Äußerungen eines fanatischen armenischen Physikers, »Fürst Igor« genannt, der behauptet:

> ›Ich habe den Meer noch nicht gesehen […] aber er gehört mir. Virtuell. Wenn ich ihn mit meinem Verstand befahre, gehört er uns. […]‹ Er sagte ›den Meer‹, anders als maskulin konnte er sich so was Imposantes wie Meer wahrscheinlich nicht vorstellen. (111f.)

Diese und andere wissenschaftskritische Aussagen, die sich in den als »Intermezzo« betitelten Abschnitten des Romans befinden, stammen angeblich aus Morgners unveröffentlichtem Roman, *Rumba auf einen Herbst*. Daß dieses heute nicht auffindbare Werk damals nicht erscheinen konnte, überrascht nicht angesichts der Schärfe der darin enthaltenen Kritik, die vor allem durch die Figur des Journalisten Uwe Parnitzke geäußert wird. Dieser will den fanatisierten Wissenschaftlern eines Berliner Instituts für Kernphysik, dessen Chef er als »Monsignore« bezeichnet, »das Wasser abgraben« (625f.). Kritisiert wird nicht nur, daß ihre kost-

---

37   Irmtraud Morgner: Hochzeit in Konstantinopel. Berlin und Weimar 1975, S. 151.

spieligen Forschungen eine unvertretbare Extravaganz für ihr kleines und von praktischeren Problemen bedrängtes Land darstellen, sondern daß die Wissenschaftsideologie selbst zu einer Art Religion geworden ist. Besonders anschaulich wird dies anhand der dritten der von Beatriz verfaßten »Bitterfelder« Geschichten, »Das Seil«. Es handelt sich hier deutlich um dasselbe Institut, wobei aber die religiösen Anspielungen um einiges pointierter sind: in Tracht (d.h. in seinem weißen Kittel) bewandelt der Direktor die gotischen Gänge des Instituts, wo die Physiker in »Zellen« entlang eines mit »Heiligenbildern« (von Kopernikus, Newton, Galois, Planck, Einstein und andern) behängten Korridors arbeiten. Ihm geht es um die Bedrohung der für einen neuen Computer nötigen Devisen durch die »böswillige Erfindung« einer Mitarbeiterin, »die dem Ansehen der Wissenschaft im allgemeinen und seines Instituts im besonderen zu Schaden gereichen konnte« (601). Es handelt sich um die phantastische Erfindung der Physikerin Vera Hill, die mittels eines Seiltricks versucht, ihren Pflichten als Wissenschaftlerin und als alleinstehende Mutter nachzukommen. Trotz der vom Direktor behaupteten Irrealität dieser Verkehrsverbindung stürzt sie gleich danach von dem »Luftweg« zwischen Arbeitsplatz und Zuhause zu Tode herunter. (603)

Als im wahrsten Sinne des Wortes gescheiterte Wissenschaftlerin erinnert das Beispiel Vera Hill an die Ansichten des sowjetischen Schachgroßmeisters Dr. Solojow. Dieser meinte, daß Frauen in Wissenschaft und Kunst der männlichen Konkurrenz nicht gewachsen sind, weil sie sich »nicht absolut fanatisieren« können. (249) Nicht ihre sozial bedingte Doppelbelastung, sondern ihre enge Beziehung zu Kindern an sich »setzt geistige Gegenstände zur Realität in Beziehung, relativiert sie, ironisiert sie auch mitunter auf drastische Weise« (249). Ein in diesem Sinne gleichberechtigter Mann kann nur »Bezirksklasse« sein. Auf die Frage, ob er Frauen für relativ unwissenschaftlich halte, antwortet er:

Wenn man den männlichen, zu geistigem Fanatismus neigenden wissenschaftlichen Denkstil als Norm setzt und zu dieser Norm relativiert: ja. [...] Würden die Frauen, von ihren soziologisch bedingten Lasten befreit, die Forschungsarbeit be- und verhindern, könnte der Wissenschaft eine neue Denkungsart zuwachsen. Der geistige Fanatismus hat hervorragende wissenschaftliche und künstlerische Ergebnisse gebracht. Der geistige Realismus könnte nicht weniger hervorragende Ergebnisse bringen. Andersartige. (251)

Die Ergebnisse eines solchen Fanatismus werden anhand der Theorien mehrerer Wissenschaftler im Roman persifliert: Wenzel Morolf, z.B., wird derart von seinen Forschungen auf dem Gebiet der Antimaterie beflügelt, daß er das ganze Universum dafür erschließen möchte: es handelt sich nicht nur um die Entdeckung von Antiteilchen, die durch das Zusammentreffen mit entsprechenden Teilchen ungeheuer viel Energie freisetzen, »das Tausendfache der frei werdenden Energie einer nuklearen oder thermonuklearen Reaktion und das Milliardenfache der Energie des besten und modernsten Raketentreibstoffs« (303), sondern auch um die mögliche Entdeckung oder Konstruktion von Antisternen, Antigalaxien, sogar lebenden Antiorganismen (ebd.). Daß dieses Verfahren, das den Flug zu fernen Sternen ermöglichen soll, in der Wissenschaftssprache »Annihilation« heißt, wird nur beiläufig erwähnt.

Angesichts des schrecklichen Potentials, das in solcher Technologie steckt, mutet das phantastische »wissenschaftliche« Projekt von Laura und Beatriz weniger absurd an: die Befreiung ihrer Welt von Aggression, einschließlich des Krieges zwischen den Geschlechtern, durch »die Monocerosierung des Trinkwassers« (254). Laura beauftragt Beatriz mit der Suche nach dem Einhorn, dessen Horn pulverisiert ein Aphrodisiakum sein soll. Damit die »Erde von Vernunft beherrscht wird« (255), soll dann die Trockensubstanz des Einhorngehirns von Wissenschaftlern analysiert werden, um ihre fabrikmäßige Herstellung zu ermöglichen. Wie Beatriz treffend bemerkt, dürften wir uns für die Weltverbesserung mehr von einem solchen Einsatz der Wissenschaft erhoffen als von der Konstruktion von Kreativitätsautomaten, für deren Algorithmen die Wissenschaftler aber nichts als die herkömmlichen Denkformen der aristotelischen Logik parat haben. (436)

Morgners Ablehnung dieses binären Denkens schließt auch den Kampf der Geschlechter aus. Es ist nicht die »persephonische Opposition«, die »noch immer in den gleichen Rache- und Zukunftsgesängen die Wiedereinführung des Matriarchats« erstrebt, sondern die von Persephone beschimpfte Melusine, die eine neue Weltordnung einführen will, eine »die weder patriarchalisch noch matriarchalisch sein sollte, sondern menschlich« (29).

Dieses Prinzip wird auch anhand des Geschlechtertausches der Wissenschaftlerin Valeska Kantus gezeigt, die selbst mit einem fanatischen Wissenschaftler verheiratet ist, der kein Verständnis aufbringen kann für ihre »Phantasterei«, die er als Flucht aus der Realität bezeichnet. »Im Gegenteil«, behauptet sie, »sie ist ein Zeichen von Souveränität. Ja, von souveränem Wirtschaften mit den Gegenständen der Realität.« (331) Als ob sie demonstrieren möchte, daß sich Wissenschaft und Phantasie als Möglichkeiten der Welterkenntnis nicht unbedingt ausschließen, schreibt sie ihre utopischen Erzählungen auf den Rückseiten eines wissenschaftlichen Manuskripts. Das Ende des ganzen Romans bildet die »Gute Botschaft der Valeska«, von Laura am Begräbnistag der Trobadora gelesen. Darin wird von Valeskas Rebellion gegen patriarchalische Zustände erzählt, die sich äußert in dem Wunsch, ein Mann zu sein — ein Wunsch, der auf wundersame Weise auch in Erfüllung geht. Wichtig dabei ist, daß ihre neue physische Gestalt keine »Uniform des Privilegs«, der neue Körperteil kein »Herrschaftszepter« wird. (658) Die Vorteile ihrer neuen sexuellen Identität verleiten sie nicht zu einem maskulinen Betragen: sie ist noch in der Lage, ihren Verlobten und ihren Sohn zu lieben — und dazu auch eine Frau, die sie weder ausbeuten noch beherrschen will.[38] Sowohl ihre wissenschaftliche Arbeit bei der Herstellung von synthetischen Lebensmitteln, »die die Raubtiereigenschaften des Menschen überflüssig werden lassen könnte« (680), als auch ihr sonderbarer Weg, »die Menschwerdung in Angriff zu nehmen« (679), zielen auf »gewaltverzichtende Gewohnheiten, eine Vermenschlichung des Menschen. Mit dieser Handschrift wünschte sie in die Historie einzutreten.« (680)

---

38 Ausführlicher bei Patricia Herminghouse: Die Frau und das Phantastische in der neueren DDR-Literatur. Der Fall Irmtraud Morgner. In: Die Frau als Heldin und Autorin. Neue kritische Ansätze zur deutschen Literatur. Hg. Wolfgang Paulsen. Bern und München 1979, S. 248-266.

In Helga Königsdorfs *Respektloser Umgang* fungiert wieder die Physik als Beispiel für den fanatischen Leistungszwang, der das Laboratorium als Ort der männlichen Macht kennzeichnet. In durch eine chronische Krankheit hervorgebrachten halluzinatorischen Episoden, die sie bezeichnet als »eine unwahrscheinliche, doch mögliche Kollision zweier Traumwelten, die den Gesetzen von Raum und Zeit nicht unterworfen seien«[39], begegnet die Ich-Erzählerin, eine zeitgenössische Wissenschaftlerin, ihrem *alter ego*: der Physikerin Lise Meitner. Als österreichische Jüdin wurde Meitner infolge des Anschlusses gezwungen, ihre Arbeit im Berliner Atomlabor von Otto Hahn aufzugeben, an genau dem Tag der Geburt der Erzählerin im Juli 1938. Die Erzählerin, selbst jüdischer Abstammung, führt das Ereignis ihrer Geburt zurück auf die unheimlich genauen »wissenschaftlichen« Berechnungen ihres Vaters bezüglich der Rassengesetze für ›jüdische Mischlinge‹. Es gibt also eine gute Portion selbstkritischer Identifikation seitens der Erzählerin mit der zutiefst problematischen Meitner-Figur, mit der sie in den Dialog kommt: »Ist sie doch ein Teil von mir. Mein Geschöpf.« (13) Dieses beabsichtigte Verwischen der Grenzen zwischen der Ich-Erzählerin und dem Objekt ihrer Betrachtungen wird durch die narrative Form der erzählten Begegnungen bewußt vorangetrieben. Königsdorf verwendet hier den inneren Dialog, bei dem es oft schwierig ist, die jeweils sprechende Stimme auszumachen — eine Technik, die auch von Wolf und Morgner bevorzugt wird.

In diesen imaginären Begegnungen bedrückt es die Erzählerin sehr, daß Meitner sich weigert, ihr Verhältnis als Frau der männlichen Welt der Wissenschaft gegenüber zu problematisieren. Anders als die moderneren Wissenschaftlerinnen in Morgners und Wolfs Texten bringt Meitners Entschlossenheit, in der männlichen Zunft der Wissenschaftler akzeptiert zu werden, sie dazu, nicht nur ihre eigene Identität als Frau zu verleugnen, sondern auch das zerstörerische Potential der »reinen« Atomforschung, an der sie beteiligt ist. Meitner findet offensichtliche Befriedigung in ihrer Fähigkeit, sich als alleinstehende Frau so arbeitsfanatisch wie ein Mann

---

39 Helga Königsdorf: Respektloser Umgang, S. 10.

zu verhalten. Sie betrachtet sich gern als Ausnahme von Max Plancks
Theorie, der trotz seiner Bereitschaft, begabte Frauen zu seinen Lehrver-
anstaltungen zuzulassen, darauf bestand, daß

> die Natur selbst der Frau ihren Beruf als Mutter und Hausfrau vorgeschrie-
> ben hat, und daß Naturgesetze unter keinen Umständen ohne schwere Schä-
> digungen, welche sich [...] an dem nachwachsenden Geschlecht zeigen
> würden, ignoriert werden können. (25)

Während Meitner ihr Anderssein in der männlichen Ordnung der Wissenschaft leugnet und behauptet, »sie habe sich stets komplett gefühlt« (22),
empfindet die Erzählerin selbst ein tiefes Gefühl von Zerrissenheit
zwischen ihren psychischen wie auch physischen Erfahrungen als Frau
und dem maskulin bestimmten Wissenschaftsbetrieb: »Als soziales Wesen
wäre ich lieber ein Mann. [...] Sozial fühle ich mich unvollständig.«
(Ebd.) Durch ihre Dialoge mit Meitner, die gleichzeitig auch den Leser
in den Versuch einbeziehen, diese höchst problematische Figur zu verstehen, ist die Erzählerin schließlich imstande, ihr eigenes verändertes
Wahrnehmungsvermögen zu bestätigen und den »Auftrag« ihrer Verantwortung als Wissenschaftlerin zu akzeptieren. Von dieser Verpflichtung
überzeugt, die Wissenschaft so zu verändern, daß sie eine Kraft für die
Rettung statt der Vernichtung der Menschheit werden könnte,[40] gibt sie
den Gedanken an Selbstmord auf.

Auf den ersten Blick scheint der »moralische Auftrag«, den Meitner der
Erzählerin übermittelt, etwas paradox in Anbetracht ihrer hartnäckigen
Verleugnung der eigenen Mitschuld an der Gefährdung der Menschheit,
die sich aus der Arbeit der Atomwissenschaftler ergab. Bestürzend für die
Erzählerin ist Meitners Lobpreisen ihrer Arbeitserfahrung auf einem
Gebiet, »das in so wunderbar fortschreitender Entwicklung war, wie wir
es in der Radioaktivität und Atomphysik erlebt haben. Die Wissenschaft
erzieht den Menschen zum wunschlosen Streben nach Wahrheit und
Objektivität.« (111) In diesem Zusammenhang soll der Leser aber erkennen, daß die Erzählerin Meitners Behauptung keinen Glauben schenkt,

---

40 Dorothee Schmitz-Köster: Trobadora und Kassandra und ..., S. 140.

daß sie bewußt versucht hätte, die Herstellung der Atombombe in Hitlers
Deutschland zu verhindern. Angesichts ihres Ehrgeizes ist nicht anzunehmen, daß Meitner absichtlich die irrtümliche Theorie ihrer Kollegen
unterstützte, ihre Experimente hätten Transuran produziert, bis sie mit
Sicherheit wußte, daß Wissenschaftler anderer Länder kurz vor der Entdeckung waren, daß es sich tatsächlich um die Spaltung des Atoms handelte. Da die Erzählerin an ihrem Urteil festhält, es handele sich um eine
»fachliche Fehlleistung« (54), weigert sie sich, sich dem gelegentlich
vorgebrachten Argument anzuschließen, Meitner hätte an dem an Otto
Hahn und Fritz Straßmann verliehenen Nobelpreis Anteil haben sollen.
Mit ihren abschließenden Worten läßt Meitner ihre Maske fallen: »Ist es
wirklich so wichtig. Ich meine, ob es den Tatsachen entspricht oder nicht.
Ist nicht lediglich von Bedeutung, daß es wahr sein könnte.« (114) Das,
was hätte wahr sein können: der Versuch, eine weibliche Alternative zum
männlichen Wissenschaftsfanatismus zu suchen, statt sie zu leugnen.
Trotz aller Behauptungen ihrer Hingabe an das wissenschaftliche Ethos,
ist es doch die Meitner-Figur, die den Glauben an eine übersinnliche
Wirklichkeit rechtfertigt — eine Wirklichkeit, zu der sie natürlich jetzt
gehört:

> Die Rettung der Menschheit könne nur noch aus dem Bereich der Überwelt
> kommen. Sagt Lise Meitner. [...]
>
> Zwischen Himmel und Erde läge so manches. Die Welt der Vorstellungen,
> Erinnerungen, Bilder, Träume, Erfahrungen. Von Generation zu Generation
> überliefert. Die Welt der unendlichen Möglichkeiten neben dieser einen
> Realität. Die Welt der Mythen und Märchen. (48)

Anfänglich fühlt sich die Erzählerin beleidigt durch solche Andeutungen
alternativer Erkenntnisweisen sowie durch Christa Wolfs Befürwortung
(in den Kassandra-Vorlesungen) eines besonderen »weiblichen« Schreibens, welches der Tatsache gerecht werden will, daß

> Frauen aus historischen und biologischen Gründen eine andere Wirklichkeit
> erleben als Männer. Wirklichkeit anders erleben als Männer und dies
> ausdrücken. Insoweit Frauen nicht zu den Herrschenden, sondern zu den Be-
> herrschten gehören, jahrhundertelang, zu den Objekten der Objekte. (54)

Langsam aber beginnt die Erzählerin zu verstehen, daß dieser Widerstand aus ihrer eigenen Erziehung zum männlichen Erfolgsdenken erwächst.

> Ich wuchs als Sohn meines Vaters auf. Gemeinsam beuteten wir meine Mutter aus. Gemeinsam schufen wir uns eine geistige Region und verlachten ihre Versuche, uns dahin zu folgen. Meine Interessen und Neigungen, meine Kinderfreundschaften, meine Zukunftsvorstellung — alles: männlich. (55)

Als sie heranwuchs und nicht mehr wie ein Sohn behandelt werden konnte, war sie zutiefst beleidigt, als ihr Vater sie in ihre angemessene Rolle als Frau verweisen wollte. Sie erfuhr, daß die Gesellschaft gewisse Qualitäten an Männern schätzt, die bei Frauen, selbst Wissenschaftlerinnen, als negativ gelten. Diese Erkenntnis führt schließlich zum Verständnis für Meitners Verhaltensweise. Wären ihr Leben und ihre Ansicht der Dinge anders als Mann gewesen?

> Hätte dieser Mann eine größere Chance gehabt, außerdem ein Familienleben zu führen? Der wissenschaftliche Ruhm wäre seinem Ansehen als Mann zugute gekommen. Für die Frau war er eher abträglich. Hohe Leistungen in Physik oder Mathematik steigern nicht ihren Wert als Frau. Auch heute nicht. Das sollte man beachten, ehe man für das geringe Interesse der Mädchen an den Naturwissenschaften biologische Gründe ins Feld führt. (84)

Andererseits beginnt sie zu verstehen, welchen Preis sie bezahlte, als sie den Leistungszwang eines entfremdeten Systems als ihren eigenen Standard annahm. (56) Sie gibt zu, »kleinlicher Ehrgeiz« und »Geltungssucht« haben ihr Leben bestimmt, sie hat Menschen ausgenutzt und abgelegt, ganz wie ihr danach der Sinn stand: »Wenn hier vom Objektmachen die Rede ist: Ich war hervorragend auf dieser Strecke! Meinmann. Meinsohn. Meinmitarbeiter.« (89) Als die Erzählerin sich selbst in Lise Meitner erkennt — und umgekehrt Lise Meitner in sich selbst — nimmt sie Meitners »Auftrag« an. Darauf verschwindet Meitner, wie Morgners Trobadora Beatriz. Und wie es der Fall mit Lauras Verlesung der von der Trobadora übermittelten »Guten Botschaft der Valeska« war, wird die Botschaft der »Meitnerin« in der Arbeit der Erzählerin aufgehoben: »[I]ch gebe sie weiter. Hinterlasse in den Menschen um mich eine Spur, die vereint mit all den anderen Spuren erneut Botschaft wird, auch wenn mein Name längst vergessen ist.« (116) Weit vom Gefühl entfernt, sie habe sich jetzt der Wissenschaft zu enthalten, ist sie doch darauf erpicht, ihrem Beruf nachzugehen mit einem veränderten Bewußtsein ihres Potentials, die Qualität des menschlichen Lebens zu verbessern. Der Art von Vernunft, die es einem Wissenschaftler wie Fritz Haber ermöglichte zu argumentieren, daß der Einsatz von chemischen Waffen menschliches Leben retten würde, indem man den Krieg schneller zu Ende bringen könnte (99), wird sie nicht verfallen:

> Keinesfalls werde ich sagen, Wissenschaft verbiete sich von jetzt an. Gefährlich ist der Mythos, wir könnten mit ihrer Hilfe getrost jede Suppe auslöffeln, die wir uns einbrocken. Das Warten auf Wunder. [...] Aber gefährlicher ist der Glaube, wir kämen ohne neue Erkenntnisse aus. [...] Ein guter Kompaß wird nötig sein für die enge Durchfahrt zwischen Szylla und Charybdis. Beim Umschlag von Quantität in Qualität. (93)

IV.

Die Ablehnung eines binären streng zwischen Subjekt und Objekt sondernden Dualismus, die den Grundzug der feministischen Wissenschaftskritik bildeten Werken durch den Einsatz von Doppelgängerinnen inszeniert. Durch diese Strategie der Verdoppelung wird die grundsätzliche Dichotomie von Subjekt und Objekt zu einem dialogischen Verhältnis zwischen sich gegenseitig ergänzenden, aufeinander angewiesenen Subjekten, die endlich ineinander aufgehen, ohne sich aufzulösen. Steht die eine Seite fest im Alltag der DDR verwurzelt, so kann die andere die Grenzen dieser Realität sprengen und Zugang zu einer alternativen, sonst nicht wahrgenommenen Wirklichkeit verschaffen. Es handelt sich hier nicht um die gewaltsame Spaltung des Individuums in zwei gegensätzliche Teile, sondern um ein kombinatorisches Prinzip, das diesem umfassenderen, vielfältigeren Wirklichkeitsbegriff angemessen ist. Es entsteht eine Art dialogische Reflexivität, die, statt einer Stimme den Vorzug zu geben, die Grenzen der Identitäten vorsätzlich verwischt und die innige Verbundenheit nicht nur der Figuren im Text, sondern auch der Autorin selbst mit der fingierten Erzählerin zum Vorschein bringt. In *Respektloser*

Umgang, z.B., steht die Ich-Erzählerin in Wechselbeziehung nicht nur zur Meitner-Figur, sondern offensichtlich auch zur Wissenschaftlerin Helga Königsdorf.

Im Trobadora-Roman ist die Lage etwas komplizierter, aber nicht weniger selbstreflexiv: die Schriftstellerin Irmtraud Morgner geht sowohl in der dichtenden Trobadora als in ihrer Spielfrau Laura auf, deren Rollen wiederum nicht festgeschrieben sind. Denn es ist die seßhafte Laura, die die Trobadora auf Reisen schickt, ihre Arbeit im Haushalt von ihr übernehmen läßt und schließlich das Buch, das sie in Beatriz' Namen geschrieben hat, an Irmtraud Morgner verkauft! Noch verwirrender: Auszüge aus einem früheren Werk Morgners werden ausdrücklich von der schönen Melusine in ihr »Melusinisches Buch« abgeschrieben, das dann die Intermezzos in dem von Laura angebotenen Romanwerk bildet. Zu guter Letzt wird auch viel, was Laura und Beatriz in den Mund gelegt wird, aus Morgners eigenen anderswo veröffentlichen Reden und Interviews zitiert.

Sowohl durch den Inhalt als durch die Erzähltechnik in diesen Werken weicht das Prinzip des Entweder-Oder, der antithetischen Gegenüberstellung von Mann und Frau, Subjekt und Objekt, Geist und Materie, Autor und Leser, einem Prinzip des Sowohl-als-auch, das die Unterschiede nicht abschaffen, sondern produktiv zu einander in Beziehung setzen will. Indem sie dem intersubjektiven Bezug den Vorrang geben und auf Alternativen zum herrschenden Wirklichkeitsbegriff hinweisen, bieten die Werke dieser Autorinnen eine feministische Kritik in phantastischer Form, die der von den Anglo-Amerikanerinnen in nichts nachsteht. Es handelt sich aber nicht um eine gemeinsame Wissenschaftsfeindlichkeit, sondern um die Vorstellung einer besseren, einer menschenfreundlicheren Wissenschaft: Eine Wissenschaft, die sich als menschliches, nicht als männliches Projekt versteht und die sich von der emotionalen und geistigen Arbeitsteilung lossagt, welche die Wissenschaft als männliches Monopol erhält.[41] In der Formulierung von Evelyn Fox Keller: »Es geht

---

41 Evelyn Fox Keller: Gender and Science, S. 178.

nicht um die Bändigung der Natur, sondern um die Bändigung der Hegemonie.« (Ebd.)

Daß die Kritik an den vorherrschenden Begriffen von Fortschritt und
Wissenschaft derart ähnlich von Schriftstellerinnen in einem sozialistischen Land und Wissenschaftlerinnen im Kapitalismus vorgebracht wird,
scheint auf dem ersten Blick befremdend, um so mehr als es, z.B., in der
Bundesrepublik keine entsprechende Entwicklung gegegeben zu haben
scheint. Dort gab und gibt es, verglichen mit der DDR und den USA, so
wenig Frauen in den Wissenschaften, besonders im akademischen Bereich, daß feministische Ansätze noch auf sich warten lassen. Dazu schien
die Bundesrepublik innerhalb der eigenen Grenzen weniger als die DDR
von der maßlosen Umweltzerstörung durch die Industrie und weniger als
die USA von den immensen menschlichen und eigengesellschaftlichen
Kosten einer immer tödlicheren und teureren Aufrüstung betroffen: weit
verbreitete Armut, zunehmende Gewalt, zerrüttetes Familienleben und
eine zerstörte Infrastruktur. Inwieweit unter den veränderten Bedingungen
des vereinten Deutschlands die feministische Wissenschaftskritik sich
Gehör schaffen wird, bleibt abzuwarten. Vorübergehend hat es den
Anschein, daß mindestens im Bereich der Literatur moralische Ansprüche, ganz besonders die von Frauen, unerwünscht sind.

Barton Byg

Geschichte, Trauer und weibliche Identität im Film:

Hiroshima mon amour und *Der geteilte Himmel*

Angesichts des Endes der sogenannten Nachkriegsperiode ist ein Blick auf Kunstwerke angebracht, an denen sich ablesen läßt, was in diesen Jahren an nationaler Identität und Subjektivität auf dem Spiel stand. Gerade im Kontext der Überschneidungen zwischen nationaler Identität, Geschlechtsdifferenzierung und historischer Erinnerung sind die Filme *Hiroshima mon amour* (1959) und *Der geteilte Himmel* (1969) von besonderem Interesse.

In beiden Werken wird eine Liebesgeschichte, erzählt aus dem Blickwinkel einer Frau, mit großen historischen Ereignissen verbunden, vor allem mit solchen des Zweiten Weltkrieges: der Abwurf der Atombombe über Hiroshima sowie der deutsche Nationalsozialismus, der als gegenwärtige Vergangenheit in vermittelter Form noch auf die geteilte Gegenwart von *Der geteilte Himmel* übergreift. *Der geteilte Himmel* erzählt die traumatische Trennung einer Frau von ihrem Geliebten, der die DDR verlassen hat und nach West-Berlin gegangen ist, während sie sich langsam von einem psychologischen Zusammenbruch bzw. einem Selbstmordversuch erholt. In *Hiroshima mon amour* erscheint dieses Trauma in der unablässig wiederkehrenden Erinnerung einer französischen Schauspielerin, die in Hiroshima in einem »Film über den Frieden« auftreten soll. Diese Erinnerung wird durch den Anblick der Hand ihres schlafenden japanischen Liebhabers ausgelöst: sie erinnert sich an ihren ersten Geliebten, einen deutschen Soldaten während der Besetzung Nevers, der Stadt ihrer Kindheit.

Der Schmerz dieser Erinnerungen entstammt zweierlei Quellen: zum einen der weiblichen Subjektivität in ihrer Verbindung zur Erinnerung und zum Phantasma[1] und zum anderen dem Verhältnis der Frau zur männlich besetzten Geschichte und Gesellschaft. Eine Analyse der beiden Filme wird zeigen, daß die aus diesen Verhältnissen gezeugten Widersprüche zwar in ästhetisch überzeugender Weise ausgedrückt, nicht aber gelöst werden können. Aus noch zu klärenden Gründen ist weibliche Erinnerung, in den Worten Kristevas, »ein Diskurs dumpfen Schmerzes«[2]; die hier besprochenen Werke können als eine Form von Trauerarbeit betrachtet werden, die laut Therese Hörnigk »sicherlich zu den prägendsten Schreibmotivationen Christa Wolfs« zu rechnen ist.[3]

Was aber sind die Quellen dieses Schmerzes? Die theoretischen Ursprünge, insofern von feministischer Theorie die Rede ist, finden sich in der Psychoanalyse Freuds, in deren Neuinterpretation durch Jacques Lacan sowie in der Anwendung Lacanscher Modelle seitens verschiedener Kritikerinnen, vor allem Luce Irigarays. Laut Lacan und Irigaray ist das Subjekt, das sich mit der Gesellschaft (das heißt mit der Gesellschaft als auch mit der Geschichte an sich) identifizieren kann, als ein männliches konstituiert. Lacan: »Es gibt keine Frau, die nicht von der Natur der Dinge ausgeschlossen wäre, welche die Natur der Worte ist.«[4] Doch hat Trista Selous genau hierin das feministische Interesse an Lacan festgemacht, da Lacan »versucht psychoanalytisch Rechenschaft zu geben für das, was er den Ausschluß der Frau aus der phallozentrischen Ordnung der Dinge nennt«[5]. Als Voraussetzung des Subjektwerdens steht dieser Ausschluß folglich in engem Zusammenhang des feministischen Bemü-

---

1   Das Wort »Phantasma« wird hier als Übersetzung des englisch/französischen »fantasme« eingesetzt, anstatt des ursprünglichen Terminus »Phantasie« bei Freud.

2   Julia Kristeva: The Pain of Sorrow in the Modern World. The Works of Marguerite Duras. In: PMLA 102 (1987) 2, S. 140.

3   Therese Hörnigk: Christa Wolf. Göttingen 1989, S. 69.

4   Trista Selous: The Other Woman. Feminism and Femininity in the Work of Marguerite Duras. New Haven / London 1988, S. 35. Im zweiten Kapitel findet sich ein Überblick über feministische Anwendungen der Theorien Lacans.

5   Ebd.

hens um eine Definition weiblicher Subjektivität innerhalb und durch Sprache und Repräsentation. Die Herausgeberinnen einer kürzlich erschienenen Anthologie zum Thema Frauen und Erinnerung sehen »in der Konstruktion einer Identität im Gegensatz zur Dekonstruktion des Subjektes die zentrale Auseindersetzung innerhalb der gegenwärtigen feministischen Theorie«[6].

Es sei daran erinnert, daß sowohl *Der geteilte Himmel* als auch *Hiroshima mon amour* von männlichen Regisseuren verfilmt wurden, von Konrad Wolf und Alain Resnais, und daß beide Filme eine Art modernen Wendepunkt in der Filmgeschichte ihres Landes darstellten. Sowohl in West- als auch in Osteuropa fand eine neue Generation ab 1959 bzw. 1956 zum Ausdruck ihrer eigenen Subjektivität, die sie der der älteren Generation entgegenstellte. Der gemeinsame Nenner dieser Generation war der Zweite Weltkrieg bzw. für die Jüngeren die Erinnerung an das Schockerlebnis ihrer Eltern und die »Unfähigkeit zu trauern« während der unmittelbaren Nachkriegsjahre. Diese Empfindlichkeit gegenüber der Bankrotterklärung der Vätergeneration illustriert Christa Wolf in *Der geteilte Himmel* durch Manfreds Monolog über die Geschichte seiner Familie (S. 62-70).[7] Doch in den Jahren zwischen dem Mauerbau und dem 11. Plenum, so Wolf, »hatten wir geglaubt, uns einen Freiraum erarbeitet zu haben; wir, das waren Autoren unserer Generation, aber vor allem auch schon Jüngere. [...] Wir mußten den Mut zu uns selber finden, der Literatur geben, was der Literatur ist, was hieß, uns als Subjekte ausbilden, was damals sehr schwer war.«[8] Einerseits herrschte der übertriebene Optimismus, daß die Schließung der DDR-Grenze sehr schnell zur sozialistischen Demokratie führen würde und damit zu einer »nationalen Subjektfindung«[9]. In diesem jugendlichen Projekt spielten die Ele-

---

6   Women and Memory. Sonderausgabe des Michigan Quarterly Review 26 (1987) 1, S. 7.

7   Christa Wolf: Der geteilte Himmel. Erzählung. Halle 1963. Alle Seitenangaben im Artikel beziehen sich auf diese Ausgabe.

8   Hörnigk, S. 30.

9   Ebd., S. 85.

mente der formalen Moderne, die das zeitgenössische französische und italienische Kino auszeichneten, eine wichtige Rolle.[10] Auf der anderen Seite jedoch fanden sich noch immer, ob ausgesprochen oder nicht, die aus dem Trauma des Nationalsozialismus herrührenden Schwierigkeiten der älteren Generation.

Diese Situation unterschied sich kaum von der im Westen, wo die ›velle vague‹ aus Frankreich einen der populären — und letztlich eher männlichen — Versuche darstellte, der Identität der jungen Generation durch die ›politique des auteurs‹ und die ›camera stylo‹ zum Ausdruck zu verhelfen.[11] In seinem Lob auf Resnais' *Hiroshima mon amour* geht John Ward gar so weit, den zentralen Akt des Erinnerns auf den großen Regisseur selbst zu projizieren und es der Duras als einen Fehler anzulasten, sich auf die »abnormale Psychologie« des »Mädchens« konzentriert zu haben.[12] Doch ist für Ward das Erinnern noch ein Mittel der Subjektivität des Regisseurs und seiner Art der Weltaneignung: »So wird durch die Erinnerung *die* Welt zu *meiner* Welt.«[13]

Mittels der Begrifflichkeit Freuds und der der Semiotik verbindet Kristeva den Bruch mit der symbolischen Ordnung mit dem Mord, angesichts der Tatsache, »daß die Gesellschaft auf ein kollektives Verbrechen gegründet ist«[14]. Die Frage, warum der Frau diese schmerzvolle Form der Erinnerung zu eigen ist, sei hier erst einmal beiseite gestellt: das

---

10 Der Einfluß dieser Impulse der Moderne wird in vielen DEFA-Filmen deutlich, die in der Zeit des 11. Plenums verboten wurden. Der Einfluß bestimmter ausländischer Filme und Filmemacher wurde von vielen Künstlern (unter ihnen auch Konrad Wolf und Christa Wolf) bestätigt, z.B. in einer kontroversen Umfrage. Vgl. Filmwissenschaftliche Mitteilungen. 1965, H. 2, S. 281-319. In einem Interview vom November 1964 bekennt sich Konrad Wolf zu den stilistischen Gemeinsamkeiten von Hiroshima mon amour und Der geteilte Himmel. Das Interview wurde, mit zweijähriger Verzögerung, nur im Westen veröffentlicht. Vgl. Wie sie filmen. Fünfzehn Gespräche mit Regisseuren der Gegenwart. Hg. Ulrich Gregor. Gütersloh 1966, S. 336.

11 James Monaco: The New Wave. Truffaut, Godard, Chabrol, Rohmer, Rivette. New York 1976, S. 5-8.

12 John Ward: Alain Resnais or the theme of time. Cinema World 6. Garden City (New York) 1968, S. 34.

13 Ebd., S. 15.

14 Julia Kristeva: Die Revolution der poetischen Sprache. Übersetzt und mit einer Einleitung versehen von Reinold Werner. Frankfurt/M. 1978, S. 79.

»kollektive Verbrechen«, das der Nachkriegsgesellschaft zugrunde liegt, besteht jedenfalls in der durch die Nazis und die Atombombe verursachten Destruktion. Dies hat Sharon Willis im Blick, wenn sie über *Hiroshima mon amour* und die späteren Arbeiten der Duras schreibt: »der nukleare Holocaust ist dem der Nazis verwandt, er ist das zentrale historische Ereignis, auf den sich alle Texte der Aurélia Steiner beziehen, wobei dieses Ereignis in die private Liebesgeschichte eingebettet wird«[15]. In der Verbindung dieses Prozesses der Ego-Formation mit derlei historischen Traumata sieht Madeleine Borgomano einen wesentlichen Grund für die Wirkung von *Hiroshima mon amour* (Borgomano bezieht Freuds Begriff der ›Phantasie‹ auf das traumatische Erlebnis): »die Geschichte, selbst die Hiroshimas, wird zum Vorwand; genauer: das individuelle Phantasma und das große kollektive Phantasma des 20. Jahrhunderts beginnen miteinander zu verschmelzen: vielleicht bezieht das Drehbuch und der Film gerade aus dieser Verbindung seine Kraft«[16].

Das Vermächtnis des »großen kollektiven Phantasmas« ist für Philippe Sollers im Blick auf Politik und Moderne ein generationsspezifisch geprägtes, womit auch das Dilemma der auf der Suche nach der eigenen Subjektivität befindlichen jungen Generation angesprochen wird. Als ein männliches Projekt ist damit die Suche nach dem ›Anderen‹ verbunden (das in unserem Kontext sowohl in seiner nationalen als auch geschlechtlichen Form auftritt). Sollers erinnert weniger an den ›nouveau roman‹ oder die ›nouvelle vague‹ des französischen Kinos als an die Nachkriegsattraktion des ›Anderen‹ in der amerikanischen Volkskultur, besonders dem Jazz:

Man darf dabei nicht vergessen, daß die internalisierte Propaganda der verschiedenen europäischen Faschismen seit den dreißiger Jahren einen großen Einfluß hatte auf die Vorbereitung des extrem starken antimodernen Klimas — einer Moderne, die die Vereinigten Staaten zu dieser Zeit darstellen konnten. Man muß sich nur noch einmal die Texte anschauen, die Dekla-

---

15 Sharon Willis: Marguerite Duras. Writing on the Body. Urbana / Chicago 1987, S. 95.

16 Madeleine Borgomano: L'Écriture Filmique de Marguerite Duras. Paris 1985, S. 47f.

rationen all dessen, was sich als noch französischer, noch traditioneller, noch stärker anti-jazz, anti-was-auch-immer, anti-schwarz bekannte. Man muß sich die enge Allianz und Osmose von Stalinismus und Faschismus vor Augen halten, wenn es um die Definition dessen ging, was man als degeneriert, kosmopolitisch, jüdisch usw. betrachten konnte. [...] Selbst wenn diese Menschen fälschlicherweise meinen, die Werte des Faschismus und des Stalinismus nicht geschluckt zu haben: sie haben diese vollkommen verschlungen, in geradezu körperlicher Weise sich einverleibt. Ich selbst kann bestätigen, daß für einen französischen Intellektuellen die Entdeckung des Jazz nach dem Krieg im Alter von 14 Jahren oder die Entdeckung hellen Tabaks, von etwas, das sozusagen von einem anderen Planeten stammte, da wir ja unter dem Joch der Deutschen aufgewachsen waren; oder Pétain, der kastrierte Körper Pétains, der in der französischen Gesellschaft mit ihrem kastrierten stalinistischen Alter-Ego weiterhin in Funktion ist — diese Art des Nachkrieg-Geschmackes in Frankreich, diese Art der Sinnlichkeit [...] der Jazz war ein entscheidender Faktor bei meinem Entschluß zu schreiben. [...] Und danach, was erlebten wir dann? Wir wurden Zeugen des Versuches, diese anhaltende Wirkung der anti-modernen Propaganda in Europa zu erneuern. [...] Wir müssen begreifen, daß die europäischen Intellektuellen die Möglichkeiten eines völlig anderen, auf der Basis des Untergrundes, der nicht-philosophischen, nicht-griechischen Geschichte gestalteten Planeten verkennen, der seit den sechziger Jahren in ihren Biographien aufzuleuchten begann.[17]

In sehr phallozentrischen Ausdrücken beschreibt Sollers die Sehnsucht seiner Generation nach einer neuen Subjektivität im Gegensatz zu der der korrupten, »kastrierten« vorherigen Generation; diese Erscheinung ist den zeitgleichen ›utopischen Visionen‹ in der DDR, auf die Christa Wolf sich bezog, durchaus vergleichbar.[18] Doch warum ist die »Moderne« ein wesentlicher Bestandteil dieser Rekonstruktion der Subjektivität, und weshalb ist die »weibliche Subjektivität« ein integrales Moment der Moderne? Die Antwort ist eben dieses »Andere« — diese Entfremdung,

---

17 Julia Kristeva, Marceline Pleynet, Philippe Sollers: Why the United States? A Panel Discussion. In: The Kristeva Reader. Hg. Toril Moi. New York 1986, S. 283-4.

18 Hörnigk, S. 27.

dieser Bruch oder diese Verdoppelung, durch die das Selbst allererst existieren und »Ich« sagen kann.

Von Beginn an war die weibliche Subjektivität von *Hiroshima mon amour* in den Rahmen eines männlichen Diskurses über die Weiblichkeit gestellt. Unter den ersten Verfechtern dieser neuen weiblichen Subjektivität fanden sich nicht wenige Männer aus den Kreisen der ›nouvelle vague‹. Resnais hatte seinen Film explizit als »Frauenfilm« konzipiert, und François Truffaut meinte sogar: »Hiroshima mon amour kann wohl als der erste Film gelten, der wirklich für Frauen gemacht wurde.«[19] Diese Dynamik disqualifiziert nicht etwa die in diesen Filmen umrissene weibliche Subjektivität, sondern führt uns zu der Unterscheidung zwischen dieser und dem Gebrauch, der von dieser Subjektivität aus der Perspektive des Mannes gemacht wird. Indem in den hier diskutierten Filmen die Frau als das Andere dargestellt wird, mögen sie dazu beigetragen haben, die Bedrohung abzuwehren, die sowohl von dem undarstellbaren historischen Trauma des Zweiten Weltkrieges als auch von der undarstellbaren Subjektivität der Frau auf die männliche Identität ausgeht. In der Begrifflichkeit der Psychoanalyse beschreibt Julia Kristeva dies als einen Fallstrick für den Feminismus:

> Ist sie erst einmal geraubt, um in sich selbst dargestellt zu werden, dann verliert die ›Wahrheit‹ sich in ›sich selbst‹: Denn in Wirklichkeit besitzt sie kein ›Selbst‹, da sie nur in den Lücken einer Identität auftaucht. Ist sie aber erst einmal dargestellt, und sei es unter der Maske einer Frau, dann geht die ›Wahrheit‹ des Unbewußten in die symbolische Ordnung ein und überlagert sie sogar: fundamentaler Fetisch, Phallusersatz, Stütze jeder transzendentalen Gottheit. Plumper, aber wie wirksamer Fallstrick des ›Feminismus‹: uns anerkennen, uns zu DER WAHRHEIT der zeitlichen Ordnung machen, um uns daran zu hindern, als ihre unbewußte, undarstellbare, außerhalb von Wahr

---

19 Zitiert nach: Jacqueline Mayer: L'image de la femme à travers le cinéma. In: »Tu n'as rien vu à Hiroshima!« Un grand film »Hiroshima, mon amour« analysé par un groupe d'universitaires sous la direction de Raymond Ravar publié par le Centre national de sociologie du travail. Hg. Pierre Vermeylen. Brüssel 1962, S. 115.

und Falsch, außerhalb von Gegenwart-Vergangenheit-Zukunft stehende
›Wahrheit‹ zu fungieren.[20]

Die beiden Filme scheinen zweierlei zu leisten — sie decken auf, daß die
Subjektivität der Frauen außerhalb der symbolischen Ordnung lokalisiert
ist (undarstellbar, nicht ausdrückbar), und schreiben zugleich Frauen, die
Stimmen bestimmter Frauen, in den Diskurs ein. In den Worten Anne
Herrmanns: die Autorin bringt sich selbst als historisches Subjekt ein.
Demnach geht es sowohl in der Produktion wie in der Rezeption von
Hiroshima mon amour und *Der geteilte Himmel* um das von Herrmann
herausgearbeitete Dilemma: »Wie dekonstruiert eine Schriftstellerin das
weibliche Subjekt als mimetische Fiktion, ohne es in die Position der
Abwesenheit zu verweisen, die von ›dem Weiblichen‹ besetzt ist?«[21]

Die Dekonstruktion des Subjektes, die in beiden Filmen unternommen
wird, kann der psychoanalytischen Kategorie eines »Phantasmas eines
Ursprungs« und dem davon stets produzierten Gefühl des Verlustes, des
Verlassenwerdens und des Schmerzes verglichen werden.

In beiden Fällen macht das von einer Frau erinnerte Trauma den
Kristallisationspunkt des Filmes aus. Im Falle der Protagonistin der Duras
besteht das Phantasma im Tod ihres ersten Liebhabers, eines deutschen
Soldaten in der französischen Stadt Nevers im Jahre 1944. Er wurde auf
seinem Weg zu ihr am Ufer der Loire von einem Heckenschützen er-
schossen. (Noch lange bevor die Stimme der Frau von diesen Momenten
zu erzählen ansetzt, drängen sich Bilder dieser Momente in den Film ein,
ausgelöst durch den Anblick der Hand ihres schlafenden japanischen
Geliebten). Wenn er stirbt, legt sie sich auf seinen Körper und kann den
Augenblick seines Todes nicht erkennen, da sie nicht mehr zwischen
ihrem eigenen und seinem Körper unterscheiden kann. Duras präsentiert
also eine äußerst komplexe Beziehung zwischen der Subjektivität einer
Frau und der Erinnerung an die Trennung und das Trauma. Ihr größter

20 Julia Kristeva: Die Chinesin. Die Rolle der Frau in China. Frankfurt / Berlin / Wien 1982, S.
    265f.

21 Anne Herrmann: The Dialogic and Difference. ›An/Other Woman‹ in Virginia Woolf and Christa
    Wolf. New York 1989, S. 7.

Verlust fällt mit der Befreiung ihrer Stadt zusammen. Sie wird verrückt und wird erst durch die Erzählung von diesem Zustand geheilt; vor der Kinoleinwand der Erinnerung wird sie zur distanzierten Zuschauerin. Andererseits wird durch die Evokation des Wahnsinns von Nevers deutlich, was diese Zuschauerhaltung nicht erreichen kann: die Wahrheit ihres körperlichen Schmerzes, der die Grenzen des Bewußtseins überschreitet. Die Heilung durch Erinnern und Vergessen ist daher nicht weniger ein Provisorium als die undarstellbare Subjektivität, die laut Borgomano »nur dadurch besteht, daß sie sich selbst zerstört«[22].

Die Texte der Duras »nähern sich ständig dem Undarstellbaren: der Trennung und dem Tod«[23] und dekonstruieren daher das Subjekt in einer radikalen Art und Weise, wobei diese Dekonstruktion in den historischen Kontext des Faschismus und der Atombombe gestellt wird — also in die großen Phantasmen unseres Jahrhunderts. Doch wie schreibt sich die Autorin selbst als Subjekt in die Geschichte ein, wenn diese Basis nicht zur Konstitution eines stabilen Subjektes taugt? Vielleicht versucht sie es gar nicht, da sie auf der Suche ist nach der Wahrheit, dem Unbewußten, das keine Geschichte hat. Dies käme der Analyse Kristevas entgegen, wenn sie untersucht, wie die Duras die weibliche Subjektivität mit Geschichte und Politik, wo der private Schmerz, politischen Horror absorbierend, Wahnsinn erzeugt, in Bezug setzt: »In unserer Gegenwart ist der menschliche Wahnsinn das einzige Ereignis. Die Politik, vor allem in ihren mörderischen Ausbrüchen, ist ein Teil dieses Wahnsinns.«[24]

Demnach wäre der Wahnsinn einer Frau die Antwort auf das 20. Jahrhundert, genauer die Summe des Todes, der Verlassenheit und des Schmerzes. Er ist die Inkorporation der Wahrheit, doch einer unaussprechbaren Wahrheit. Kristeva schreibt:

Die Mystifikation des unnahbaren Weiblichen enthält im Werk der Duras eine gewisse Wahrheit über die weibliche Erfahrung einer *jouissance* des

---

22 Borgomano, S. 13.
23 Willis, S. 28.
24 Kristeva: The Pain of Sorrow..., S. 143.

Leidens. Mehr noch, diesem *Niemandsland* schmerzhafter Affekte und ent-
werteter Worte, das die Höhen des Geheimnisses streift, mangelt es keineswegs an Ausdruckskraft. Wie tot es auch immer sein mag, dieses *Niemandsland* besitzt seine eigene Sprache der Verdoppelung. Es schafft Echos,
Doppelgänger, Replikas, die alle die Leidenschaft oder die Zerstörung
bekunden, an deren Deprivationen die Frau leidet. In ihrem Leiden aber
kann sie nicht sprechen.[25]

Im Gegensatz zu der Duras hat sich Christa Wolf seit den sechziger Jahren weder von der Geschichte noch von der Politik ferngehalten. Auch
sie hat ihre eigene Stimme als Schriftstellerin gefunden und sich selbst in
der Zeit, in der *Der geteilte Himmel* als Film erschien, nicht das Recht
nehmen lassen, ihre eigene Meinung auszudrücken:»Man muß im Gegenteil sagen: Nein, es ist etwas anderes da, als ihr wollt, weil wir über
Parteilichkeit und das Positive und über das Glück und andere Dinge verschiedener Meinung sind.«[26]

In der Arena der Kulturpolitik benutzt die junge Schriftstellerin das
Wort »Ich« ohne alle Kompromisse, während in ihren literarischen Werken die Schwierigkeit, »Ich« zu sagen, im Mittelpunkt steht. Ähnlich wie
Duras untersucht auch Wolf die Phänomene des Schmerzes, des Verlustes
und der Verlassenheit, aus denen heraus das Selbst Konturen gewinnt.
Anfang 1965 hatte sie »diese Sehnsucht, sich zu verdoppeln« als »einer
der mächtigsten und am wenigsten beachteten Antriebe zum Schreiben«
beschrieben.[27] Doch das Bewußtsein des Anderen, des Nicht-Ich, das in
Nachdenken über Christa T. eine so wichtige Rolle spielte, begründet sich
im Tod und dem Verlassensein — nicht anders als die weibliche Subjektivität bei Duras: »Das Verlassensein stellt das unüberwindbare Trauma
dar, erzeugt durch die Entdeckung — die zweifellos früh geschieht und

---

25 Ebd., S. 147.

26 Christa Wolf. In: Probleme des sozialistischen Realismus in der darstellenden Kunst am Beispiel
    des DEFA-Films Der geteilte Himmel. Hg. Deutsche Akademie der Künste zu Berlin. Berlin
    1964, S. 53.

27 Christa Wolf: Einiges über meine Arbeit als Schriftsteller. In: Die Dimension des Autors. 2 Bde.
    Berlin / Weimar 1989 (2), Bd. 1, S. 7.

deshalb unmöglich artikuliert werden kann — der Existenz eines Nicht-Ich.«[28] Man hat in *Nachdenken* den ersten Versuch Christa Wolfs gesehen, diese schmerzhafte Wahrheit der weiblichen Subjektivität darzustellen, denn erst »angesichts des Todes wird es ihr möglich, ›ich‹ zu sagen.«[29] Doch war diese Konfrontation mit dem Tod, dem Phantasma eines Ursprunges, bereits in *Der geteilte Himmel* präsent, und zwar deutlicher erkennbar im Film als in der Erzählung.

Bestand das Phantasma von *Hiroshima mon amour* in der Erinnerung an den Tod des Liebhabers (sowie der Unfähigkeit der Frau, diesen von dem eigenen zu unterscheiden), so ist es im Falle der Rita Seidel aus *Der geteilte Himmel* die Erinnerung an den eigenen Zusammenbruch bzw. an ihren Selbstmordversuch. Im Buch wird der Moment ihres Sturzes (in der Fabrik, in der sie arbeitet, fällt sie vor zwei sich·nähernde Eisenbahnwaggons) in die Erzählung ihrer allmählichen Gesundung eingebettet. Während sie im Krankenhaus liegt, sieht sie die Waggons auf sich zurollen, kann jedoch noch nicht zwischen sich als Subjekt und Objekt unterscheiden: »Und wo sie sich treffen werden, da liegt sie. Da liege ich« (S. 12). Doch schaltet sich genau an dieser Stelle die Narration ein, um zu betonen, daß dieses Phantasma überwunden werden kann: »Was noch zu bewältigen wäre, ist dieses aufdringliche Gefühl: Die zielen genau auf mich« (Ebd.).

Im Film hingegen wird dieses Phantasma aus dem Zusammenhang der Erzählung von Ritas Heilungsprozeß weiter herausgestellt, so daß der Eindruck entsteht, daß es ein konstitutives Moment ihrer Identität bleibt. Ihr Zusammenbruch und der auf sie zurollende Eisenbahnwagen werden sowohl am Anfang wie auch am Ende des Filmes gezeigt, und zwar in identischen Bildern. Auch wird ihre Erinnerung daran nicht in den Kontext des Krankenhausaufenthaltes gestellt, dem sich im Roman ein weiterer Aufenthalt in einem Sanatorium anschließt. Sowohl das Krankenhaus als auch das Sanatorium werden im Film durch ein kleines Haus (allem

---

28 Kristeva: The Pain of Sorrow..., S. 145.
29 Sonja Hilzinger: Christa Wolf. Stuttgart 1986, S. 36.

Anschein nach ihr Elternhaus) ersetzt, das unter dem Bogen einer gewaltig hohen Autobahnbrücke liegt und eine Art Leitmotiv darstellt. Dieser Ort bleibt von der traumatischen Erinnerung unberührt, die auch nicht einer deutlichen zeitlichen Entwicklung unterworfen wird. Während die Komposition der Einstellungen Ritas Eindruck »die zielen genau auf mich« vermittelt, erzeugt die Szenenwiederholung einen Verdoppelungseffekt. Statt zweier Waggons (deren Zusammenprall Rita verletzen würde) gibt es im Film nur einen einzigen. Rita steht also auch nicht am Überschneidungspunkt der beiden Gleise, sondern erscheint am äußeren linken Rand der Breitwand, während die konvergierenden Perspektivlinien die bedrohliche rechts-links Bewegung des Waggons verstärken. Diese Asymmetrie steht in starkem Kontrast zu der ansonsten sorgsam ausbalancierten Kompositionstechnik, die die Leinwand oft in zwei Hälften unterteilt. Ritas Konfrontation mit dem Tod wird demnach nicht durch den Eindruck »die zielen genau auf mich« vermittelt, sondern im Moment ihres Sturzes durch eine Detailaufnahme ihrer zum Himmel gewendeten Augen.

Durch die Wiederholung genau dieser Szene am Ende ihres Heilungsprozesses wird der Eindruck geweckt, daß es ihr nicht gelungen ist, dieses Trauma vollständig zu bewältigen — es verbleibt vielmehr im Zentrum ihrer Identität. Indem der Film (im Gegensatz zur Erzählung) darauf verzichtet, Ritas Fähigkeit, »Ich« zu sagen, als ein eindeutig »gesundes« Moment darzustellen, kann ihr Versuch der Subjektwerdung als eine vielgestaltige Konfrontation mit Erinnerungen gesehen werden, die eben nicht Teil einer vorbestimmten Linearität oder Hierarchie sind. Sie gewinnt also ihre Subjektivität teils durch die Wiederholung ihres beinahigen Todes unter dem Eisenbahnwaggon, teils durch den Verlust von Manfred sowie durch die Beziehungen zu anderen, die sie während ihres Lehrerstudiums oder ihrer Arbeit bei der Brigade im Waggonwerk entwickelt. Bestimmte Bilder, die im Film öfters wiederholt werden, verweisen gar auf einen Überschuß an Trauer, der selbst die Erinnerungen übersteigt, die Ritas eigene Identität bilden.

Die Schnittstrategien Konrad Wolfs unterstreichen noch den Eindruck, daß Ritas Identität weder in bezug auf Raum noch auf Zeit fixiert ist. Die von Eisenstein inspirierte Technik des Gegenschnittes von Detailaufnahmen der Augen oder des Gesichtes einer Figur mit sehr breiten Totalaufnahmen dient dazu, die Verbindung zwischen Rita und der fiktiven Welt des Filmes herzustellen. Die räumliche und zeitliche Künstlichkeit dieses Mittels verlangt den Betrachtern ihrerseits die Synthese dieser beiden Bilder ab, wobei die Beziehungen Produkte von Ritas sich entwickelnder Subjektivität sind, *nicht* aber solche der dargestellten Außenwelt.

Die Entwicklung von Ritas Subjektivität ist im Film also weitaus forcierter, aber auch verschwommener als im Roman. Im Gegensatz zum Roman und seiner stark didaktischen Betonung des sozialen Kontextes, in den Rita sich schließlich einpassen wird, reduziert der Film diese Elemente. Eine »Entwicklung« allerdings, die im Film deutlich wird, ist ihre Distanzierung von Manfred, dem Objekt ihrer Liebe. Anspielungen auf den zeitlichen Zusammenhang des Jahres 1961 oder den Bau der Mauer, die möglicherweise ihre Trennung von Manfred unwiderruflich besiegeln und ihren Zusammenbruch bzw. Selbstmord »erklären« könnten, sind im Film nur spärlich vorhanden.

Nicht der Verweis auf äußerliche, politische Fakten unterstreicht diese Unwiderrufbarkeit, sondern die visuelle Entwicklung der Beziehung zwischen Rita und Manfred, wobei Rita hier mehr Aktivität an den Tag legt als im Buch. Immer mehr Räume, die sie zuvor miteinander teilten, werden von ihnen allmählich alleine besetzt; oder sie begehen diese immer öfter alleine, während sie sich zuvor zusammen darin bewegten. Auch sieht man Rita, im Gegensatz zu Manfred, im ersten Teil des Filmes als den aktiveren Partner in den Umarmungen. Eine bedeutungsvolle Wende wird vom Off-Kommentar zu Beginn einer Szene angekündigt: »Da konnte uns, vor unseren Augen, ein Mensch allmählich verloren gehen.« Gegen das leere Fenster von Manfreds und Ritas Mansardenzimmer werden die Blätter des Herbstes getrieben. In einer Serie von Einstellungen, deren zeitliche Ordnung unklar bleibt, sieht man, wie die beiden jeweils einzeln den Raum betreten und mit dem Rücken zur Kamera zum Fenster gehen. Im letzten Teil des Filmes wird Manfred öfters in dieser Position, in dunkler Silhouette, gezeigt. Nach einer Szene zwischen den beiden, in der sie die beruflichen Frustrationen von Manfreds bestem Freund Martin diskutieren, äußert Manfred den Satz: »Der Bodensatz der Geschichte ist immer das Unglück des Einzelnen.« Im Buch wird dies nur indirekt, durch seinen Brief aus West-Berlin vermittelt. Die Komposition dieser Szene im Film ist eigenartig: Rita schaut im unteren linken Viertel des Ausschnittes ins Off, während Manfred hinter ihr sitzt, von der Kamera weg- und in umgekehrter Richtung in den Raum blickt. Hinter ihm befindet sich ein leerer Schaukelstuhl. Er muß sich deshalb mit großer Mühe zu ihr umwenden und sie zu einer balancierteren, eher an die vorherigen Situationen erinnernden Position zu sich hindrehen. Mit beinahe verzweifelter Stimme sagt er: »Was auch geschieht, wir lieben uns, hörst du?« Sie antwortet ihm nicht, woraufhin er fragt: »Kann man mit mir nicht mehr sprechen? Bin ich unerträglich geworden, wie?« Ihr Ablenkungsversuch überzeugt kaum: »Du redest dir alles ein! Gib mir einen Kuß.«

Von diesem Moment an wird im Film Ritas Verfehlen und ihr Schuldgefühl angesichts ihres Nicht-sprechen-Könnens spürbar. In starkem Kontrast zum Buch, in dem der junge Werkleiter Wendland Manfred seine Flucht in den Westen nicht verzeihen will, sagt Wendland im Film, er hätte mit Manfred mehr sprechen sollen. Genau dazu jedoch ist Rita nicht in der Lage; das gehäufte Schweigen und die leeren Räume zum Ende des Filmes hin vermitteln diesen Aspekt ihres Traumas.

Der geteilte Himmel beschreibt in ausgewogener Balance demnach sowohl die Entwicklung von Ritas Subjektivität als auch ihre Paralyse durch Verlust und Leid: die vielen Anspielungen auf Trennungen und Teilungen werden in keiner Einheit mehr aufgelöst. Stattdessen bleibt der Schmerz in der Frage der Erzählerin: »Wer auf der Welt hatte das Recht, einen Menschen — und sei es einen einzigen! — vor solche Wahl zu stellen, die, wie immer er sich entschied, ein Stück von ihm forderte?« (S. 286).

In der Filmversion erfährt Ritas Leiden noch eine weitere Dimension, da Manfreds Rückzug aus der Gesellschaft (eine Reaktion auf die Nazi-Vergangenheit seiner Familie wie auch auf die mangelnde Unterstützung durch seine Freunde) noch dadurch verdoppelt wird, daß sie sich von ihm zurückzieht. Im Roman wünschen sich beide, Manfred wie Rita, daß die Zeit stehenbliebe; im Film ist das allein der Wunsch Ritas, der in einem statischen, surrealistischen Tableau mündet. Im Roman beendet Manfred ihr Treffen in West-Berlin mit der Aufforderung zu gehen, da sie zu schwach geworden war, um aus freien Stücken zu handeln; im Film verläßt sie ihn am Bahnhof mit einem zärtlichen Blick, doch fügt sie dem Satz »Der Himmel teilt sich zu allererst« kein weiteres Wort mehr hinzu.

Die Tatsache, daß Ritas Gesicht das zentrale und einheitsstiftende Element des Filmes ist (und die Erinnerungen miteinander in wechselseitige Bezüge bringt), arbeitet der Erinnerungshierarchie entgegen, die die Off-Stimme der Erzählung ihrer Genesung in Anschlag bringen möchte. Ihr Gesicht steht im Zentrum beider thematischer Pole — ihre Todesphantasmen und ihre schließliche Rückkehr in die Gesellschaft —, doch bleiben ihr Blick sowie ihre Subjektivität davon getrennt. Wenn sich Ritas Phantasma ihres Zusammenbruches wiederholt, folgt ihr eine schnelle Abblende, ganz so, als ob der Film hier enden könnte. Daraufhin erscheint Rita erneut, scheinbar in der Erzählgegenwart, sie bürstet sich vor dem Spiegel die Haare — wiederum eine Verdoppelung ihrer selbst. Dann aber nimmt sie sich das Haar aus dem Gesicht und verwandelt ihren mädchenhaften Pony in die Frisur einer modernen Frau der sechziger Jahre. Der Off-Kommentar hierzu: »So endet die Geschichte, eine banale Geschichte, wenn man will. Wenn es das nur einmal im Leben gibt, liegt es hinter ihr. So wie es war, wird es nie wieder werden.«

Doch beginnt die Zukunft nicht hier. Vielmehr spricht Rita von diesem Moment des Filmes an bis zu dessen Ende nur noch mit Repräsentanten der Generation des Zweiten Weltkrieges — mit dem schwächlichen und geschlagenen Konformisten Herrfurth und mit Meternagel, einem im Sterben liegenden Arbeiterhelden. Wenn sie in den letzten Einstellungen des Filmes alleine in die Nacht läuft, sieht man noch einmal einige der leit-

motivischen Einstellungen, die sie mit Manfred verbanden und die nun
dunkel und leer erscheinen. In einer Nahaufnahme sieht man sie auf die
Kamera zugehen, zuerst lächelnd, dann ernster werdend. Sie ist unter
Menschen, doch erwidert niemand ihre Blicke. Sie ist in Gesellschaft und
doch einsam. Die filmische Abtrennung ihres Blickes von den visuellen
Schauplätzen ihrer Erinnerungen unterstreicht noch das Gefühl des Verlustes und ihrer Herauslösung aus der Zeit: jede ihrer Erinnerungen kann
von der Wiederholung eingeholt werden. Hier teilt Rita mit einer anderen
Protagonistin der Duras (Lol V. Stein) den Wunsch, sich als nicht-präsent
zu sehen.[30]

Die Oszillation von Leiden und Verlust im Zentrum der weiblichen Subjektivität dieser Filme zeigt die Schriftstellerin in einer unmöglichen
Position, sobald die Instabilität dieser Subjektivität einer Krise von histo-
rischem Ausmaß entspricht. Kristeva hierzu:

> Eine Frau hat nichts zu lachen, wenn die symbolische Ordnung zusammen-
> bricht. Sofern sie sich mit der Mutter, diesem mit einer Vagina ausgestatte-
> ten Körper, identifiziert, kann sie sich darüber freuen, weil sie sich somit für
> das in den Spalten der brüchig gewordenen Ordnung wieder aufkommende
> sublime Verdrängte hält. Genauso leicht kann sie, das Opfer oder die Kämp-
> ferin, daran zugrunde gehen, wenn ihr nämlich die Identifizierung mit der
> Mutter nicht gelang und die väterliche symbolische Ordnung ihr einziger
> Fixpunkt, ihre einzige Verbindung zum Leben war — eine oberflächliche,
> verspätete und mühelos überschreitbare.[31]

Die Künstlerin ist in der unmöglichen Position, das Verbrechen am Ursprung der sozialen Identität zu untersuchen:

> Die Kunst ihrerseits nimmt den Mord in dem Maße auf sich, wie in der
> künstlerischen Praxis die ›tödliche‹ Grenze in den Prozeß der Sinngebung
> verlegt wird, eine Grenze, deren Überschreitung eben die ›Kunst‹ ausmacht.
> Mit anderen Worten: Das Subjekt einer solchen Praxis verinnerlicht sozu-
> sagen den Tod; es muß ihn zum Träger machen, um überhaupt funktionieren

---

30 Vgl. Elisabeth Lyon: The Cinema of Lol V. Stein. In: Feminism and Film Theory. Hg. Constance
    Penley. New York / London 1988, S. 261.

31 Kristeva: Die Chinesin, S. 257.

zu können. In diesem Sinne ist der Künstler den ›Sündenbock‹-Gestalten vergleichbar. Doch ist er mehr als das, und seine Besonderheit unterscheidet ihn radikal von allen Opfernden bzw. Geopferten. In der Wiederkehr, durch das Todesereignis, in Richtung auf das, was den Bruch produziert; indem er die semiotische Mobilität über die Grenze, an der das Symbolische zustande kommt, transportiert, entwirft der Künstler eine Art zweite Geburt.[32]

Damit wäre man wieder bei *Hiroshima mon amour*, deren Protagonistin sich mit dem Tod ihres deutschen Geliebten vereinigt und unfähig ist, den Augenblick wahrzunehmen oder darzustellen. Diese ›Passage‹ durch den Tod verbindet sie nicht nur mit Rita Seidels Verdoppelung ihrer selbst in dem Todesphantasma, sondern erinnert auch an Christa Wolfs Kassandra, der Zeugin von Mord und der Grausamkeit der »Mörderlust und Liebeslust in einem Mann«[33]. Doch beschwört ihre Stimme aus diesem Totenreich, die Stimme ihres Wahnsinns, eine Krise und eine notwendige Transformation der symbolischen Ordnung herauf: »Wenn es das gibt, ist alles möglich.«[34]

Gemeinsam ist *Hiroshima mon amour* und *Der geteilte Himmel* das Paradox der weiblichen Stimme im Angesicht der unaussprechbaren Grausamkeiten der Geschichte. Christa Wolf und Konrad Wolf ging es um die Fragmentierung und das sie begleitende Gefühl des Leidens und des Verlustes der individuell hergestellten Identität im Verhältnis zur Erinnerung sowie der nationalen Identität im Verhältnis zur Geschichte. Mit der Vereinigung Deutschlands verschwindet nur ein Aspekt der in *Der geteilte Himmel* beschriebenen Teilungen; was bleibt sind historische Wunden. Im Blick auf Philippe Sollers Behauptung, daß das gesamte Nachkriegseuropa vom Faschismus und Stalinismus geprägt wurde, sollte man der Haltung von Christa Wolf und Konrad Wolf während der sechziger Jahre, ihrem Einsatz für einen »völlig anders gearteten Planeten«, Anerkennung schenken. Sowohl als Schriftstellerin wie auch als weibli-

---

32 Kristeva: Revolution der poetischen Sprache, S. 79f. Der letzte Satz fehlt in der Suhrkamp-Ausgabe. Vgl. Julia Kristeva: The Kristeva Reader. Hg. Toril Moi. New York 1986, S. 120.

33 Christa Wolf: Kassandra. Erzählung. Darmstadt 1983, S. 85.

34 Ebd.

ches Subjekt befand Christa Wolf sich in einer geradezu unmöglichen
Position — von der einen Seite attackiert als Apologetin der SED, von
der anderen verleumdet als westliche Dekadente. *Der geteilte Himmel*
erinnert an die Notwendigkeit, die Trauerarbeit fortzusetzen: sowohl im
Blick auf die deutsche Vergangenheit als auch auf die Geschichte der
DDR.

Übersetzung: Thomas Nolden

Edith Waldstein

Marxismus? Feminismus? Utopie?
Kein Ort. Nirgends
in amerikanischen Klassenzimmern

In den letzten zehn Jahren sind Christa Wolfs Werke in Amerika immer bekannter geworden und damit auch häufiger auf den Lehrplänen der germanistischen Vorlesungen und Seminare zu finden. Gleichzeitig hört man unter Kollegen aber auch immer wieder, daß Wolfs Romane und Erzählungen für amerikanische Studenten schwer zu verstehen seien. Es ist wahr: Wolfs Texte sind komplex in ihrer Struktur und anspruchsvoll im kulturellen und gesellschaftlichen Kontext. Amerikanische Studenten, die meist mehr Gelegenheit haben, Französisch und Spanisch als Deutsch zu lernen, besitzen oft wenige Vorkenntnisse in deutscher Literaturgeschichte und -theorie und nur oberflächliches Wissen über die politische Kultur der DDR in den siebziger Jahren. Und doch: die spezifisch dialogische Qualität der Wolfschen Erzählweise erlaubt einen unmittelbaren Zugang zu ihren Werken, auch für Ausländer, die gerade die Lektüre dieser »schwierigen« Autorin am Ende des Semesters als ihr wichtigstes Lernerlebnis bezeichnen.

Kein Ort. Nirgends (1979)[1] ist Wolfs Text mit der spärlichsten äußeren Handlung. Er bezieht sich nicht nur auf die jüngste DDR-Kulturgeschichte, sondern auch auf die des 19. Jahrhunderts und ihrer Rezeption in der DDR und gilt in den USA als das unzugänglichste Werk Wolfs. Trotzdessen kann man auch hier diese Erzählung mit Erfolg im deutschen Literaturseminar unterrichten. Nach mehreren Jahren Erfahrung im

---

1 Christa Wolf: Kein Ort. Nirgends. Berlin und Weimar 1979.

Unterricht dieses Werkes ist sogar zu vermuten, daß Christa Wolf bei amerikanischen Studenten populär ist, gerade weil sie komplexe Themen behandelt, die nicht nur in Deutschland, sondern auch in den USA von Bedeutung sind. Christa Wolf addressiert die Leser ihrer Werke mit vergleichsweise persönlicher Intimität und reflektiert zugleich einen globalen, humanistischen Imperativ. Verständnis ihres spezifischen kulturellen Kontexts, obwohl wichtig, ist nicht unbedingt notwendig, um das Interesse der Studenten zu erregen.

Als theoretische Basis dieser pädagogischen Aufgabe sind rezeptions-ästhetische Ansätze und die Schriften Bakhtins über Dialogik besonders vorteilhaft. Die Leser von Wolfs Werken werden durch diesen methodischen Zugang zu literarischen Gesprächspartnern — eine nicht nur pädagogische Erwägung, denn in *Kein Ort. Nirgends* steht der Dialog als strukturformendes Element im Zentrum der Erzählung. Dialog wird hier nach Bakhtin verstanden als eine Darstellung von »Heteroglossia«. Nach Bakhtin ermöglicht Heteroglossia »eine Vielfalt von gesellschaftlichen Stimmen und eine breite Mannigfaltigkeit ihrer Verkettungen und Wechselbeziehungen«[2]. Nicht eine eindeutige Sinnaussage durch eine dominante Erzählstimme (so wie im traditionellen Roman oder im Erzählstil des sozialistischen Realismus) wird hier vorausgesetzt, sondern die Vieldeutigkeit subjektiver Aussagen von gleichberechtigten Dialogpartnern. Für Bakhtin, wie für Christa Wolf, kommt in dieser modernen Erzähltechnik die Multiplizität unsrer heutigen Welt zum Ausdruck.

In *Kein Ort. Nirgends* treffen sich die Erzählfiguren als gesellige Teegruppe. Wir folgen ihren Unterhaltungen, hören aber auch die innere Stimme der DDR-Erzählerin, die auf anderer, moderner Zeitebene die »subjektive Authentizität« der Autorin anklingen läßt und gleichzeitig in schwebender Zeitraffung die inneren Gedanken der Persönlichkeiten der Romantik wiedergibt.[3] Auch die Leser der Erzählung werden in dieses

---

2   M. M. Bakhtin: The Dialogic Imagination. Austin, Texas 1981, S. 263 (meine Übersetzung).

3   Siehe auch Ute Brandes: Zitat und Montage in der neueren DDR-Prosa. Frankfurt a.M., Bern, New York 1984, S. 97, die die »Vermittlungstätigkeit« der Erzählerin hervorhebt.

vielfältige Gespräch hineingezogen: die dialogische Erzählstruktur bewegt sich in ständigem Übergang zwischen den ersten, zweiten und dritten grammatischen Personen, die jeweils eine andere Zeitebene anzeigen. Wie Helen Fehervary in detaillierter Analyse erklärt, führt Wolf in kunstvoller Weise durch die Erzählfigur ein Salongespräch auf verschiedenen Zeit- und Bedeutungsebenen vor. So ist Kleists Gespräch ein »Theaterdialog zwischen dem Ich und dem anderen«, während Günderrode »ein lyrisches Selbstgespräch« führt. Da die Autorin keine autoritative Erzählstimme im herkömmlichen Sinne adoptiert hat, »muß [sie] eine dritte Instanz fingieren, um das erzählende wie das erzählte Ich zu verwirklichen. Diese Person ist der aktive Zuhörer.«[4] Das Salongespräch der Romantik ist damit zu einem mehrdimensionalen Strukturelement in der modernen Fiktion erweitert.

Um diese dialogische Sinnstruktur pädagogisch zu nutzen und die Studenten im Fremdsprachenunterricht als gleichberechtigte Gesprächspartner miteinzubeziehen, beginnen wir mit der Aufarbeitung der kulturgeschichtlichen Dimension der Erzählung. In Gemeinschaftsprojekten erarbeiten die Studenten zunächst in »geselligen« Vorträgen Einzelaspekte der deutschen Romantik, der Romantikrezeption in der DDR der siebziger Jahre und der Kulturpolitik zu dieser Zeit (z.B. Tauwetterperiode, Subjektivierung der Literatur, Ausbürgerung Wolf Biermanns). Auch Christa Wolfs diverse Dialoge mit Schriftstellerkollegen über die Funktion von Literatur in einer sozialistischen Gesellschaft sind wesentlicher Gesprächsstoff. In dieser Anfangsphase erscheinen die ersten Vorurteile und Unkenntnisse der amerikanischen Studenten über die Sowjetunion, den Kommunismus, die DDR und den »real existierenden« Sozialismus. Durch die Aufarbeitung und Diskussion der Vorträge beginnen sie aber auch selbstkritisch ihre eigenen Vorurteile wahrzunehmen und eine differenziertere Meinung über die DDR zu bilden. Das Ergebnis dieser ersten Phase des Unterrichts ist, daß die Studenten die wichtigsten Informationen

---

4   Helen Fehervary: Autorschaft, Geschlechtsbewußtsein und Öffentlichkeit. Versuch über Heiner Müllers *Die Hamletmaschine* und Christa Wolfs *Kein Ort. Nirgends.* In: Entwürfe von Frauen in der Literatur des 20. Jahrhunderts. Hg. Irmela von der Lüher. Berlin (West) 1982, S. 151-52.

über die Kulturgeschichte der DDR gelernt haben. Sie verstehen auch, daß diese Kenntnisse als Hintergrund nötig sind, wenn sie den literarischen Text *Kein Ort. Nirgends* interpretieren und sich aneignen wollen.

In der zweiten Phase werden Themen aus Wolfs theoretischen Schriften diskutiert, z.B. ihr Begleitaufsatz über Karoline von Günderrode, ihr Begleit-»Brief« über Bettine von Arnim oder Wolfs Interview mit Frauke Meyer-Gosau.[5] Der Dialog wird gefördert, indem die Studenten durch ein Interview, durch ein Gespräch oder einen Brief, die wegen ihrer Form schon zugänglicher sind als der typische fachwissenschaftliche Aufsatz, über die wichtigsten Aspekte der theoretischen Basis von *Kein Ort. Nirgends* lernen. Kleinere Gruppen von Studenten nehmen sich sodann je ein besonders Thema vor, z.B. die Funktion der Wolfschen Erzählstruktur, die Funktion der Vergangenheit in der gegenwärtigen Literatur, die Gestaltung einer konkreten Utopie (Bloch) in literarischen Werken, die Rolle des Schriftstellers in der heutigen Welt, die Rolle der Leser als Gesprächspartner des Autors, der Zusammenhang zwischen Kultur und Leben.

Nachdem die Studenten kulturpolitische und historische Fakten diskutiert haben und sich zudem an Hand theoretischer Texte informieren konnten, können sie zur dritten und letzten Phase des Unterrichts fortschreiten, nämlich zur Interpretation der Erzählung selber.

Um den Dialog über die Dialoge im Roman zu fördern, wird die Klasse wieder in kleinere Gruppen von drei oder vier Studenten geteilt. Die eigentliche Arbeit der Interpretation findet hier statt. Die Studenten stellen nun fest, wie Christa Wolf ihre Theorien in die literarische Praxis umsetzt. Fragen, die sich kristallisieren, sind folgende: Welche Rolle spielen Marxismus, Feminismus und Utopie bei Christa Wolf? Wie stellt sie das Verhältnis zwischen Marxismus und Feminismus dar? Gibt es eine utopische Idee in *Kein Ort. Nirgends*? Wie ist es möglich, daß Wolf die

---

5   Christa Wolf: Der Schatten eines Traumes. In: Fortgesetzter Versuch. Aufsätze, Gespräche, Essays. Leipzig 1979, S. 293-344. Christa Wolf: Nun Ja! Das nächste Leben geht aber heute an. In: Sinn und Form 2 (März/April 1980), S. 392-419. Kultur ist, was gelebt wird. (Gespräch mit Frauke Meyer-Gosau). In: alternative 143/44 (1982), S. 118-27.

Romantik so differenziert darstellt, während die Rezeption dieser Epoche in der DDR lange Zeit abwertend war und immer wieder auf die Klassik zurückverwiesen wurde? Wie hängt die pessimistische Zeitstimmung, so wie sie von Kleist und Günderrode verkörpert wird, mit den politischen Entwicklungen in der DDR Ende der siebziger Jahre zusammen? Weist die Erzählung auf die Ereignisse von 1989 voraus? Warum ist das Gespräch, der Dialog so wichtig bei Wolf? Wie bezieht die Autorin die Leser mit ein? Welche Auswirkungen hat dies auf meine persönliche und politische Meinungsbildung? Inwiefern trifft das auf meine persönliche und politische Lage hier in den USA zu?

In diesen Gruppendiskussionen stellen die Studenten fest, daß Wolf als Sozialistin das Verhältnis zwischen Individuum und Gemeinschaft, d. h. Staat, problematisiert. Innerhalb dieser Problemstellung erkennen sie auch, daß Frauen und Männer in ihren Verhältnissen zur Gemeinschaft unterschiedliche Haltungen entwickelt haben. Das Thema der Anpassungsfähigkeit beider Geschlechter wird schnell angeschnitten, wie auch eine Diskussion über den Entwurf einer konkreten Utopie. Persönliche Ansichten der Studenten über die heute extreme Trennung von Kunst und Wissenschaft werden auf ihren Ursprung in der rigorosen Definition von typischen Geschlechtseigenschaften und der resultierenden Dichotomie der Geschlechter zurückgeführt.[6] Die Affinität dieser Diskussionsthemen zur Romantik liegen auf der Hand,[7] sie sind aber gleichzeitig solche, die einen persönlichen und globalen Anspruch haben.

Um weiteres Forschen und Nachdenken zu fördern, werden dann Essaythemen gestellt, die nach Belieben auch in der dialogischen Form des Briefes, z.B. als schriftlicher Austausch unter den Kursteilnehmern, geschrieben werden können. Hier bringen die Studenten die gesamten Informationen ein, die sie sich durch Lektüre, Diskussionen und eigene

---

6   Anne Herrmann. The Dialogic and Difference. ›An/Other Woman‹ in Virginia Woolf and Christa Wolf. New York 1989, S. 48.

7   Siehe auch Sara Lennox: Christa Wolf and the Women Romantics. In: Studies in GDR Culture and Society 2: Proceedings of the Seventh International Symposium on the German Democratic Republic (1982), S. 34-37, die den Zusammenhang zwischen Wolfs Aneignung der Romantik mit Blochs Konzept der konkreten Utopie verbindet.

Reflexion angeeignet haben, um eine persönlich differenzierte Meinung über die Autorin und ihr Verhältnis zur zeitgenössischen Kultur zu formen.

Die produktive Aneignung von Christa Wolf im fremdsprachlichen Literaturseminar bestätigt, daß durch das Konzept des Dialogs gerade diese »schwierige« Autorin besonders stimulierend wirkt: 1. beim lebhaften Diskutieren ihres Werkes in der Originalsprache; 2. bei der unter den Studenten jeweils individuellen Weiterentwicklung der konkreten Utopie, ein Aspekt des Romans, der besonderes Interesse gefunden hat; 3. beim globalen Dialog über die Zukunft unserer Kultur, den Wolf mit diesem Buch angeregt hat. Gerade, wo das kulturell Spezifische sich mit dem Globalen kreuzt, hat Christa Wolfs Werk den lebhaftesten Widerhall bei amerikanischen Studenten gefunden. Auch nach der Einigung der beiden deutschen Staaten kann ein solcher Dialog in die Zukunft weisen.

Alexander Stephan

Alltag im Dritten Reich.
Anna Seghers' Roman
Das siebte Kreuz

Die Aufnahme von Anna Seghers' Werk in den USA verlief auf eine Weise, die durchaus typisch ist für den amerikanischen Literaturbetrieb: eine kurze, intensive Periode des Erfolges während der vierziger Jahre geht abrupt und bruchlos über in ein permanentes und nahezu totales Vergessen.

Vor allem ein Text hatte Anna Seghers Ruhm und ein für damalige Verhältnisse nicht unerhebliches Einkommen gebracht: *Das siebte Kreuz*. Nahezu gleichzeitig mit der Erstausgabe von *The Seventh Cross* bei Little Brown in Boston waren im Herbst 1942 mehr als eine halbe Million Exemplare von *The Seventh Cross* an die Mitglieder des Book-of-the-Month Clubs verteilt worden. Innerhalb weniger Wochen folgten Nachdrucke in Tageszeitungen, eine Comic Strip Serie, Kurzfassungen und Reihenabdrucke in Zeitschriften und eine Braille-Ausgabe für Blinde.[1] Der Exilant Berthold Viertel ließ unter Mitarbeit von Anna Seghers mit großer Hektik eine Theaterversion des Stoffes herstellen.[2] Ungefähr zur gleichen Zeit brachte Anna Seghers' Agent Maxim Lieber die Geschichte von Georg Heisler für $100.000 in Hollywood unter. Der Film, den Fred

---

[1] Zu *Das siebte Kreuz* als Buch und Film in den USA vgl. meine Beiträge: Ein Exilroman als Bestseller. Anna Seghers' ›The Seventh Cross‹ in den USA. Analyse und Dokumente. In: Exilforschung. Bd. 3. München 1985, S. 238-59 und The Seventh Cross. Ein Exilroman über Nazideutschland als Hollywood-Film. a.a.O., Bd. 6. München 1988, S. 214-29.

[2] Dieser Text kam nie zur Aufführung und war bis vor kurzem verschollen (vgl. dazu Alexander Stephan: Anna Seghers im Exil. Essays, Texte, Dokumente. Bonn [in Vorb. 1991]).

Zinneman im Auftrag von MGM 1943/44 mit Spencer Tracy in der
Haupt- und einer Handvoll Exilanten in den Nebenrollen drehte, zählte
zu den wenigen herausragenden Streifen, die Hollywood damals zum
Thema Nazideutschland produzierte.

Doch damit ist die Erfolgsgeschichte von Anna Seghers in den USA
auch schon zu Ende. Mit dem Abschluß des Krieges gegen Deutschland
verschwand *The Seventh Cross* zwischen New York und San Francisco
rasch aus den Buchläden;[3] Mitte 1947 berichtet der *Sonntag*, daß der
Film von den amerikanischen Besatzungsbehörden in den Westzonen
verboten worden sei, weil der in ihm »zum Ausdruck kommende Wider-
standswille in der deutschen Bevölkerung falsch ausgelegt werden und
einen Widerstandswillen gegen die Besatzungsmächte hervorrufen könne.«[4] Noch schlechter erging es *Transit* und den wenigen anderen Texten
von Anna Seghers, die ins Englische übertragen wurden: ihre Auflagen
blieben klein, das Interesse bei Publikum und Kritik gering, der kom-
merzielle Erfolg überaus bescheiden. Das FBI, das sich seit 1940/41
intensiv für Anna Seghers interessiert hatte und eine nahezu 1.000 Seiten
umfassende Akte anlegte, verlor mit der Rückkehr der deutschen Exil-
gruppe von Mexiko nach Europa das Interesse an Netty Radvanyi.[5]
Gelegentliche Versuche von Kalten Kriegern, Anna Seghers' Tätigkeit in
der DDR zu Propagandazwecken auszunutzen, griffen ins Leere, weil das
Ziel der Angriffe in der amerikanischen Öffentlichkeit bereits weitgehend
in Vergessenheit geraten war.[6]

---

3   Daran wird auch eine Neuauflage des Romans nichts ändern, die 1987 bei der Monthly Review
     Press (New York) in der Reihe »Voices of Resistance« erschien und wohl hauptsächlich ein
     akademisches Publikum erreicht.

4   Internationales Theater. In: Sonntag, 3. 8. 1947, S. 1.

5   Ein Überblick von mir über die FBI-Akte von Anna Seghers ist im Frühjahr 1990 in 1»*Sinn und
     Form*« erschienen. Eine ausführlichere Analyse des FBI-Materials ist für »Anna Seghers. Werk und
     Wirkung« geplant.

6   So zitiert eine mit März 1974 datierte ›Correlation Summary‹ des FBI einen Bericht der *Washing-
     ton News* vom 5. 9. 1951: »The... ›Washington News‹ contained an article captioned ›Little,
     Brown & Co. Seems Sure You Can Do Business With Stalin‹. This article stated that ›Counter-
     attack‹, weekly newsletter of Facts to Combat Communism, revealed that Little, Brown and
     Company..., formerly a conservative publishing firm, suddenly started to plug authors sympathetic
     to communism and manuscripts right up the communist line. Among the communist authors listed

Das knappe Nacheinander von Erfolg und Vergessen mag den Gegebenheiten des amerikanischen Kulturbetriebs entsprechen. Dennoch ist es bedauerlich, daß nicht wenigstens *The Seventh Cross* eine bleibendere Wirkung in den USA beschieden war. Denn was Anna Seghers in diesem Roman über den Alltag im Nationalsozialismus schreibt, lieferte nicht nur einen zentralen Beitrag zu der zeitgenössischen Debatte um einen »soft« oder »hard peace«[7]. Es hätte durchaus auch den simplen Klischees von Deutschlands Nazis entgegenwirken können, die dem amerikanischen Lese-, Kino- und Fernsehpublikum von Tarzan bis zu Indiana Jones vorgesetzt werden.

»Entziehen wir die wirklichen nationalen Kulturgüter ihren vorgeblichen Sachwaltern. Helfen wir Schriftsteller am Aufbau neuer Vaterländer, dann wird erstaunlicherweise wieder das alte Pathos wirklicher nationaler Freiheitsdichter aufs neue gültig werden.« Anna Seghers trug diese Sätze 1935, zwei Jahre, bevor sie mit der Niederschrift ihres Deutschlandromans *Das siebte Kreuz* begann, in Paris auf dem I. Internationalen Schriftstellerkongreß zur Verteidigung der Kultur vor. »Vaterlandsliebe« hatte sie damals ihre Ansprache überschrieben, in der es weiter heißt:

Da nennen Schriftsteller ›Vaterland‹ den gültigsten aller immanenten Werte, den gültigsten aller Stoffe. Andere entlarven ihn als einen Betrug oder als eine Fiktion. Ein deutscher Schriftsteller nennt das Vaterland ›unentrinnbaren Lebensraum‹. Es ist noch nicht allzulange her, seit Menschen für die Idee ›Vaterland‹ ein schweres Leben erleiden oder einen schweren Tod. [...] Heute hämmern Schriftsteller vieler Länder der Jugend ein, nach leeren und ratlosen Zeitläufen sei eine Epoche nationaler Besinnung, nationaler Verwirklichung angebrochen.«[8]

---

was Anna Seghers« (FBI-Archiv, Washington, D.C., USA).

7 Vgl. zum Beispiel Bosley Crowther: Seventh Cross. Anti-Nazi Drama. In: New York Times, 29. 9. 1944; Fred Stanley: Post-War Horizon. A.a.O., 7. 11. 1943; Philip T. Hartung: Lest We Forget. In: Commonweal 22, 15. 9. 1944, S. 518-9.

8 Anna Seghers: Vaterlandsliebe. In: A. S.: Über Kunstwerk und Wirklichkeit. Hg. Sigrid Bock. Bd. 1. Berlin/DDR 1970, S. 63-4 (= Deutsche Bibliothek. Studienausgaben zur neueren deutschen Literatur, 3).

Was in Paris noch ein wenig zögernd und ungeordnet klang, nimmt handfeste Konturen an, als die Essayistin ihre Gedanken über Deutschland in eine Erzählung von Flucht und Verfolgung, Angst, Verrat und stille Hilfe umsetzt: *Das siebte Kreuz*. Aus dem vagen Begriff ›Vaterland‹ wird jetzt ein konkreter, klar umrissener Landstrich, in dem die Namen der Dörfer auf -bach und -au enden, die Menschen Most trinken und Latwerkbrote essen. Zu der Mundart, die man in dieser Gegend spricht, gehören Worte wie Herumgekrusche[9] und Grutzen (67), zipfel (287), geuzen (120) und utzen (124). Die große Geschichte von den keltischen Sonnenrädern über die Franzosenzeit bis zu den »Hakenkreuzelchen« (15-6), die sich bei irgendeinem Aufzug der Nazis im Fluß kringeln, ist hier nie gegen die immer gleichen Hügelketten vor der Rhein-Main-Ebene und die Wiederkehr der Jahreszeiten angekommen.

Die Menschen, die in dieser Landschaft wohnen, sind weder große Helden oder Märtyrer noch Frauen und Männer, die Geschichte machen, sondern Bauern, Handwerker, Fabrikarbeiter, ein Schäfer und ein Arzt, ein Pfarrer und ein promovierter Chemiker. Ihr Alltag ist geprägt von Arbeit und von Wochenenden mit Bootsfahrten und mit Fußball, von immer wiederkehrenden Familienfesten nach der Ernte über einem Blech Apfelkuchen und von jenen kleinen und nicht so kleinen Tragödien, die zustande kommen, wenn einem der Mann mit einer anderen wegläuft oder die Frau ihrem Partner nach Jahren der Ehe nichts mehr zu sagen hat.

So ›gewöhnlich‹ ist dieses Leben — ein Ausdruck, den Anna Seghers allein im ersten Drittel des Romans siebenmal gebraucht[10] — daß es selbst von den Nationalsozialisten nur schwer und nicht überall zu durchdringen ist. Ohne viel Aufsehen wird da ein rabiater Nazi von seinen Arbeitskollegen isoliert, »so, wie man in jeder Art von Gemeinschaft

---

9   Anna Seghers: Das siebte Kreuz. Darmstadt 1973, S. 36 (= Sammlung Luchterhand, 108). Seitenangeben im Text beziehen sich auf diese Ausgabe.

10 Martin Straub: Alltag und Geschichte in Anna Seghers' Roman ›Das siebte Kreuz‹. Studien zur Motivgestaltung. Phil. Diss. Jena, 1977; ders.: Heislers Weg in das ›gewöhnliche Leben‹. Zur Wirklichkeitsaufnahme in Anna Seghers' Zeitgeschichtsroman ›Das siebte Kreuz‹. In: Erzählte Welt. Hg. Helmut Brandt und Nodar Kakabadse. Berlin/DDR 1978, S. 210-33.

[...] jene Einzelnen, Sonderbaren betrachtet, die unfehlbar überall auftauchen, einen krankhaften Petzer etwa oder auch bloß einen furchtbar Dicken« (177). Georg Heisler, der letzte, siebte Ausbrecher aus dem KZ Westhofen, dem die Flucht aus dem Fangnetz zu gelingen scheint, das die Nazis über sein Land und seine Leute geworfen haben, wird keineswegs nur von politischen Motiven getrieben, sondern mehr noch von jener auch Anna Seghers eigenen unbestimmten und tief persönlichen Sehnsucht nach einem anderen, unbekannten Leben. Und immer wieder entwirft das *Siebte Kreuz* mit knappen Strichen Szenen, in denen der Alltag der einfachen Leute sich stärker erweist als die großen Worte aus der Propagandamaschinerie der Nationalsozialisten: »Messers SS-Sohn sagte: ›Eine Sara weniger.‹ Er spuckte aus. Aber der Frau Marnet wär's lieber, er würde nicht gerade auf ihren Küchenboden spucken. Überhaupt ist es schwer, in Marnets Küche Schauder zu verbreiten. Selbst wenn die vier Reiter der Apokalypse an diesem Apfelkuchen-Sonntag vorbeigestoben kämen, sie würden ihre vier Pferde an den Gartenzaun binden und sich drin wie vernünftige Gäste benehmen.« (414-5)

Schon dieser knappe Überblick über *Das siebte Kreuz* läßt keine Zweifel bestehen: Mit abstrakten Auseinandersetzungen wie dem sogenannten Historikerstreit über die jüngste deutsche Vergangenheit haben die von Anna Seghers um die Flucht des KZ Häftlings Georg Heisler und seiner sechs Leidensgenossen gruppierten Geschichten aus dem Alltag des Nationalsozialismus nichts zu tun. Hohe und hohle Dispute über ein Thema wie die »nationalsozialistische Judenvernichtung«[11] als einzigartiges oder spezifisch deutsches Ereignis, lagen der jüdischen Romaneschreiberin aus Mainz nicht.

Wohl aber korrespondiert *Das siebte Kreuz* mit einer neuen Art, Geschichte zu schreiben, die im Gegensatz zu dem gequälten Theorianspruch des Historikerstreits und den verletzten Eitelkeiten der nur noch miteinander und nicht mehr mit der Geschichte argumentierenden Aug

---

11 Historikerstreit. Die Dokumentation der Kontroverse um die Einzigartigkeit der nationalsozialistischen Judenvernichtung. München 1987 (= Serie Piper, 816).

steins, Habermases, Noltes und Stürmers seit einigen Jahren eine auf den Menschen hin ausgerichtete Sicht der Vergangenheit in Gang zu bringen versucht: den Alltags- und Regionalforschern, den Barfußhistorikern der Laienbewegung und den sogenannten Geschichtswerkstätten.

Ausgangspunkt für die neue, radikaldemokratische Sicht von Geschichte, die außerhalb des etablierten und — wie ihre Anhänger meinen — hoffnungslos verkrusteten Hochschulbetriebs in einer Vielfalt von lokalen Arbeitsgruppen tätig zu werden sucht, ist die strikte Absage an den Theorieüberhang der 68er Generation ebenso wie an den Modernisierungs- und Fortschrittsglauben der sozialliberalen siebziger Jahre, ganz zu schweigen von der Dogmengläubigkeit der unverbesserlichen Stalinisten. Ziel historischer Bemühungen habe vielmehr folgendes zu sein: eine Art von skeptischer »Lokalvernunft«[12] zu entwickeln; über die Erschließung von neuen Quellen dem Alltag mit seinen weit verzweigten Wegen auf die Spur zu kommen; durch die Erforschung kleiner und kleinster Lebenszusammenhänge den von den Nazis diskreditierten Heimatbegriff zu rehabilitieren; über die Geschichte der Abhängigen, Opfer und Verlierer zur Entlarvung der »Propaganda der Sieger«[13] beizutragen; und — mit Bezug auf das Dritte Reich — einen offenen, differenzierten Gebrauch des Begriffs Widerstand zu entwickeln, der die etablierten »Schwarz-Weiß Bilder«[14] vermeidet. Würde sich dabei herausstellen, daß »Geschichte [...] das Produkt einer kollektiven Erdichtung«[15] wäre und die Geschichtswissenschaften weniger gemein hätten mit den Objektivität vortäuschenden Modellen der Naturwissenschaften als mit einer zugleich subjektiven und kollektiven Herstellung von Fiktion, dann, so die Anhänger der neuen Geschichtsbewegung, entspräche das durchaus dem angestrebten Demokratisierungsprozeß.

---

12 Geschichte entdecken. Erfahrungen und Projekte der neuen Geschichtsbewegung. Hg. Hannes Heer u. Volker Ullrich. Reinbek 1985, S. 13.

13 A. a. O., S. 28.

14 Wolfgang Wippermann: Das Leben in Frankfurt zur NS-Zeit. Bd. 4: Der Widerstand. Darstellung, Dokumente und didaktische Hinweise. Frankfurt/Main 1986, S. 18.

15 Heer/Ullrich: Die ›neue Geschichtsbewegung‹ in der Bundesrepublik, S. 26.

Nun mußte eine derartige Auflösung von starren Definitionen und altehrwürdigen Begriffen, besonders wenn sie mit einer Absage an den Anspruch auf wissenschaftliche Methoden zugunsten einer offenen, gleichsam literarischen Arbeitsweise verbunden war, vor allem bei konservativen Historikern auf Widerspruch stoßen. Wie stark sich dabei zum Beispiel — um beim Thema Nazizeit zu bleiben — die Geister an einer Erweiterung des Widerstandsbegriffes im Dritten Reich scheiden, wurde besonders deutlich auf einer internationalen Konferenz in Berlin, die — bezeichnenderweise — zum 40. Jahrestag des Anschlags auf Hitler am 20. Juli 1984 einberufen worden war. Vehement opponierte dort offensichtlich im Namen vieler der Schweizer Historiker Walther Hofer gegen alle Versuche, den altehrwürdigen Begriff vom Widerstand zu ersetzen oder auch nur zu ergänzen. So werde, nach Hofer, durch den »angeblich wertneutralen Begriff der Resistenz«, der »jedes dysfunktionale Verhalten als resistent« erscheinen lasse, die »Verantwortung von einzelnen, Gruppen, Organisationen und Institutionen am Nationalsozialismus verschleiert«. »Indem aus der wirkungsgeschichtlichen Perspektive eine breite Skepsis und Verweigerung festgestellt [...] und damit der totalitäre Charakter des Dritten Reiches abgestritten wird«, drohe der Wissenschaft die Gefahr, die Fehler der Gegner des Nationalsozialismus von 1933 zu wiederholen. Und überhaupt führe die »Nivellierung von grundsätzlichem Widerstand gegen das System« einerseits und die Kritik an »mehr oder weniger zufälligen, äußerlichen Erscheinungsformen« des Nationalsozialismus andererseits dazu, »Tyrannenmörder« auf eine Stufe zu stellen mit »Schwarzschlächtern«.[16]

Nun versteht es sich, daß nicht alle »Mikrohistorien«[17] der Sackgasse einer zum Teil bewußt zur Schau getragenen methodologischen Unbedarftheit zu entkommen vermögen. So hat man mancherorts das Nachdrucken von alten Fotos und Plakaten mit Vergangenheitsbewältigung

---

16 Walther Hofer (Diskussionsbeitrag). In: Diskussionen zur Geschichte des Widerstands. Ein Tagungsresümee. In: Der Widerstand gegen den Nationalsozialismus, S. 1121.

17 Hans-Ulrich Wehler: Neoromantik und Pseudorealismus in der neuen ›Alltagsgeschichte‹. In: H.-U. W.: Preußen ist wieder chic. Politik und Polemik. Frankfurt/M. 1983, S. 104 (= edition suhrkamp, 1152).

verwechselt; Tonbandprotokolle im Stil der oral history wurden als Geschichtsanalysen mißverstanden; »umgekippte Zettelkästen«[18] und »ein romantisch verklärter Pseudorealismus«[19] sind als völlig neue Art, Geschichte zu sehen, angepriesen worden.

Dennoch täten gerade wir Literaturwissenschaftler gar nicht schlecht daran, einen genauen Blick auf die Methoden und Ziele der neuen Geschichtswissenschaften zu werfen. Denn so wie manch ein Historiker der alten Schule mit Bezug auf Alltagsforschung und einen flexiblen Widerstandsbegriff durchaus etwas von einem Roman wie dem *Siebten Kreuz* lernen könnte, so vermag das Eingehen auf den Alltag des Widerstands nicht nur interessantes Material für das Verständnis von literarischen Texten zutage zu fördern, sondern auch auf eine überraschend produktive Affinität zwischen Literatur und Geschichtsschreibung zu weisen.

Heimat, gewöhnliches Leben, Alltag, Resistenz, vor allem aber die Verschmelzung von historisch nachprüfbarer Authentizität und Fiktion in einem zugleich realistischen und privaten, von Brüchen und Übergängen gekennzeichneten Gewebe — die Parallelen zwischen neuer Geschichtsbewegung und Inhalt und Methode von Anna Seghers' Deutschlandroman *Das siebte Kreuz* verblüffen.

So zieht *Das siebte Kreuz*, ausgehend davon, daß realistische Literatur immer auch Geschichtsschreibung von unten ist, konsequent Bilder aus dem Alltag der kleinen Leute den weithin sichtbaren Staatsaktionen vor. Widerstand definiert sich im Roman nicht als Tyrannenmord oder als zentral geleitete Aktion einer politischen Vereinigung wie der KPD, SPD oder der Gewerkschaften, sondern zunächst einmal als ein komplexes Geflecht von punktueller Unzufriedenheit, Selbstbewahrung, Nicht-Anpassung, Resistenz und mehr oder weniger offenem Protest im Alltag von Familie, Arbeitsplatz und Wohnmilieu. Statt um die Herrschenden und Sieger kümmert sich Anna Seghers lieber um die Opfer und die Verlierer, die in den Geschichtsbüchern namen- und gesichtslos bleiben. Am

---

18 A.a.O., S. 99.
19 A.a.O., S. 102.

Faschismus interessiert sie nicht allein Terror und Verfolgung, sondern vor allem die Hoffnung auf eine andere, bessere Welt, die durch Widerspruch gegen die Unterdrückung in den Menschen mobilisiert wird.[20] Weltanschauliche Bindungen treten in ihrem Deutschlandbuch mit einer derartigen Konsequenz zugunsten von regionalen Zugehörigkeiten, sozialer Solidarität und simplen Formen der Menschlichkeit in den Hintergrund, daß man auf den gut 400 Seiten des Romans vergeblich nach Begriffen wie Kommunismus, Sozialismus oder dem damals geläufigen Wort »Volksfront« sucht.

Und noch weiter reichen die Parallelen zwischen Anna Seghers' Roman und der neuen Geschichtsbewegung. In Ermanglung eigener Erfahrungen sammelte die Exilantin in ihrem Pariser Asyl seit 1933 auf Wegen Material über die Lage in Deutschland, die wir heute mit dem Begriff oral history beschreiben würden: nämlich durch die Befragung von Augenzeugen aus dem Widerstand, ehemaligen Insassen von Lagern und einfachen, mehr oder weniger unpolitischen Besuchern, wie ihrer Haushilfe Katarina Schulz aus dem fränkischen Lindelbach.[21] Und schließlich dürfte sich die gleichgeschaltete hessische Presse mit ihren vielen Meldungen über den täglichen Faschismus im Rhein-Main-Gebiet Anna Seghers als Quelle angeboten haben. Dazu im Originalton ein Bericht aus der *Mainzer Tageszeitung* vom April 1933:

> Westhofen, 1. April. Gestern abend fand eine Generalmitgliederversammlung sämtlicher Gliederungen der NSDAP statt [...] Nach den Richtlinien wurde sofort ein Aktionsausschuß gebildet mit der Aufgabe der Boykottierung aller jüdischen Geschäfte. [...] Zum Leidwesen vieler tatenlustiger SA- und SS-Männer haben wir hier aber kein rechtes Arbeitsfeld. Westhofen ist von Juden sehr spärlich besiedelt, und nachdem der Hauptschreier vor kurzem das Hasenpanier ergriffen hat, bleibt höchstens noch übrig, ein wachsames Auge auf auswärtige Handelsjuden zu richten.[22]

---

20 Vgl. Heer/Ullrich: Die ›neue Geschichtsbewegung‹ in der Bundesrepublik, S. 15.

21 Gespräch des Autors mit Katarina Schulz am 30. 6. 1985.

22 Mainzer Tageszeitung, 4. 4. 1933.

Anna Seghers hatte es zweifellos nicht leicht, aus der Distanz des Exils
verläßliche Informationen über den Alltag in Nazi-Deutschland zu erhalten. Ähnlich, wenn nicht noch schlechter, ergeht es dem Historiker
unserer Tage, der dem authentischen Kontext der Romanhandlung nachzugehen versucht. So läßt sich nur noch mit Mühe in lokalen und regionalen Archiven zu dem zwischen Mainz und Worms gelegenen, authentischen Konzentrationslager Osthofen Material finden, das Antwort auf
die Frage bietet, wie weit die Wachleute und Insassen von Westhofen —
Fahrenberg, Zillich, Heisler, Wallau und andere — der Wirklichkeit der
sogenannten ›wilden Lager‹ der NS-Frühzeit entsprachen. Datenschutz-
und Archivgesetze ermöglichen zwar die Einsicht in Material zu sogenannten Personen der Zeitgeschichte, verstellen aber bisweilen den
Zugriff auf die umfangreichen Bestände aus Bürgermeister- und Landrats-
ämtern, Kreis- und Spruchkammergerichten und, im Falle eines Konzen-
trationslagers besonders hinderlich, Wiedergutmachungs- und Entschä-
digungsverfahren.[23] Und wer sich heute auf der Strecke Osthofen-
Oppenheim-Mainz danach erkundigt, wie denn zwischen 1933 und 1937
der tägliche Faschismus mit Gleichschaltung und Widerstand, Juden-
boykotten, Rückzug in den Alltag und eben auch einem Lager wie dem
KZ Osthofen ausgesehen habe, stößt unter anderem auch auf Stadt-
archive, in denen man aus alten Zeitungen hastig den einen oder andern
Artikel herausgetrennt hat, oder auf eine Dorfchronik aus dem Jahre
1984, in der zur Darstellung der Machtübergabe an die Nazis — wissent-
lich oder unwissentlich — eine ganze Passage aus den 1937 zusammenge-
stellten Jubelberichten der alten Kämpfer des lokalen SA-Sturms übernommen wird.[24]

---

23 Ein besonders krasser und unangenehmer Fall ist hier das Landesarchiv Rheinland-Pfalz, dessen
    Direktor Franz Josef Heyen weder auf schriftliche Anfragen noch auf persönliche Vorsprache hin
    Material freigibt und damit bewußt an dem Auftrag eines durch öffentliche Mittel geförderten
    Archivs vorbeiarbeitet. Andere Institutionen, etwa das Hessische Staatsarchiv in Darmstadt,
    machen dagegen nicht nur ihre Bestände zugänglich, sondern erleichtern deren Benutzung durch
    die Erstellung von Findbüchern.

24 Vgl. die Darstellung der »Beflaggung« der Knierimschen Mühle in Osthofen bei Georg Walter
    Konrad: Jahrbuch XX. Jahrhundert. In: 1200 Jahre Osthofen. Hg. Stadtverwaltung Osthofen.
    Osthofen 1984, S. 324, und einem Altgardisten namens Valentin Jost. In: So kämpften wir. Aufruf
    des Stellvertreters des Führers, Pg. Rudolf Hess, vom 23. September 1936. ›Kampferlebnisse der

Zwei Beispiele — der tägliche Faschismus in fiktiven West- bzw. authentischen Osthofen und der Widerstand im Raum Frankfurt — müssen hier genügen, um zu umreißen, in welchem Maße kritisch-realistische Literatur von der Art des *Siebten Kreuzes* eine Alltags- und Regionalforschung vorwegzunehmen vermag, die die ebenso abstrakten wie leeren Gedankenspiele des Historikerstreits weit hinter sich läßt. Im Mittelpunkt soll dabei die Frage stehen, wie es Anna Seghers bei der Darstellung des Dritten Reiches mit dem Verhältnis zwischen Fiktion und Authentizität hält. Dabei versteht es sich — das sei hier mit aller Deutlichkeit vorausgeschickt —, daß die Rekonstruktion der authentischen Lebenssituation im nationalsozialistischen Deutschland der Jahre 1933 bis 1937 zu keinem Zeitpunkt mit einer Suche nach handfesten Vorlagen für Orte, Personen oder Ereignisse im Roman zu verwechseln ist. Zu untersuchen ist dagegen, ob die erfundenen Personen und Ereignisse in Anna Seghers' Buch der Realität des täglichen Faschismus während der dreißiger Jahre nahe genug kommen, so daß *Das siebte Kreuz* als ein Modell für die Erforschung der Regional- und Alltagsgeschichte des Nationalsozialismus gelesen werden kann.

Beispiel 1:
Vom täglichen Faschismus in West- und Osthofen:
Zwei Konzentrationslager — Fiktion und Authentizität.

Das Roman-Lager Westhofen und das tatsächliche Lager in Osthofen haben auf den ersten Blick kaum etwas miteinander zu tun. Falsch ist sowohl die Ortsangabe Westhofen, wo es in Wirklichkeit nie ein KZ gegeben hat, wie auch die Zeit der Handlung, denn im Herbst 1937 bestand das authentische KZ Osthofen bereits seit über drei Jahre nicht mehr. Zu keiner Zeit hat es in Osthofen eine Massenflucht gegeben. Und nach allem, was wir wissen, läßt sich mit Sicherheit sagen, daß im KZ

Träger des Goldenen Ehrenabzeichens der N.S.D.A.P.‹ (Bundesarchiv, Koblenz, NS 26, 528).

Osthofen weder durch Kreuzigung noch durch Folter oder andere Gewalt-
einwirkung Häftlinge eines unnatürlichen Todes gestorben sind.

Ergiebiger ist da schon jene knappe, aber an prominenter Stelle in der
Rahmenhandlung des Romans plazierte Bemerkung zum Wechsel in der
Lagerführung von Osthofen, der nach der Flucht der Sieben aus dem KZ
ansteht. Denn der Übergang von Fahrenbergs gleichsam privatem, emo-
tionalem, chaotisch-sadistischem Führungsstil zu Sommerfelds metho-
disch-geordneter Brutalität korrespondiert, freilich bei zeitlicher Verschiebung, genau mit dem Umbau der frühen, wilden SA-Lager zu dem exakt
geplanten KZ-System der SS.

Nun enthält *Das siebte Kreuz* keine Anzeichen dafür, daß Anna Seghers
über Leben und Karriere des authentischen Lagerkommandanten von Osthofen, Karl d'Angelo, informiert gewesen wäre. Zumindest taucht der
Name d'Angelo weder in der Exilpresse noch in einer Publikation wie
dem *Braunbuch* auf, das den frühen KZs ein umfangreiches Kapitel widmet. Um so überraschender ist es, wie sehr die Vitae des fiktiven und der
realen Kommandanten einander gleichen.

Fahrenberg, heißt es im Roman, soll irgendwann kurz vor der Jahrhun-
dertwende in einem kleinen Ort namens Seeligenstadt geboren sein, der
südlich von Frankfurt liegen mag, aber genauso auch anderswohin passen
würde. Sein Vater besaß dort ein Installationsgeschäft am Marktplatz; der
ältere Bruder, der den Betrieb übernehmen sollte, fiel im Ersten Weltkrieg. »Er, Fahrenberg, hätte Juristerei ausstudieren sollen.« Doch
»Kriegsgewöhnung« und die nachfolgende »unruhige Zeit« verhindern,
»daß er durch Fleiß ausfüllt, was sein Verstand nicht gerade spielend
machte«. Und da er als Exleutnant, ohnehin lieber »Deutschland erneuern« als »seinem alten Vater in Seeligenstadt Röhren legen« will, beginnt
er, »mit seinem SA-Sturm kleine Städtchen« (224) wie seinen Heimatort
zu erobern, in »Arbeitervierteln herum[zu]knallen« und »Juden [zu] ver-
prügeln« (225).

Fast genauso ist, nach allem was wir wissen, das Leben des authentischen Lagerkommandanten Karl d'Angelo bis 1933 verlaufen. Nur wenig
älter als Fahrenberg, wurde d'Angelo 1890 in dem kleinen Marktflecken

Osthofen geboren — nicht in ein Installationsgeschäft am Markt, sondern in eine Druckerei in der Nähe des Bahnhofs. Wie bei Fahrenberg reichte es offensichtlich auch bei ihm nicht zu einem Vollstudium. Als ›Einjähriger‹ volontiert er statt dessen »in der Druckerei von Adelmann in Frankfurt a. Main«[25], besucht ein Technikum für Buchdrucker in Leipzig und eine Journalistik-Hochschule in Berlin. Am Weltkrieg nimmt er von Anfang bis Ende teil, wird verwundet und mit dem EK II ausgezeichnet. Nach dem Krieg tritt er in das väterliche Geschäft ein, schließt sich den Jungdeutschen bzw. der DNVP an und engagiert sich während der Besatzungszeit gegen die Franzosen, die ihn mehrfach zu Geld- und Haftstrafen verurteilen. Ende 1924 bewirbt sich Karl d'Angelo unmittelbar nach seiner Entlassung aus dem Gefängnis bei der NSDAP, wird im November 1925 mit der Mitgliedsnummer 21616 aufgenommen und beginnt — wie Fahrenberg in Seeligenstadt — Osthofen für seinen Führer zu erobern.

Und noch näher kommen sich der fiktive und der authentische KZ-Kommandant. So wie Fahrenberg im Herbst 1937 in Osthofen durch Sommerfeld abgelöst wird, verliert d'Angelo im Frühjahr 1936 seinen nach der Schließung des KZ Osthofen angetretenen Posten als Führer der Schutzhaftstaffel im KZ Dachau, weil er — so die schriftliche Begründung des berüchtigten Inspekteurs der Konzentrationslager, Theodor Eicke — »als Schutzhaftlagerführer nicht nur butterweich, sondern auch völlig ohne Interesse für diesen Dienstzweig« war.[26]

Wie mit den KZ-Kommandanten verhält es sich in Wahrheit und Dichtung mit den untergeordneten KZ-Wächtern. Hatte Anna Seghers' Zillichs Karriere in der Erzählung »Das Ende« von Westhofen bis in das polnische Lager Piaski verfolgt, in dem ihre Mutter, 1941 aus Mainz deportiert, ermordet wurde, so taucht der Name des authentischen Osthofener KZ-Verwaltungschefs Ritzheimer in den KL Lichtenburg, Dachau und Buchenwald wieder auf. Waren es im fiktiven Osthofen die ehemaligen

---

25 Karl d'Angelo, hds. Lebenslauf v. 31. 1. 1933 (Berlin Document Center).
26 Theodor Eicke, Brief an den Personalchef — RFSS v. 28. 5. 1936 (Berlin Document Center).

Kripobeamten Overkamp und Fischer, die die Gestapo vertraten, so übernahm ein Gestapomann aus Wiesbaden, der sich später zum Fachmann
für Folter und Exekutionen bei Zwangsarbeitern weiterbildete, im KZ
Osthofen die entsprechende, seit 1933 fest in die Struktur der Konzentrationslager eingeschriebene Position.[27] Und schließlich führte, was
Anna Seghers 1938/39 kaum wissen konnte, auch die Karriere eines ihrer
ehemaligen Mitschüler aus Mainz, Dr. Werner Best, über das Lager Osthofen: vom Kommissar für das Polizeiwesen in Hessen und Verantwort-
lichen für Schutzhaftangelegenheiten über die Gestapozentrale in Berlin
bis zum zweiten Mann nach Heydrich im Reichssicherheitshauptamt und
damit zum vermutlichen Koordinator der berüchtigten Einsatzgruppen in
Polen — so jedenfalls steht es in einer umfangreichen Anklage aus den
60er Jahren, die wegen einer möglichen gesundheitlichen Schädigung des
Beschuldigten[28] nie zur Verhandlung kam.

Ritzheimers Spur verliert sich 1945, während es scheint, daß jener
Darmstädter Gestapomann aus dem KZ Osthofen nach Kriegsende in
einem Spruchkammerverfahren zu sieben Jahren Gefängnis[29] verurteilt
worden ist. Der authentische Lagerkommandant d'Angelo soll — wie der
fiktive Zillich in »Das Ende« — 1945 Selbstmord begangen haben. Werner Best, an den man sich in der Mainzer Presse unmittelbar nach 1945
noch genauso gut erinnerte wie an die Exilantin Anna Seghers und deren
im KZ ermordete Familie, die — so die Lokalpresse — nur so lange vom
»schützenden Mantel ihrer großen Wohltätigkeit« umgeben war, bis auch
für sie »nur die Würfel des Todes fallen konnten«[30], lebte bis zu seinem
friedlichen Ende im Sommer 1989 als freier Mann und Pensionär der
Firma Hugo Stinnes in einem Vorort von Düsseldorf. Und auch an die

---

27 Vgl. Martin Broszat: Nationalsozialistische Konzentrationslager 1933-1945. In: Anatomie des SS-
    Staates. Bd. 2. München 1967, S. 57 (= dtv, 463).

28 Vgl. die Akte Werner Best beim Landgericht Düsseldorf (Verfahren gegen Dr. Werner Best u.a.,
    Akz. 1Js 12/65 [RSHA]); s. auch Alte Kameraden. In: Spiegel, Nr. 26, 28. 6. 1982.

29 Organisation und Personal der Geheimen Staatspolizei Darmstadt (Bericht des Darmstädter
    Polizeipräsidiums von 1946) (Hessisches Hauptstaatsarchiv, Wiesbaden, Abt./Nr. 649/387).

30 HR.: Anna Seghers: Das siebte Kreuz. Der neue Roman einer Mainzerin. In: Neuer Mainzer
    Anzeiger, 31. 8. 1946.

Existenz des ehemaligen KZ Osthofen begann man sich unter erheblichen Mühen erst vor wenigen Jahren wieder öffentlich durch eine kleine Gedenktafel zu erinnern — freilich in merkwürdiger Umkehr von Fiktion und Authentizität. So fehlt nämlich in kaum einem Rückblick der Osthofener Lokalpolitiker der Hinweis, daß man das Lager vor allem deshalb nicht vergessen dürfe, weil Anna Seghers ihm durch ihren in aller Welt gelesenen Roman auf so eindringliche Weise ein Denkmal gesetzt habe.

Beispiel 2:

Vom Widerstand gegen den Nationalsozialismus:
Resistenz im Alltag statt Tyrannenmord.

»Ohne die grundlegende Bezugnahme auf das Totalitäre der Alltagswirklichkeit des Dritten Reiches läßt sich [...] kein angemessener Widerstands-Begriff formulieren [...] Das Grundkriterium des Widerstandsbegriffs hat daher in der Frage zu liegen, ob damals ein bestimmtes Verhalten von einzelnen oder von Gruppen Risikocharakter hatte oder nicht.«[31] Mit diesen Sätzen ist das Terrain abgesteckt, auf dem in der Bundesrepublik seit einigen Jahren ein neuer, flexibler und arbeitsfähiger Widerstandsbegriff entsteht,[32] der neben offensiven, auf Tyrannenmord

---

31 Klaus Gotto, Hans Günter Hockerts u. Konrad Repgen: Nationalsozialistische Herausforderung und kirchliche Antwort. Eine Bilanz. In: Kirche, Katholiken und Nationalsozialismus. Hg. K. G. und K. R. Mainz 1980, S. 102 (= Topos-Taschenbücher, 96).

32 Vgl. zum Beispiel Klaus Tenfelde: Soziale Grundlagen von Resistenz und Widerstand; und Ian Kershaw: ›Widerstand ohne Volk?‹ Dissens und Widerstand im Dritten Reich. In: Der Widerstand gegen den Nationalsozialismus, S. 799-812 bzw. 779-98; Detlev Peukert: Der deutsche Arbeiterwiderstand 1933-1945. a.a.O., S. 157ff., bes. S. 160; ders.: Volksgenossen und Gemeinschaftsfremde. Anpassung, Ausmerze und Aufbegehren unter dem Nationalsozialismus. Köln 1982; Martin Broszat: Resistenz und Widerstand. Eine Zwischenbilanz des Forschungsprojekts. In: Bayern in der NS-Zeit. Bd. 4, S. 691-709; Elke Fröhlich: Gegenwärtige Forschungen zur Herrschafts- und Verhaltensgeschichte in der NS-Zeit: Das Projekt ›Widerstand und Verfolgung in Bayern 1933-1945‹ des Instituts für Zeitgeschichte. In: Gegner des Nationalsozialismus. Wissenschaftler und Widerstandskämpfer auf der Suche nach historischer Wirklichkeit. Hg. Christoph Kleßmann u. Falk Pingel. Frankfurt/M. 1980, S. 27-34; Harald Jaeger u. Hermann Rumschöttel: Das Forschungsprojekt ›Widerstand und Verfolgung in Bayern 1933-1945‹. In: Archivalische Zeitschrift 73 (1977), S. 209-20. Von »primitiven Formen« des Widerstands und von einer »Methode der passiven Resistenz« ist bereits in dem Rechenschaftsbericht der niederrheinischen Bezirksleitung der KPD für 1934 die Rede gewesen (Günter Plum: Die KPD in der Illegalität. Rechenschaftsbericht

und Umsturz konzentrierten Aktionen, auch die eher passiven, defensiven Verhaltensformen einbezieht, wie sie im *Siebten Kreuz* beschrieben sind.

Resistent in diesem Sinne verhalten sich so im Roman zum Beispiel ein Lastwagenfahrer und zwei Arbeiter, die Georg zwar als KZ-Häftling erkennen, ihn aber nicht an die Gestapo ausliefern. Aktiv greifen der Dompfarrer und Fritz Hellwig in das Geschehen ein, als sie Georgs Kleidung verbrennen bzw. eine gestohlene Jacke absichtlich falsch identifizieren. Paul, Franz, Hermann, Fiedler, Reinhardt, Dr. Kreß und die vielen anderen Fluchthelfer wären zweifellos von einem ›ordentlichen‹ Nazi-Gericht wegen Hochverrat und Unterstützung einer illegalen Vereinigung verurteilt worden, wenn die Gestapo sie, wie Frau Marelli und Dr. Löwenstein, gefaßt hätte. Und augenscheinlich sind Wallau und Heisler nach Osthofen gebracht worden, weil sie mit ihrer Partei auf den Umsturz des nationalsozialistischen Regimes hinarbeiteten.

Doch nicht die organisierten, offensiven Aktionen einer bestimmten revolutionären Partei stehen im Vordergrund der Romanhandlung oder gar die Vorbereitung für einen Staatsstreich von oben. Im Gegenteil. Wichtiger ist es Anna Seghers offensichtlich, jene »Grautöne«[33] zu erkunden, in denen weitgehende Anpassung und gewöhnliches Meckern, beredtes Schweigen und Opportunismus, Taktieren und vorsichtig in einen Witz oder ein Sprachspiel verpackter Protest ineinander übergehen. So zieht sich Georgs ehemalige Freundin Leni beim Auftauchen des Flüchtigen zwar hinter Phrasen zurück wie »Wir geben nichts an Fremde. Wir geben nur direkt an die Winterhilfe« (191) — verrät ihren Freund aber weder an die Polizei noch den Blockwart oder ihren SS-Ehemann. Von Elli Mettenheimers Schwager, der ebenfalls in der SS ist, heißt es, daß er über genau dasselbe schimpfe wie alle anderen auch (183). Anna Alwins Klage über ihren brutalen Mann erhält eine politische Dimension, weil sie dessen erneute Verwilderung aus seiner SA-Mitgliedschaft ablei-

---

einer Bezirksleitung aus dem Jahre 1934. In: Vierteljahrshefte für Zeitgeschichte [1975], H. 2, S. 233).

33 Wippermann: Das Leben in Frankfurt zur NS-Zeit. Bd. 4, S. 18.

tet. Ein ansonsten politisch folgsamer nationalsozialistischer Fabrikbesitzer unterläuft die Ziele der Gestapo, wenn er ein ehemals »stramm organisiertes« Mitglied seiner Belegschaft nicht anzeigt, weil es »zu dem unentbehrlichen Stamm Facharbeiter« (343) gehört, auf den er angesichts der rüstungsbedingten Überbeschäftigung nicht verzichten kann.[34] Ruhig, wenn auch »ein wenig gequetscht«, wirft im Umkleideraum einer Fabrik »eine Stimme« die Frage hin: »Wenn's mal Krieg gibt, was macht man dann mit den Lagern?«, worauf der Erzähler mit vielsagendem Perspektivewechsel die Sätze nachschickt: »Wer hat das eigentlich eben gesagt? Man hat das Gesicht nicht gesehen, weil der Mann sich gerade gebückt hat. Die Stimme kennen wir doch. Was hat er eigentlich gesagt? Nichts Verbotenes. Ein kurzes Schweigen, und keiner, der nicht beim zweiten Sirenenzeichen zusammenfährt.« (161-2) Und natürlich läßt es sich Anna Seghers nicht entgehen, auch den politischen Witz als Form der Resistenz einzusetzen: »›Heil Hitler!‹ rief das Hechtschwänzchen. ›Heil! Hechtschwänzchen!‹, rief der Holländer. ›Jetzt haben wir dich ertappt‹, sagte ein Bursche, ›du kaufst ja deine Backfische auf dem Markt‹. [...] ›Was gibt's Neues in der großen Welt?‹ — ›No, da gibt's immer was‹, sagte der Holländer, ›aber bei euch ist ja auch verschiedenes passiert.‹ — ›Ja, bei uns geht alles am Schnürchen‹, sagte der Bursche [...] ›Wir brauchen jetzt wirklich keinen Führer mehr.‹ Alle glotzten ihn an. ›Wir haben ja schon einen, um den uns die ganze Welt beneidet.‹« (117)

Die Fakten sprechen für sich. Jener Widerstandsbegriff, der sich unter erheblichen Wehen für die Geschichtswissenschaften seit den siebziger Jahren zu erschließen beginnt, gehörte für Anna Seghers wie für den bei weitem überwiegenden Teil der realistischen Anti-Nazi-Literatur seit der Exilzeit zu den Gemeinplätzen: nämlich daß sich dem Phänomen Nationalsozialismus schlechter auf dem langen Weg über die Haupt- und

---

34 Vgl. dazu Allan Merson: Communist Resistance in Nazi Germany. London 1985, S. 174; Paul Schuster: Die ›rote Abteilung‹ in den Frankfurter Adler-Werken. In: Hessische Gewerkschafter im Widerstand 1933-1945. Hg. DGB-Bildungswerk Hessen u. Studienkreis zur Erforschung und Vermittlung der Geschichte des Deutschen Widerstandes 1933-1945, bearb. v. Axel Ulrich. Gießen 1983, S. 167.

Staatsaktionen als auf der direkten Route in das gewöhnliche Leben der
Menschen auf die Spur kommen läßt.

Daß Anna Seghers deshalb nicht wahl- und ziellos Milieu- oder Stim-
mungsbilder produziert, sondern mit genauer Kenntnis von politischen
Zusammenhängen und Hintergründen arbeitet, belegt die Genauigkeit, mit
der die Ereignisse der Zeit in den Erfahrungen der ›kleinen‹ Leute im
Roman widergespiegelt werden. So vermag Georg Heisler »nur durch die
vorhergehenden Verhaftungen« (76) erfahrener Genossen zu jener wichtigen »Funktion« im Widerstand zu gelangen, die ihn zum bevorzugten
Opfer der Nazi-Tortur macht — eine Angabe, die zweifellos mit der Tatsache korrespondiert, daß in Frankfurt zwischen 1933 und 1935 insgesamt sieben Bezirksleitungen der KPD von der Gestapo ausgehoben wurden.[35] Von Franz Marnet heißt es, daß er so wie viele Antifaschisten
unmittelbar nach der Machtübergabe sein bisheriges Arbeitsgebiet verlassen mußte, weil er dort den Behörden »zu bekannt« (75) war.[36] Ernst
Wallau, der vor 1933 vom Spartakusbund über den Betriebsrat bis zum
Bezirksleiter die klassische Karriere eines mittleren Funktionärs durch-
laufen hat, erhält unmittelbar nach seiner Ermordung von seinen ehemaligen Arbeitskollegen bei den Opelwerken in Mannheim einen Nachruf in
Form eines Flugblattes (364) — ähnlich wie im Juli 1936 nach dem

---

35 Siehe z.B. Barbara Mausbach-Bromberger: Arbeiterwiderstand in Frankfurt am Main. Gegen den
    Faschismus 1933-1945. Frankfurt/Main 1976, S. 49ff. Franz Dahlem erinnert sich in *Am Vor-
    abend des Zweiten Weltkrieges*. Bd. 1. Berlin/DDR 1980, S. 189: »... da die Masse unserer
    Genossen ... im lokalen Maßstab bekannt war ... [mußten] Tausende von sehr gefährdeten erfah-
    renen Funktionären zur Arbeit und als Reserve in die Emigration ... So lag ein hohes Maß Verant-
    wortung bereits in den ersten Jahren der Nazidiktatur auf jüngeren Genossen.«

36 Dazu aus einem Bericht der Staatspolizeistelle Hannover vom Februar 1935, der sich zweifellos
    auf Frankfurt übertragen läßt: »Die Ermittlungen ... ließen erkennen, daß die Partei in der illega-
    len Tätigkeit eine beachtenswerte Geschicklichkeit erreicht hat [...] so [...] ist die KPD seit
    langem dazu übergegangen, die Hauptfunktionäre durch Austausch besonders zu sichern. Die jetzt
    getätigten Festnahmen haben gezeigt, daß die drei wichtigsten Posten [...] von Personen besetzt
    waren, die den hiesigen Kommunisten völlig unbekannt waren, da ihr Einsatz aus anderen Städten
    erfolgte« (Gestapo Hannover meldet..., S. 317). Merson: Communist Resistance in Nazi Germany,
    S. 92 geht davon aus, »that organisers living illegally could not expect to elude the police for more
    than [...] six months at the outside [...] They were therefore moved at intervals to new posts.«
    Vgl. auch den »Rechenschaftsbericht« der KPD-Bezirksleitung Niederrhein aus dem Jahre 1934,
    in dem es heißt, daß »Freunde, die gefährdet sind und nicht brauchbar«, »abgeschoben«, d.h. ins
    Ausland geschickt werden müssen (Plum: Die KPD in der Illegalität, S. 235).

authentischen Streik bei Opel-Rüsselsheim, in dessen Gefolge acht soge-
nannte Rädelsführer für 15 Monate nach Dachau geschickt und alle 262
Streikenden entlassen wurden, ein Flugblatt der KPD erschienen war.[37]
Fiedler, Sauer, Kreß und andere Romanfiguren verweisen mit ihrer
Resignation und ihrem Rückzug in den privaten Alltag auf die prekäre
Stimmung der Antifaschisten nach dem authentischen Zusammenbruch der
ersten, offensiven Phase des Widerstands (»Georg sagte [...]: ›Ich muß
meine Leute finden!‹ Paul lachte: ›Deine Leute? Find mal erst all die
Löcher, in die die sich verkrochen haben.‹« [256]). Die über Parteien-
streit und Ländergrenzen hinwegreichende Rettungsaktion für Heisler entspricht den Mitte der dreißiger Jahre neu gesetzten Prioritäten von Organisationen wie der Roten Hilfe und der in Holland stationierten Internationalen Transportarbeiterföderation: nämlich der Rettung von bedrohten Widerständlern Vorrang zu geben vor offensiven Aktionen wie
Agitation und Verbreitung von illegalen Schriften.

Wie genau Anna Seghers arbeitet, wird schließlich deutlich, wenn man
das allgemeine Bild vom Widerstand vergrößert und auf die spezifische
Situation im Raum Frankfurt heranfährt, wo Georg Heisler im Herbst
1937 auf die rettende Passage ins Ausland wartet. So bestätigt zum
Beispiel die Regionalforschung, daß jener Main-Taunus-Kreis, aus dem
Franz Marnet und viele andere zur Arbeit in die Betriebe von Höchst und
Frankfurt pendeln, in der Tat politisch besonders aktiv war.[38] Das gleiche gilt für die in der Geschichte des Frankfurter Widerstands oft
erwähnte Riederwaldsiedlung, in der Georg bei dem Ehepaar Kreß ein
illegales Quartier bekommt.[39] Der Symbolwert der den Westen von

---

37 Mausbach-Bromberger: Arbeiterwiderstand in Frankfurt, S. 108. Welche Wirkung derartige Aktio-
    nen hatten, belegt eine Besprechung bei der Gestapo im Januar 1937, auf der die »erhebliche
    politische Bedeutung« hervorgehoben wurde, die durch die Schaffung einer »Märtyrerstimmung«
    und die Förderung des »Solidaritätsgeistes der übrigen Belegschaftsmitglieder« (Wippermann: Das
    Leben in Frankfurt zur NS-Zeit. Bd. 4, S. 102) entstand.

38 Schwert: Netz illegaler Gewerkschaftszellen, S. 105; Wippermann: Das Leben in Frankfurt zur
    NS-Zeit. Bd. 4, S. 46.

39 So z.B. in: Hessischer Widerstand gegen das NS-Regime 1933-1945. Katalog zur Ausstellung der
    hessischen Staatsarchive zum Hessentag 1972 in Marburg. Marburg 1972, S. 9; Wippermann: Das
    Leben in Frankfurt zur NS-Zeit. Bd. 4, S. 46; Mausbach-Bromberger: Arbeiterwiderstand in

Frankfurt durchfließenden Nidda für den kommunistischen Widerstand, auf der Franz Marnet und Lotte sich zu »Ruderpartien« und »Fichtelager« (418) trafen und Sauer Paddelboot fuhr (287), wird durch die authentische illegale Stadtteilzeitung *Der Rote Nidda-Bote* unterstrichen.[40] Historische Untersuchungen und oral history-Berichte zur Frankfurter Regionalgeschichte verzeichnen eine Vielzahl von politischen Aktionen bei Firmen wie Pokorny & Wittekind, wo Röder, Reinhardt und Fiedler arbeiteten (323, 353-4, 376, 398ff.), bei den Eisenbahnwerkstätten, wo Hermann angestellt war (295ff.), bei den Adlerwerken und bei Opel-Rüsselsheim.

Und schließlich bestehen konkrete Hinweise, die Georg Heislers Fluchtweg mit der authentischen Situation des Widerstands im Rhein-Main-Gebiet in Beziehung bringen. So ist bekannt, daß es Hans Jahn, einer der wichtigsten Kontaktpersonen der über Carlo Mierendorff mit dem Lager Osthofen verbundenen Antifaschisten Anton Döring und Johanna Kirchner, 1935 gelang, aus der Haft zu fliehen und ins Ausland zu entkommen.[41] Hilfe erhielt er dabei — wie andere Nazi-Verfolgte auch — von der in Holland stationierten Internationalen Transportarbeiterföderation, in der unter anderem zahlreiche holländische Rheinschiffer organisiert waren.[42] Dazu eine Meldung von den Sicherheitsorganen der Nationalsozialisten und ein Zitat aus dem *Siebten Kreuz*: »Daß sich unter den Rheinschiffern in der Systemzeit eine große Anzahl Kommunisten befunden hat, ist bekannt«, heißt es da in einer internen Diskussion des SD-[Sicherheitsdienst]-Unterabschnitts Koblenz über die Situation der Rheinschiffer. »Es ist sicher, daß viele von ihnen auch heute noch der kommunistischen Idee anhängen und sich nur nach außen hin politisch

---

Frankfurt, S. 94.

40 Vgl. auch die Erinnerungen von Franz Dahlem an seine Zeit bei der Fichte-Faltbootsparte (F. D.: Am Vorabend des zweiten Weltkrieges, S. 185).

41 Die wichtigsten Daten zum Widerstand und zur Verfolgung hessischer Gewerkschafter und zur Lage der Arbeiter im Faschismus. In: Hessische Gewerkschafter im Widerstand, S. 327f. und Hans Jahns Verbindungen nach Hessen. A. a. O., S. 83-90.

42 Willi Mahr: Holländische Schiffer unterstützen deutschen Widerstand. A.a.O., S. 91-6; Wippermann: Das Leben in Frankfurt zur NS-Zeit. Bd. 4, S. 55.

umgestellt habe.«[43] Ungefähr zur gleichen Zeit, im Oktober desselben Jahres, spielt sich im *Siebten Kreuz* folgende Szene zwischen Reinhardt und Fiedler ab: »Reinhardt [...] legte einen Umschlag vor ihn hin. Der [...] enthielt die Papiere auf den Namen des Neffen eines holländischen Schleppdampferkapitäns, der die Fahrt von und nach Mainz gewöhnlich mit seinem Onkel machte. Diesmal war er zur rechten Zeit in Bingen erreicht worden, um Papiere und Paß dem andern abzutreten. [...] In dem Umschlag steckte gefährliche, mühselige Kleinarbeit, steckten unzählige Wege, Erkundungen, Listen, die Arbeit vergangener Jahre, alte Freundschaften und Verbindungen, der Verband der Seeleute und Hafenarbeiter, dieses Netz über Meere und Flüsse.« (402)

Resümieren wir. Anna Seghers hat das *Siebte Kreuz* geschrieben — so steht es gleich zweimal an entscheidender Stelle im Text zu lesen —, um jenes »Niemandsland« (174, vgl. auch 420) zu überbrücken, das die Nazis durch die Ausrottung von Menschen wie Ernst Wallau und Georg Heisler zwischen die Generationen zu legen versuchten. Daß sie bei diesem Vorhaben so erfolgreich war, ist offensichtlich einer Arbeitsmethode zuzuschreiben, die — fern von simplen politischen Parteinahmen oder dem oberflächlichen Wahrheitsanspruch der Augenzeugenberichte aus den KZs — die Ereignisse von historischer Tragweite und scheinbar triviale Alltagsbegebenheiten, dokumentarisch abgesicherte Fakten und fiktive Figuren und Handlungsabläufe zu einem zugleich spannenden und wirklichkeitsgetreuen Gemisch verbindet.

Hierin korrespondiert *Das siebte Kreuz* zugleich mit Grundpositionen der »neuen Geschichtsbewegung« und — von der Seite der Literatur aus gesehen — mit jenem Begriff der subjektiven Authentizität des Schreibens, den die Seghers-Schülerin und -Freundin Christa Wolf zur Methode für ihre Arbeit gemacht hat.[44] Anliegen der »neuen Geschichtsbewegung« ist nämlich, was für jede kritisch-realistische Literatur schon lange

---

43 Die Partei hört mit. Lageberichte und andere Meldungen des Sicherheitsdienstes der SS aus dem Großraum Koblenz 1937-1941. Hg. Peter Brommer. Koblenz 1988, S. 403.

44 Christa Wolf: Lesen und Schreiben. In: C. W.: Die Dimension des Autors. Essays und Aufsätze, Reden und Gespräche 1959-1985. Darmstadt 1987, S. 463-503.

im Zentrum stand: der Versuch, das — wie Siegfried Kracauer es nennt
— »Genuine‹, das in den Zwischenräumen der dogmatisierten Glaubens-
richtungen der Welt verborgen liegt, in den Brennpunkt« zu stellen, »eine
Tradition verlorener Prozesse« zu begründen und »dem bislang Namenlosen einen Namen« zu geben.[45] Oder wie Christa Wolf — selbst kein
unbeschriebenes Blatt in Sachen täglicher Faschismus — es als Prosa-
schreiberin formuliert:

> Prosa [...] baut tödliche Vereinfachungen ab, indem sie die Möglichkeiten
> vorführt, auf menschliche Weise zu existieren. [...] Sie kann Zeit raffen und
> Zeit sparen, indem sie die Experimente, vor denen die Menschheit steht, auf
> dem Papier durchspielt. [...] Sie erhält die Erinnerung an eine Zukunft in
> uns wach, von der wir uns bei Strafe unseres Untergangs nicht lossagen
> dürfen.[46]

So gesehen wäre die Literatur, das macht der Vergleich zwischen Anna
Seghers' Roman und den von Zeitgeschichtlern in jüngster Zeit geführten
Debatten über Alltag, Widerstand und Nationalsozialismus deutlich, der
bislang die Szene dominierenden ›exakten‹ Geschichtswissenschaft wohl
um einiges voraus — ganz zu schweigen von der nach Tiefe und Breite
nicht mehr nachzumessenden Wirkung eines Buches wie dem *Siebten
Kreuz*. Denn wenn es wirklich wahr wäre, so der 1933 von den Nazis
ermordete Theodor Lessing, daß die Geschichtsschreiber nichts tun, »als
natürliche Strömungen sicherer Erfahrungen festzustellen«[47], dann wäre
Geschichte in der Tat »das Produkt einer kollektiven Erdichtung«[48], »ein
Gewebe, bei dem wir gleich der Spinne in ihrem Netz immer selbst das
Zentrum und den Ursprung aller Fäden bilden«[49]. Oder anders, zuge-

---

45 Siegfried Kracauer: Geschichte — Vor den letzten Dingen. Frankfurt/M. 1971, S. 247. Kracauers
    Bemerkung wird von Hannes Heer und Volker Ullrich nicht zufällig an das Ende ihrer bereits
    mehrfach zitierten Einführung in »Die ›neue Geschichtsbewegung‹ in der Bundesrepublik« (S. 33)
    gestellt.

46 Wolf: Lesen und Schreiben, S. 502-3.

47 Theodor Lessing: Geschichte als Sinngebung des Sinnlosen. München 1983, S. 227 (= Batte-
    rien, 17).

48 Heer/Ullrich: Die ›neue Geschichtsbewegung‹ in der Bundesrepublik, S. 26.

49 Lessing: Geschichte als Sinngebung des Sinnlosen, S. 23.

spitzter, gesagt: Wer etwas über die NS-Wirklichkeit der mittleren dreißiger Jahre erfahren möchte, würde durch Anna Seghers' Roman *Das siebte Kreuz* nicht nur umfassend und durchaus verläßlich informiert. Er erhielte zugleich, wie auch von der »neuen Geschichtsbewegung« gefordert, einen Anstoß, die mit allen Mitteln der Kunst auf eine zeitlos-allgemeinmenschliche Ebene gehobenen und doch zugleich quasi authentischen Bilder und Berichte vom Alltag und Widerstand im Dritten Reich über das Niemandsland der Jahre 1933 bis 1945 hinaus bis in seine eigene Gegenwart weiterzudenken. In diesem Sinne hätte *Das siebte Kreuz* mit seinem Plädoyer für den einzelnen Menschen und mit seiner Abbildung einer überschaubaren, regionalen, alltäglichen Lebenswirklichkeit gerade in diesen Tagen, in denen hinter Schlagworten wie Vaterland, Heimat und Anschluß manch ein Gespenst der großdeutschen Geschichte aufzuerstehen droht, eine neue Bedeutung gewonnen.

Eine erheblich erweiterte Fassung dieses Textes ist zuerst für das Amherst Colloquium von 1990 geschrieben worden und wird dort unter dem Titel »Geschichte von unten. Täglicher Faschismus und Widerstand in Anna Seghers' Roman ›Das siebte Kreuz‹« erscheinen.

Christiane Zehl Romero

Eine weibliche Tradition schaffen: Anna Seghers und Christa Wolf[1]

Als Sohn zu vieler Väter fühlt sich der männliche Autor von heute hoffnungslos zu spät gekommen; die Autorin aber, Tochter zu weniger Mütter,
fühlt, daß sie hilft eine lebendige Tradition zu schaffen, die endlich definitiv
im Entstehen ist.[2]

Was immer die Gültigkeit dieser im Kontext angloamerikanischer feministischer Kritik gemachten Bemerkungen für männliche Autoren aus real-
sozialistischen Ländern sein mag — für die Autorinnen, und vor allem für
die heute international bekannteste, Christa Wolf, treffen sie zu. Wie ich
im folgenden zeigen möchte, fand Christa Wolf ihre eigene Stimme —
zum Teil zumindest — durch ihre zunächst unbewußte Suche nach und
durch ihre dann bewußten Beiträge zum Entstehen einer solchen »weiblichen« Tradition, Beiträge, die sie allerdings in den letzten Jahren — und
nicht erst seit der »Wende« — auch negativer Kritik im Westen[3] und
Distanzierung unter den jüngeren Kolleginnen im Osten aussetzten.

---

1   Der folgende Aufsatz ist eine stark überarbeitete und gekürzte deutschsprachige Fassung von:
     ›Remembrance of Things Future‹: On Establishing a Female Tradition. In: Responses to Christa
     Wolf. Critical Essays. Hg. Marilyn Sibley Fries. Detroit 1989, S. 108-127. Eine erste Kurzversion
     dieser Fassung wurde im April 1989 an der Hamburger Universität bei dem internationalen Sym-
     posium »Frauen und Weiblichkeit im kulturellen und literarischen Prozeß« als Arbeitspapier
     präsentiert und erschien in der Veröffentlichung der Konferenzbeiträge *Wen kümmert's, wer
     spricht?* (Köln 1991) unter dem Titel *Erinnerung an eine Zukunft.* Der vorliegende Text ist eine
     erweiterte Neufassung, die die Entwicklung nach der Wende einbezieht.

2   Sandra M. Gilbert, Susan Gubar: The Madwoman in the Attic. New Haven und London 1979,
     S. 50.

3   Vgl. dazu z.B. Sigrid Weigel: Vom Sehen zur Seherin. Christa Wolfs Umdeutung des Mythos und
     die Spur der Bachmannrezeption in ihrer Literatur. In: Christa Wolf. Ein Arbeitsbuch. Hg. Angela
     Drescher. Berlin und Weimar 1989, S. 169-203.

Christa Wolf gehört bekanntlich zu den wenigen AutorInnen, denen der
schwierige Übergang von der Kritik zum kreativen Schreiben gelang. Sie
selbst meint rückblickend, daß ihr Literaturstudium und ihre Arbeit als
Kritikerin und Lektorin sie »zunächst irritiert und in eine kritisch theoretische Richtung gedrängt« hätten:

> Vielleicht war mir eine gewisse Unmittelbarkeit im Kontakt mit der Realität
> abhanden gekommen, auch die Unbekümmertheit, die ja doch in dem wahn-
> witzigen Entschluß steckt, dem Unmaß an Geschriebenem nun auch ein eige-
> nes Scherflein beizusteuern. (Di II 320f.)[4]

War es nur das Germanistikstudium, das sie zurückhielt, oder hatten ihre
Zweifel auch damit zu tun, daß sie eine Frau ist und daß Frauen »historisch immer gezögert haben, zur Feder zu greifen«[5], wie die Amerikanerinnen Gilbert und Gubar darlegen, und das trotz der in der DDR offiziell
geforderten und geförderten Emanzipation der Frau? Die soeben zitierte
Bescheidenheit, vor allem aber die Tatsache, daß Christa Wolf über Jahre
hindurch bei einer Frau, Anna Seghers, dem einen großen Rollenmodell,
das ihre Gesellschaft bot, Mut und Inspiration für das eigene Schreiben
suchte,[6] deuten in diese, die zweite Richtung. In einem Interview mit
Therese Hörnigk (Juni 1987/Oktober 1988) bekennt sich Wolf dann auch
zum ersten Mal offen zu den geschlechtsspezifischen Aspekten ihrer
frühen Hinwendung und langjährigen, intensiven Beschäftigung mit
Seghers:

> Übrigens — das war mir damals gar nicht so bewußt — mag sie auch für
> mich eine Art Zeichen dafür gewesen sein, daß man es als junge Frau mit
> Kindern schaffen kann zu schreiben. In ihren so unendlich viel schwierige-
> ren, den meinigen gar nicht vergleichbaren Verhältnissen hatte sie es
> jedenfalls geschafft.[7]

---

4   Die im Text mit Di I und Di II und Seitenzahl nachgewiesenen Zitate beziehen sich auf: Christa
     Wolf: Die Dimension des Autors. 2 Bände. Berlin und Weimar 1986.

5   Gilbert, Gubar. A.a.O., S. 15 und das erste Kapitel.

6   Seghers ist keineswegs der/die einzige Autor/in, mit der/dem sich Wolf auseinandersetzt, aber sie
     ist klar diejenige, die Wolf am anhaltendsten beschäftigt hat.

7   Therese Hörnigk: Christa Wolf. Göttingen 1989, S. 25.

Bezeichnenderweise charakterisiert Wolf in dem Interview ihre eigene Situation zur Zeit ihrer Anfänge als die einer »Ausnahmefrau«: »Aber ich war eben damals ja auch noch eine Ausnahme: als schreibende Frau in all diesen von Männern besetzten Gremien.«[8] Als solche orientierte sich Wolf an der anderen verfügbaren »Ausnahmefrau« — Anna Seghers. »Ein Muster wiederholte sich«, sagt sie und spricht sehr konkret von den praktischen Schwierigkeiten, die die Frauen ihrer Generation in der DDR daran hinderten, in größerer Zahl literarisch — und sonst — hervorzutreten:

> Die meisten jungen Mädchen und Frauen waren damals mit dem nackten Überleben beschäftigt. Zwar fingen schon verhältnismäßig viele Mädchen an zu studieren — jedenfalls Germanistik, Sprachen und so weiter —, dann heirateten sie, während des Studiums, nach dem Studium, wie ich, oft einen Studienkollegen, dann bekamen sie Kinder, wie ich. Es gab keine Kindergärten oder -krippen. [...] Es gab keine Waschmaschinen, keine Babynahrung [...] Die jungen Männer, Studienkollegen der jungen Frauen, Väter dieser Kinder, begannen ihre Karrieren; die jungen Frauen begannen in der Mehrzahl ihren Verzicht auf die am höchsten qualifizierte Berufstätigkeit und auf die exponierten Rollen in der Gesellschaft. Du mußtest schon wahnsinnig motiviert sein — wie ich es offenbar war — [...], um nicht zu verzichten.[9]

Wolf, die sich, wie sie ebenfalls in dem Interview bekennt, zu jener Generation zählte, für die die älteren »Kommunisten, Antifaschisten« lange — zu lange — »die absolut und in jeder Hinsicht Vorbildlichen waren«[10], betrachtete Seghers als besonderen Ansporn, die eigenen Erwartungen ernst zu nehmen. Als Frau bot sie das Vorbild ›par excellence‹.

Die wichtige Rolle, die Anna Seghers für Christa Wolf spielte, eine Rolle, die die Jüngere selbst immer wieder definierte und auch stili-

---

8 Ebd.
9 Ebd.
10 Ebd.

sierte,[11] wird von Literaturkritikern schon lange zur Kenntnis genommen, ausführlicher von Peter Beicken und Colin Smith. (Letzterer setzt die Bedeutung der Beziehung für Wolf, und vor allem für deren Arbeit allerdings zu gering an, was zum Teil mit seinem traditionellen, vor allem von den DDR-Werken bestimmten Seghersverständnis zu tun hat.[12]) Keine/r der KritikerInnen hat aber bis jetzt das komplexe Verhältnis der beiden Autorinnen zueinander im Kontext schreibender Frauen und einer weiblichen Tradition untersucht.

Christa Wolf hatte Anna Seghers schon, wie sie sagt, »immer« gekannt, d.h. seit der Nachkriegszeit und ihrer Pflichtlektüre des *Siebten Kreuzes* in der Schule. Während des Studiums und der redaktionellen und kulturpolitischen Arbeit folgten dann — unvermeidbar — weitere Kontakte mit der ›grande dame‹ der deutschsprachigen sozialistischen Literatur. 1952 wurde Seghers Vorsitzende des Schriftstellerverbandes der DDR, Wolf war dort von 1953 bis 1955 wissenschaftliche Mitarbeiterin.

Der eigentliche Moment der »Berührung«[13] kam jedoch, als Wolf selbst zu schreiben begonnen hatte. Die erste längere und tiefere Begegnung stand im Zusammenhang mit Wolfs Arbeit als Kritikerin: »Zu mir sagte man — es war 1959[14], ich arbeitete in der Redaktion der ›Neuen deutschen Literatur‹: Geh zur Anna und mach ein Interview.« (Di I 339) Seghers Roman *Die Entscheidung*, der 1959 erschien, war der

---

11 Wolf hat bisher 12 Texte zu Seghers veröffentlicht, die zwischen 1959 und 1986 erschienen sind. Sie plant, wie sie in dem Interview mit Hörnigk zu verstehen gibt (a.a.O., S. 25), noch weiter über Seghers zu schreiben/sprechen. Zehn der Texte erschienen gesammelt in: Christa Wolf: Die Dimension des Autors. I, S. 255-377. Zwei weitere sind Kritiken zu Seghers' ›Die Entscheidung‹: Deutschland unserer Tage. In: Neues Deutschland, Nr. 77, 1961; Land in dem wir leben. Die deutsche Frage in dem Roman ›Die Entscheidung‹ von Anna Seghers. In: NdL 9 (1961) 5, S. 49-65.

12 Vgl. Peter Beicken: Nachfolge, nicht Nachahmung: Zur Beziehung Anna Seghers — Christa Wolf. In: Deutsche Exilliteratur. Hg. Wolfgang Elfe et al. Bern, Frankfurt 1981, S. 114-132; Colin Smith: Christa Wolf and Anna Seghers. In: German Life and Letters 41 (1988) 3, S. 235-247.

13 Vgl. Wolfs Essay *Berührung*. In: Die Dimension des Autors. A.a.O., I, S. 196.

14 In früheren Abdrucken des Essays *Fortgesetzter Versuch* heißt es noch 1958. Vgl. Christa Wolf: Fortgesetzter Versuch. Aufsätze, Gespräche, Essays. Leipzig 1982, S. 244; oder Lesen und Schreiben. Neue Sammlung. Darmstadt und Neuwied 1981, S. 151.

Anlaß. Das Gespräch konzentriert sich denn auch auf diesen Roman, den ersten, den Seghers in der DDR und über die Entwicklung nach 1945 schrieb.

Wolfs pedantische und dogmatische Fragen lassen noch nichts von dem differenzierten, sensiblen Verständnis erkennen, das sie der Älteren später entgegenbringen wird: »Haben Sie Prototypen für Ihre Figuren?« — »Haben Sie sich mit den technischen Problemen der Stahlproduktion bekannt gemacht?« — »Welche Materialien haben Sie zur Vorarbeit für Ihren Roman verwendet?« — »Wie kann man nach Ihrer Erfahrung einen Teil des Lebens, der noch nahe liegt, richtig darstellen?« (Di I 255-260) Seghers' Antworten, die tiefer gehen als die Fragen und wie immer einer mechanistischen und programmatischen Kunstauffassung wehren, scheinen auf taube Ohren zu fallen. Es ist, als durchhaste Wolf eine Liste vorbereiteter Punkte.

Den Fragen gemeinsam ist jedoch die Betonung des Handwerklichen, des »Wie macht man das?« Letztlich spricht weniger die Kritikerin als die junge Kollegin, die von der erfahrenen Autorin lernen will. Wolf hat die neue kulturpolitische Orientierung, den sogenannten »Bitterfelder Weg«, der 1957/58 artikuliert und dann 1959 auf der Bitterfelder Konferenz proklamiert wurde, aufgenommen und akzeptiert. 1959 zieht sie mit ihrer Familie nach Halle, ins geographische Zentrum der Bewegung, übernimmt hier die Betreuung eines Zirkels schreibender Arbeiter im Waggonwerk Ammendorf und wird Mitglied einer Brigade.[15] Literarischer Ertrag dieser Periode ist *Der geteilte Himmel* (1963), zu dem Wolf bereits im Herbst 1960 verschiedene, sie allerdings keineswegs befriedigende Manuskriptanfänge für eine »Brigadegeschichte«[16] aufzeichnet. Im Licht dieser Entwicklung erscheinen die Interviewfragen als ein Versuch, Seghers und ihren Roman im Zusammenhang mit den Kategorien und Forderungen der Kulturpolitik dieser Jahre zu sehen, einer Kulturpolitik,

---

15 Vgl. Therese Hörnigk. A.a.O., S. 76. Die Gründe für den Umzug hatten allerdings damit zu tun, daß Gerhard Wolf in Halle beim Mitteldeutschen Verlag eine Stellung als Außenlektor bekam; auch Christa Wolf wurde die Möglichkeit gelegentlicher Mitarbeit angeboten.

16 Christa Wolf: Dienstag, der 27. September 1960. In: NdL 9 (1961) 5, S. 51.

der Wolf nicht als Kritikerin, sondern als Schreibende Genüge leisten
will. Sie wünscht sich praktische Anleitungen, wie der zeitgenössische
Stoff, Arbeit in einer Fabrik, zu behandeln sei. Die eigenen Manuskriptanfänge enttäuschen sie, weil sie der Gefahr der »Banalität« zu
unterliegen scheinen. »Ich weiß, daß die wirkliche Arbeit erst beginnen
wird, wenn die Überidee gefunden ist, die den banalen Stoff erzählbar
und erzählenswert macht«[17], notiert sie 1960.

Die »Überidee«, die Wolf »findet«, ist die einer notwendigen und vorläufig endgültigen Wahl zwischen den zwei Teilen Deutschlands, die sie
u.a. in dem Bild vom »geteilten Himmel« ausdrückt. Die politischen Ereignisse, so der Bau der Mauer, drängten sich auf, doch die weitere Auseinandersetzung mit Seghers' Roman, nun unter dem Aspekt Entscheidung und auf wesentlich sensiblere Weise als in dem ersten Interview,
liefern das literarische Modell und die Folie. 1961 — noch vor der
Errichtung der Mauer — veröffentlicht Christa Wolf einen Aufsatz:
»Land, in dem wir leben. Die deutsche Frage in dem Roman ›Die
Entscheidung‹ von Anna Seghers«[18], der nicht nur beweist, daß die
Beschäftigung mit Seghers und deren Roman die Arbeit am *Geteilten
Himmel* begleitete, sondern auch die Richtung andeutet, die diese
Beschäftigung nahm, um für die eigene Arbeit weiterhin fruchtbar zu
bleiben. In dem Aufsatz heißt es ziemlich unvermittelt:

> Dieses Buch erklärt nicht nur, es belehrt nicht nur. Es weckt Wünsche und
> Sehnsüchte, Hoffnungen und Träume, die vielleicht weiterglimmen werden,
> wenn man schon vergessen hat, woran sie sich zuerst entzündeten.[19]

Es sind Worte, die eine autobiographische Lesart nahelegen: Wolf selbst
empfindet *Die Entscheidung* als eine positive Provokation; die Wünsche
und Hoffnungen, die der Roman in ihr entzündet, sind u.a. die, in Seghers' Fußstapfen zu treten, die Autorin der nächsten Generation zu

---

17 Ebd.
18 In: NdL 9 (1961) 5, S. 49-65.
19 Ebd., S. 51.

werden, und die »deutsche Frage« aus der Perspektive dieser Generation zu gestalten.

Der Geteilte Himmel, Wolfs erste Arbeit, die den kreativen Dialog mit Seghers reflektiert, ist auch der erste wichtige Text der jungen Autorin. Wolf übernimmt und transformiert darin jene Elemente aus *Die Entscheidung,* die sie berühren, die ihr eine neue, ihrer Zeit entsprechendere Darstellung zu verdienen scheinen. Schon in dem ersten Interview hatte sie Interesse an der tragischen Liebesgeschichte zwischen Katharina Riedl und ihrem Mann gezeigt und gefragt: »Zum Beispiel Katharina: Mußte sie sterben, als sie sich gerade entschlossen hatte, zu uns zu kommen?« (Di I 258) In *Der geteilte Himmel* erzählt sie nun eine letztendlich positivere Liebesgeschichte, in der sie — wie Seghers, aber im Gegensatz zu vielen anderen damals — die Liebe zwischen zwei Menschen auf den entgegengesetzten Seiten der Mauer ebenso ernst nimmt wie die sie trennenden politischen und gesellschaftlichen Realitäten eines geteilten Deutschland. Während die Handlung um Katharina in *Die Entscheidung* jedoch nur einen kleinen Strang in einem verflochtenen Handlungsgewebe ausmacht, stellt Wolf die Liebesbeziehung zwischen Rita und Manfred ins Zentrum ihres Romans. Es ist ein bewußter Gegensatz. Sie ist sich klar darüber, daß die Liebe zwischen Mann und Frau bei Seghers fast nie im Mittelpunkt steht und bemerkt dazu später:

> Die Romane […] handeln von Liebessehnsucht und Erfüllung nur nebenbei. Leidenschaftlich wird nicht eine Frau begehrt, sondern Freiheit. Verzweifelt vermißt wird nicht die Zuneigung der Geliebten, sondern soziale Gerechtigkeit […], geglaubt wird nicht an das persönliche Glück, sondern an das tagtägliche Glück der Menschheit, das endlich erreichbar scheint. (Di I 321)

Wolf betont jedoch das Warten des Individuums auf privates Glück — allerdings eines, das noch aufgeschoben werden muß, denn ihre Generation gehört nicht mehr den heroischen Zeiten von Kampf und Exil an. Außerdem ist dieses Individuum bei ihr Frau. Von Anfang an erzählt Christa Wolf aus einer weiblichen Perspektive — im Gegensatz zu Seghers, bei der ein solche Sicht sehr selten ist, so daß man in der Kritik sogar von einem »männlichen Blick« gesprochen hat.[20] Dieser Blick der Seghers und seine bedeutendste Ausnahme, die Erzählung *Der Ausflug der toten Mädchen*, die Wolf später »eine der schönsten Erzählungen der modernen deutschen Literatur«[21] nennen wirde, halfen ihr, sich bewußtzumachen, daß sie etwas anderes wollte, nämlich einen »weiblichen Blick« entwickeln.

In dem ersten Interview mit Wolf hatte Anna Seghers beschrieben, was ihr die »Hauptsache« an *Die Entscheidung* war, »zu zeigen, wie in unserer Zeit der Bruch, der die Welt in zwei Lager spaltet, auf alle, selbst die privatesten, selbst die intimsten Teile unseres Lebens einwirkt: Liebe, Ehe, Beruf.«[22] Das ist auch das Ziel von *Der geteilte Himmel*. Doch während Seghers von der Welt spricht, bezieht sich Wolf nur mehr auf Deutschland. In ihrem Aufsatz über *Die Entscheidung* hatte sie erkannt, daß Seghers' Roman mit seiner globalen Perspektive die im Exil so eloquent begonnene »Heimatbeschwörung« der Autorin fortsetzte, Ausdruck ihrer Sehnsucht nach einem neuen und natürlich ungeteilten Deutschland. Trotz der Schärfe, mit der die Seghers die Notwendigkeit einer Entscheidung zeichnet (»Für wen, gegen wen bist du?«), gab sie die Vision einer ungeteilten Heimat, die auch die Gegend ihrer Herkunft, das Rheinland, einschließen und die besten Traditionen ihres Volkes vereinigen würde, nie ganz auf. Diese Vision hatte sie ja in den schweren Exiljahren aufrechterhalten. Wolf bemerkt dazu in ihrem Aufsatz: »Einheit wird nicht proklamiert; sie ist vorhanden, widersprüchlich, unterbrochen, aber nicht zerstört und nicht zerstörbar.«[23] Vor dem Hintergrund dieser Leseweise und dem Bau der Berliner Mauer unternimmt Wolf im *Geteilten Himmel* nun ihre eigene, nicht »Heimatbeschwörung«, sondern »Heimatfindung«, d.h. zunächst Erkenntnis und Akzeptanz ihrer Zugehörigkeit und dann — in *Kindheitsmuster* — ihrer Herkunft. Wolf

---

20 Vgl. Erika Haas: Der männliche Blick der Anna Seghers. In: Notizbuch 2. Hg. Friederike J. Hassauer und Peter Roos. Berlin 1980, S. 134-149.

21 Die Dimension des Autors. A.a.O., I, S. 308.

22 Ebd., S. 256.

23 In: Land, in dem wir leben. A.a.O., S. 65.

nimmt Abstand von dem Wunsch nach Einheit, am deutlichsten in der vielzitierten Trennungsszene zwischen den Liebenden:

›Den Himmel wenigstens können sie nicht zerteilen‹, sagte Manfred spöttisch. Den Himmel? Dieses ganze Gewölbe von Hoffnung und Sehnsucht, von Liebe und Traum? ›Doch‹, sagte sie leise. ›Der Himmel teilt sich zuallererst.‹[24]

Für Rita, ebenso wie für ihre Schöpferin, wird nur das kleine Gebiet zwischen der Mauer und der Ostgrenze entlang der Oder/Neiße Lebensraum und Heimat sein.

Diese kurze Gegenüberstellung von *Die Entscheidung* und *Der geteilte Himmel* läßt bereits das Grundmuster in Wolfs Seghersrezeption erkennen, das über viele Jahre wiederkehren wird. Die Auseinandersetzung mit dem Werk und der Persona der Älteren ist eine kritische und künstlerische zugleich und wird in erster Linie von den eigenen Bedürfnissen als Autorin bestimmt. Wolf verständigt sich über Themen und angedeutete, aber nicht entwickelte Erzählstränge und -formen und führt sie im Licht ihrer eigenen Zeit und Erwartungen weiter. In diesem Prozeß entfernt sie sich in ihrer Schreibpraxis und ihrem Selbstverständnis schließlich immer weiter von Seghers, die sie im Laufe der Jahre für ihre eigenen Zwecke uminterpretiert, jedoch in einer Weise, die auch der Segherskritik wichtige neue — allerdings nicht immer nur positiv bewertete[25] — Impulse gibt.

Von Nachahmung oder auch von direktem Einfluß kann von Anfang an nicht die Rede sein, da sich Wolf stets, wenn auch zunächst noch nicht ganz so klar, dessen bewußt war, was sie später ein »von Grund auf anderes Lebensmuster« im Dasein der Älteren nennen würde.[26] Die Beschäftigung mit Seghers — begleitet von der weniger intensiven, aber ebenfalls wichtigen mit anderen Schriftstellerinnen, u.a. Ingeborg Bach-

---

24 Der geteilte Himmel. München 1973, S. 187.
25 Vgl. Smith. A.a.O.
26 Dimension des Autors. A.a.O., I, S. 343. Vgl. auch Beicken und Smith. A.a.O.

mann[27] — half ihr vielmehr, den eigenen Weg zu finden, zu artikulieren und — im schwierigen kulturpolitischen Kontext der DDR — zu verteidigen. Denn die Auseinandersetzung mit der etablierten, angesehenen Kollegin hatte für Wolf auch immer eine Legitimationsfunktion und wurde zu dem Teil, der mich hier interessiert, öffentlich, d.h. in Texten, ausgetragen. Im Lauf der Jahre kamen die beiden Frauen einander persönlich ebenfalls näher — eine Beziehung, die keineswegs ohne Spannungen ablief, u.a., weil Seghers wesentlich weniger noch als Wolf bereit war, sich in kulturellen oder politischen Fragen öffentlich kritisch zum DDR-Regime zu äußern, so im Fall Wolf Biermann, in dem Seghers nicht — wie Wolf es tat — gegen die Ausbürgerung Stellung nahm. Doch blieb die Beziehung bis zum Tod der Älteren bestehen; eine der letzten Eintragungen in Seghers' Kalender lautet »Besuch von C. W.«[28] Wichtig und interessant erscheint mir aber vor allem, daß und wie Wolf die Beschäftigung mit Seghers, die, wie sie in dem Interview mit Therese Hörnigk andeutet, noch keineswegs zu Ende ist,[29] in ihren Texten verarbeitet und gestaltet hat, welche Bilder und Muster sie produziert hat.

In dieser Hinsicht war die Beziehung übrigens eine einseitige, da Seghers sich nie auf ähnliche Weise mit Wolf befaßt hat, wenn diese auch meint: »[V]ielleicht gab es sogar — mit aller Vorsicht deute ich das an — zwischen uns eine Art von Gegenseitigkeit im Geben und Nehmen, auch sie interessierte sich wohl für die Jüngeren, für die ich ein Beispiel abgab.«[30] Seghers schrieb einen einzigen zur Veröffentlichung bestimmten Brief zum fünfzigsten Geburtstag von Wolf und zumindest einen Privatbrief, der vor kurzem in einem Sammelband erschien[31] (es ist anzunehmen, daß noch andere existieren), aber sonst nichts zu Wolf. Bei allem

---

27 Vgl. dazu Sigrid Weigel. A.a.O.

28 Einsicht mit freundlicher Genehmigung des Seghers-Archivs.

29 Vgl. A.a.O., S. 25. Hier sagt Wolf: »Sie (Seghers) interessiert mich noch wie am ersten Tag, ich glaube, ich kenne und verstehe sie heute besser als manchmal zu ihren Lebzeiten. Über all das im einzelnen zu sprechen, ist es noch zu früh.«

30 Hörnigk. A.a.O., S. 25.

31 Christa Wolf. Ein Arbeitsbuch. A.a.O., S. 11-12.

Interesse an der Jüngeren, bei aller Freundlichkeit, ja Unterstützung für sie: die Faszination, die Seghers auf Wolf ausübte, beruhte nicht auf Gegenseitigkeit.

Während Christa Wolf am *Geteilten Himmel* arbeitete, studierte sie auch Seghers' *Das siebte Kreuz* und schrieb das Nachwort für eine Neuausgabe, die kurz nach der Veröffentlichung ihres eigenen Romans erschien.[32] Sowohl von der Struktur her als auch in der Hervorhebung der Macht des »gewöhnlichen Lebens«, die in Seghers' Roman eine zentrale Rolle spielt, lassen sich die Spuren auch dieser Lektüre und das Moment des »Weiterschreibens« im *Geteilten Himmel* verfolgen, so z.B. darin, daß Wolf versucht, den Wert des Alltags und des Sich-darin-bewähren-Müssens aus der Zeit des Antifaschismus in die der DDR im Aufbau zu übertragen.

In den folgenden Jahren wächst Wolfs Interesse an Anna Seghers noch weiter. Die nun ebenfalls bekannte jüngere Autorin fährt fort, die Ältere zu befragen, nach Leben, Arbeit und Ansichten zu Kunst und Gesellschaft, und spiegelt sich in der anderen, um Einsicht in sich selbst zu erlangen. Wolf gebraucht Seghers, um neue Richtungen des Schreibens für sich zu entdecken und zu legitimieren, Richtungen, die dann auch für andere AutorInnen den Weg öffnen.

Das nächste Interview (1965) mit Seghers belegt das deutlich. Es beginnt mit Fragen zu einem Text, der, wie Wolf andeutet, bis dahin keinen Platz im DDR-Kanon Segherscher Meisterwerke gefunden hatte, dem *Ausflug der toten Mädchen*:

> Ich weiß nicht, ob es daran liegt, daß sich dieses Stück Literatur, solange man Literatur nur nach dem Stoff beurteilt, so schwer kategorisieren läßt. Jedenfalls ist es immerhin auffallend, daß diese Geschichte als einzige Ihrer Arbeiten direkt biographische Züge trägt. Spielt das Biographische in Ihrem Werk sonst keine Rolle oder nur eine idirekte Rolle? (Di I 279)

---

32 Anna Seghers: Das siebte Kreuz. Berlin 1964.

Zu diesem Zeitpunkt hat Wolf bereits ihren zweiten Roman *Nachdenken über Christa T.* (1968) begonnen, dessen Nähe zum *Ausflug der toten Mädchen* in Struktur und Thematik auffällt, wenn auch die Unterschiede ebenso offensichtlich sind. Seghers' Text mit seiner Ich-Erzählerin, der imaginären Auferweckung von Toten (Frauen), um deren Leben nachzuspüren, seiner diskontinuierlichen Erzählweise und seiner komplexen Behandlung der Zeitdimension bot Wolf ein vorläufiges Modell und gab ihr Mut für ein Schreibprojekt, das im besten Falle kontrovers war. Er lieferte aber auch eine Folie, vor der sie sich absetzen und über ihre eigene künstlerische Identität verständigen konnte.

So ist einer der wichtigsten Unterschiede zwischen Seghers' Geschichte und Wolfs Roman die Erzählhaltung im weitesten Sinn. Seghers' Erzählerin erfährt die Erinnerung an ihre toten Mitschülerinnen als eine tranceartige Vision. »Aufgewacht«, beschließt sie das Erfahrene aufzuzeichnen, eine von ihr als äußerst wichtig, aber keineswegs als problematisch empfundene Aufgabe. Für Wolf in *Nachdenken über Christa T.* dagegen sind Erinnern und Aufzeichnen schwierig und mühevoll geworden, denn sie sucht nicht nur, wie Seghers es getan hatte, gegen Vergessen zu schreiben, sondern auch gegen »Vergessenmachen«[33]. In diesem Bemühen thematisiert sie die Probleme der Wahrnehmung, des Erinnerns und des Ausdrucks. Bei Wolf heißt es deshalb auch: »Der Autor nämlich ist ein wichtiger Mensch.« (Di II 40) Seghers dagegen war einer anonymen, von alten Märchen abgeleiteten Tradition des Erzählens verpflichtet, die den Autor hinter das Erzählte zurückstellt. Wenn Wolf ihre Bewunderung für Seghers ausspricht, indem sie sagt: »Sie zaubert. Bezaubert. Wie geht das zu: Zaubern in nüchterner Zeit?« drückt sie gleichzeitig auch ihr Gefühl des Andersseins aus. Zaubern, wie sie es bei Seghers sieht, »indem sie sich selbst nicht gestattet, zu wissen, was sie da tut« (Di I 332), ist nicht für sie. Sie muß ständig über das, »was sie da tut«, reflektieren und diese Reflexionen zum Gegenstand ihres Schreibens machen.

---

33 Vgl. Manfred Jäger: Die Literaturkritikerin Christa Wolf. In: Christa Wolf, text und kritik, Nr. 47 (Juni 1980), S. 50.

In dem Interview von 1965, einem für Schriftsteller und Künstler der DDR besonders schwierigem Jahr, versucht Wolf allgemein, das Gespräch auf solche Segherstexte zu steuern, die Offenheit in künstlerischen Fragen demonstrieren und fordern. Sie hat nun auch Aufsätze von Seghers gelesen, von denen viele, von Wolf wohl in Manuskriptform eingesehen, in der DDR noch nicht veröffentlicht waren, und wird sie später herausgeben (*Glauben an Irdisches*, Leipzig 1969). In den Reden und Essays sowohl als auch in den Romanen und Erzählungen findet sie Ideen und Anregungen, die sie noch für viele Jahre beschäftigen werden. Was Wolf an diesen Texten hervorhebt — auch die Briefe, die Seghers 1938/39 an Georg Lukács geschrieben hatte, gehören dazu —, ist der Abstand, den sie von der gängigen, engen Realismusdefinition nehmen. Wolf weist damit auch die Seghersinterpretationen, die zu dieser Zeit vorherrschten, als zu beschränkt aus. Sie ist fasziniert von dem Interesse, das die Ältere zeitlebens für romantische und nachromantische Autoren hatte, und von der Tatsache, daß Seghers sie als die Gescheiterten, die »Verlierer«, der deutschen Literatur und Geschichte sah und sich zu ihrer Fürsprecherin machte. Hochbegabte Schriftstellerinnen, waren sie »nach wenigen übermäßigen Anstrengungen«[34] »jung und verzweifelt umgekommen« (Di I 283). Wiederholt nennt Seghers Georg Büchner, Karoline Günderode [sic], Heinrich von Kleist, Lenz und Bürger. In dem Aufsatz »Vaterlandsliebe« von 1935, auf den Wolf in dem Interview namentlich verweist, spricht Seghers von einer »gesellschaftliche[n] Mauer« und den »einsamen, von den Zeitgenossen kaum gehörten Schläge[n] gegen die Mauer«, die diese DichterInnen »für immer« zu »Repräsentanten ihres Vaterlandes« gemacht habe,[35] Worte, die Wolf offensichtlich tief berührten.

Das Interview von 1965 steht zu Beginn einer neuen Romantikrezeption in der DDR, bei der Seghers allgemein eine wichtige Rolle spielte,[36]

---

34 Anna Seghers: Aufsätze, Ansprachen, Essays 1927-1953. Berlin und Weimar 1980, S. 36.

35 Ebd., S. 37.

36 Sie begann um die Mitte der sechziger Jahre. Zu Seghers' Rolle: Vgl. Christiane Zehl Romero: The Rediscovery of Romanticism in the GDR: A Note on Anna Seghers' Role. In: Studies in GDR

und ganz am Anfang der Wolfschen Hinwendung zu romantischen und nachromantischen Figuren. Die Notwendigkeit und der Wert des Nichtübereinstimmens mit einer auf Abwegen befindlichen Zeit und Gesellschaft war für Wolf selbstverständliches Klischee, solange es sich um den Antifaschismus handelte, in dessen Kontext »Vaterlandsliebe« ja entstanden war. Die historischen Verbindungen aber, die Seghers herstellte, eröffneten Wolf Parallelen, die in eine andere Vergangenheit und in die darin aufscheinende Gegenwart führten. Sie arbeitete zu dieser Zeit bereits selbst an der Geschichte Christa T.'s, einer begabten »Verliererin« in ihrer eigenen Gesellschaft. In den folgenden Jahren, nicht zuletzt auf Grund der Erschütterung, die die heftige Kritik, auf die *Nachdenken über Christa T.* in der DDR stieß, bei ihr auslöste, würde sie dann zu den historischen Figuren greifen, die Seghers in ihren Aufsätzen aus dem französischen Exil genannt und miteinander in Verbindung gebracht hatte, zunächst zu Kleist und Günderrode, und dann zu Günderrode und Bettine Brentano. Mehr denn je aber würde es ihr um Gegenwart und Zukunft gehen, um die Ähnlichkeiten zwischen vergangener Restaurationsepoche und gegenwärtiger DDR-Wirklichkeit, in denen über Seghers — unausgesprochen und in neuer, beunruhigender Weise — auch die Zeit des Nationalsozialismus mitschwang. Denn damals hatte sich Seghers an die »Gescheiterten« und deren Repräsentanz für das gute Deutschland erinnert, um sich selbst und ihren Mitexilanten Mut zuzusprechen und vor Zweifeln über mangelnde Resonanz und Wirksamkeit zu bewahren, Zuspruch, den Wolf zu dieser Zeit dringend brauchte.

Die Interpretationsansätze, die Wolf in dem Interview von 1965 aufwirft, verfolgt sie im Nachwort zu ihrer Ausgabe — der ersten wichtigen Sammlung — von Seghers' Aufsätzen, *Glauben an Irdisches*[37] (1969) weiter. Sie sucht sich darin über die wichtige und produktive Funktion eines »Verlierers« zu verständigen und die Beschäftigung mit solchen Figuren, die immer auch eine Auseinandersetzung mit der eigenen Rolle

---

Culture and Society 2. Hg. Margy Gerber et al. Washington 1982, S. 19-29.

37 Das Nachwort ist mit Februar 1968 datiert.

in der eigenen Gesellschaft ist, zu legitimieren. Sätze wie die folgenden aus dem Nachwort beziehen sich nicht nur auf Anna Seghers:

> Allerdings spürt man bei ihr eine mehr als historische Beziehung zu Zweifeln und Verzweiflung, die über hundert Jahre zurückliegen. Eine Ahnung davon, daß man scheitern kann, eine Entscheidung verlangt werden könnte zwischen Auflehnung, rückhaltloser Teilnahme an den Kämpfen der Zeit und dem abgerundeten, vollendeten Werk, dem die Zerrissenheit der Zeit und ihr Reflex im Künstler nicht mehr anzumerken sein darf. Die Dringlichkeit dieser Frage ist nach dreißig Jahren noch zu spüren: Man kann versuchen, der Wirklichkeit Stücke zu entreißen, so direkt und aufrichtig wie möglich, ohne hoffen zu dürfen, das Gültige, das Endgültige zu sagen. (Di I 302)

Auch Wolf hat mehr als ein historisches oder kritisches Verhältnis zu dem, was sie über Seghers schreibt — und auch später über die romantischen und nachromantischen Figuren, die sie aufgreift. Sie hat jetzt *Nachdenken über Christa T.* fertiggestellt, ein Buch, das ihr trotz ihrer sich auf Seghers berufenden Plädoyers für eine offenere Schreibweise und ein differenzierteres Verständnis für die Beziehung von Literatur und Epoche, zunächst einen Sturm negativer Kritik einträgt, so auf dem IV. Schriftstellerkongreß im Mai 1969. Hier ist es auch Seghers, die um mehr Verständnis für Ungewohntes bittet und zu einem sorgfältigeren Umgang mit nicht leicht einzuordnender Literatur auffordert.[38]

In *Nachdenken über Christa T.* hatte die Erzählerin, und über sie Christa Wolf, tiefe Sympathie mit einer Figur ausgedrückt, die »scheitert«, und sie damit begründet, daß in schwierigen Umbruchszeiten ein solches Scheitern eine tiefere Hingabe an das Leben und die Gesellschaft bedeuten könne als »gesunde« Anpassung. Von jetzt an wird Scheitern in vielen Spielarten zu einem Hauptthema Wolfs. Zunächst entwickelt sie in *Kindheitsmuster* schon in *Nachdenken* angedeutete Zusammenhänge, indem sie allzubereite Anpassung als das wahre Versagen enthüllt. In *Kein Ort. Nirgends*, in vielen Erzählungen, in den Essays über Karoline von Günderrode und Bettine Brentano, in der *Büchner-Preis-Rede* und in

---

38 Sein und Zukunft unserer Republik waren und sind unser Ziel. In: Über Kunstwerk und Wirklichkeit. Berlin 1970. I, S. 169-170.

Kassandra. Eine Erzählung dagegen behandelt sie die Unfähigkeit, sich anzupassen, also Scheitern im Sinne bestimmter, für die Individualitätsentwürfe einzelner verschlossener Gesellschaften, als potentiell wertvoll. Denn sie sieht den Ursprung eines solchen Scheiterns in dem »unausrottbare[n] Glaube[n], der Mensch sei bestimmt, sich zu vervollkommnen, der dem Geist aller Zeiten strikt zuwiderläuft. Ein Wahn?« So fragt sie am Ende von *Kein Ort. Nirgends*[39]. In ihrer Entwicklung dieser Thematik geht Wolf weit über Seghers hinaus, doch Anstoß und Bestätigung fand sie zunächst bei ihr.

Wie bedrängend aber die Frage des Scheiterns spätestens mit der Biermannausweisung (1976) für Wolf persönlich wurde, das artikulierte sie erst in ihrer Erzählung *Was bleibt*, die zwar bereits 1979 in einer frühen Fassung geschrieben, aber erst 1990 nach der Wende veröffentlicht wurde. Das Buch löste bekanntlich vor allem im Westen scharfe Angriffe auf die Autorin und einen heftigen Literaturstreit aus,[40] wobei der enge Zusammenhang dieses Textes mit Wolfs anderen Werken zunächst weitgehend ignoriert wurde. Wolf konfrontiert darin die eigene Angst vor dem Scheitern, einerseits als Außenseiterin, die aus ihrem Land gedrängt oder da zum Schweigen gebracht wird, andererseits als Angepaßte, die mit ihrem Wohlverhalten die eigenen moralischen Ansprüche verrät. Über allem steht aber die Furcht, als Mensch und als Schriftstellerin versagt zu haben.

In ihrem Nachwort zu *Glauben an Irdisches* spricht Wolf auch von der Nähe der Seghersschen Essays zu den Erzählungen und Romanen:

> Die Stimme, die hier spricht, ist die gleiche [wie in den Erzählungen und Romanen, C.Z.R.]. Es wird nicht behauptet, sondern nachgedacht. Ehe sie andere zu überzeugen sucht, verständigt sie sich mit sich selbst. (Di I 295)

---

39 Kein Ort. Nirgends. Darmstadt und Neuwied 1979, S. 150.
40 Vgl. dazu u.a. The Christa Wolf Debate. In: GDR Bulletin, 17 (1991) 1, mit Beiträgen von Fries, Hörnigk, Kuhn, Rossman, Sevin, Zehl Romero.

Wiederum helfen Reflexionen über die Andere Wolf bei der Klärung über sich selbst und über die Richtung, die sie einschlägt. 1972 erscheint ihre Sammlung eigener Aufsätze, *Lesen und Schreiben*. Die meisten dieser Essays — frühe, ziemlich dokrinäre Aufsätze wurden weggelassen — sind ebenfalls, was Wolf einen »Selbstverständigungsversuch« nennt, und beginnen jene formale und thematische Verflechtung mit den erzählenden Texten aufzuweisen, die für die Essays charakteristisch wird. Die Tatsache, daß Wolf Seghers als Modell und Vorläuferin in Anspruch nehmen konnte, bot wiederum Ansporn und Rückhalt.

Darüber hinaus spricht Wolf im Nachwort zu *Glauben an Irdisches* auch von einem anderen starken Band zu Seghers, nämlich der Sorge um den Fortbestand des Lebens auf der Erde, einer Sorge, in der beide Autorinnen natürlich keineswegs allein waren. Wolf wird zu diesem Thema noch viel schreiben und in ihrer — berechtigten — Angst über Seghers hinausgehen, wie auch darin, daß sie, wie wir noch sehen werden, Halt und Hoffnung bei Frauen, in einer weiblichen Tradition, sucht.

In den folgenden Aufsätzen Wolfs zu Seghers, von denen vier Einführungen in unbekannte oder weniger bekannte Werke sind, macht sich neben weiteren subtilen Bemerkungen zu einzelnen Texten ein Summierungs- und Ablösungsprozeß bemerkbar. Wolfs »Selbstverständigung« durch und über Seghers erreicht ihren bisherigen Endpunkt, wenn auch die Impulse der Auseinandersetzung weiterwirken. Außerdem hat, wie das bereits zitierte Interview mit Therese Hörnigk zu verstehen gibt, mit Seghers' Tod eine neue Phase in dem Verhältnis begonnen, eine Phase, die auch einen erneuten Versuch, über Verständnis zu Selbstverständnis zu gelangen, miteinschließen könnte, möglicherweise sogar einen äußerst kritischen und selbstkritischen.

Unter diesen weiteren, bisher erschienenen Aufsätzen Wolfs zu Seghers ist *Fortgesetzter Versuch* aus dem Jahre 1974 der vielleicht interessanteste. Wolf faßt darin selbst die Bedeutung der Beziehung für sich zusammen:

Es ist ein seltener Glücksfall, daß ein anhaltendes, eindringliches Interesse
an einem von Grund auf anderen Lebensmuster mir erlaubt hat, Genaueres
über mich selbst zu erfahren. (Di I 343)

Zum ersten Mal weist Wolf aber auch offen auf das, was sie »einen notwendigen Schmerz der Fremdheit im Bannkreis gewünschter Nähe«
nennt, eine Distanz, die sie zum Teil damit erklärt, »daß Menschen verschiedener Generationen etwas Undurchdringliches füreinander haben,
man sollte es nicht leugnen« (Di I 343). Es geht hier nicht nur um die
Reserviertheit und Selbstdisziplin, die Seghers bei aller Freundlichkeit
eigen war, und den Mythos, der sie — nicht ganz ohne ihr und Wolfs
Zutun — umgab, sondern vor allem auch um Fragen der Kunst, wobei
Wolf früher Gesagtes zwar nicht zurücknimmt, aber relativiert und an
Seghers nun deren »Klassizität« betont:

Ihre Zeit fließt anders, sie trägt ihr andere Beispiele zu, geschlossenere
Schicksale. Sie sah nicht nur eine andere Wirklichkeit — sie sieht auch
Wirklichkeit anders. Ein pädagogischer Rückhalt in manchen ihrer Bücher
ist unverkennbar. (Di I 343f.)

Die Ältere, die »vielleicht überraschend für sie selbst, ihr Maß gefunden«
hat, wird als Unerreichbare anerkannt. Ihre Leistungen und ihre Selbstsi-
cherheit beruhen auf »unzweifelbare[n] und unbezweifelte[n] Gewiß-
heiten« (Di I 344), die die Jüngere, so die Implikation, nicht mehr teilt
und teilen kann, nach denen sie sich aber noch zu sehnen scheint.

Wolf betreibt jedoch nicht, wie das z.B. Heiner Müller und Volker
Braun mit ihrer auf intertextuellen Praktiken beruhenden Aufnahme von
Motiven aus Segherstexten tun,[41] Dekonstruktion und Demontage, sondern sucht, bei aller Andersartigkeit im Leben und Schreiben, Beziehungen aufrechtzuerhalten, eine Tradition herzustellen. Sie beruft sich dabei
auf Goethes »›Rettungsmittel‹ [...] gegen ›große Vorzüge eines anderen‹
[...] Er nannte es Liebe« (Di I 343) und sieht Seghers' Arbeit als mächti-
gen Ansporn, nicht einem bestimmten Modell nachzueifern, sondern

---

41 Vgl. Christiane Zehl Romero: »Seghersmaterial« in Heiner Müller und Volker Braun. In: Studies
    in GDR Culture and Society 9. Lanham, New York, London 1989, S. 57-84.

eigene Lebens- und Schreibmuster zu entwickeln: »Was sollten wir nötiger brauchen als die Hoffnung, daß wir sein können, was wir uns insgeheim wünschen — wenn wir nur wirklich wollten.« (Di I 338)

Wolf übt in ihrer Beziehung zu Seghers also eine Rezeption aus, an der sie die positiven, konstruktiven Elemente hervorhebt, in der es weder um Abhängigkeit noch um Konkurrenz geht. Diese Rezeption steht in deutlichem Gegensatz zu dem, was der angloamerikanische Kritiker Harold Bloom in seinem Buch *Anxiety of Influence* über literarische Beziehungen — für ihn selbstverständlich unter Männern — sagt. Laut Bloom herrscht in der Literatur »eine Tradition von heftigem Zweikampf zwischen Vater und Sohn« (»a tradition of strong, father-son combat«). Um groß (»strong«) zu werden, muß der Dichter einen heroischen Streit (»heroic warfare«) mit seinem Vorgänger durchfechten und seinen poetischen Vater irgendwie vernichten. Dieser ständige Kampf aber hat dazu geführt, daß die Autoren (Männer) »zunehmend erschöpft sind von der Notwendigkeit des Revisionismus« (»the need for revisionism«)[42], während — so nun Gilbert und Gubar, die von Bloom ausgehen — schreibende Frauen mit frischer Energie antreten. Sie waren ja lange aus der Literatur ausgeschlossen und mußten und konnten andere Muster entwerfen. Bloom und Gilbert/Gubar bieten, so denke ich, mit diesen Überlegungen ein theoretisches Modell, das hilft, die Seghersrezeption Wolfs und die Weiterwirkung dieser Rezeption in größeren Zusammenhängen zu sehen. Wenn auch selbstverständlich nicht anzunehmen ist, daß Wolf die angloamerikanischen Gedankengänge kannte, wurde sie sich im Laufe der Jahre sehr wohl klar, daß ihre Beschäftigung mit Seghers neue, weibliche Muster literarischer Beziehungen produzierte und entwickelte diese dann bewußt weiter.

Als »Mutter« gab Seghers aber andererseits nichts von der »Ansteckung im Satz« (»infection in the sentence«, ein Ausdruck, der von der amerikanischen Dichterin Emily Dickinson stammt)[43] an Wolf weiter, von jenem

---

42 Vgl. Harold Bloom: The Anxiety of Influence. New York 1973, S. 11 und 26.
43 Vgl. Gilbert, Gubar. A.a.O., S. 52f.

zerstörerischen Gefühl von Angst und Selbstzweifel, das Autorinnen, die sich schreibende Frauen als Vorgängerinnen und Modelle suchten, laut Gilbert und Gubar so oft von diesen übernahmen. Seghers hielt es für irrelevant, ob Kunst von Männern oder Frauen produziert wurde und nahm ziemlich selbstverständlich und im großen und ganzen, ohne darüber zu reflektieren, ihren prominenten Platz in der hauptsächlich männlichen Welt der kommunistischen Literatur ein. Für Wolf war bedeutsam, daß Seghers zunächst Selbstvertrauen vermittelte auf das, was schreibende Frauen an der Seite von Männern, in deren Welt, tun konnten, ein Selbstvertrauen, das sich in der DDR — trotz allem — stärker entwickeln konnte als anderswo und das Wolf dann weitertrug und sie schließlich fragen ließ, ob dieses denn auch genug sei.

Wolfs Seghersrezeption wirkte wesentlich über die eigentliche Beschäftigung mit der Älteren hinaus. Sie lieferte ein Modell, das die Schriftstellerin und Essayistin dann an den historischen Figuren, mit denen sie sich in den nächsten Jahren beschäftigte, weiterentwickelte und in seinen Implikationen interpretierte. So stellt sie in *Kein Ort. Nirgends* (1979) ein anderes, destruktives, Verhältnis zwischen Schriftstellern dar, das zwischen Kleist und Goethe, und läßt die Tatsache, daß es sich hier um Männer handelt, keineswegs als Zufall erscheinen: Die Frau in diesem Text, Karoline von Günderrode, kann nur mit »Fremdheit« reagieren, wenn Kleist über seine Haß/Liebe zu und seine Konkurrenz mit Goethe spricht.

Im Einführungsessay ihrer im selben Jahr erschienenen Ausgabe von Gedichten, Prosa und Briefen von Karoline von Günderrode *Der Schatten eines Traums* (1979) und in ihrem Nachwort zu Bettina von Arnims *Die Günderode*, »›Nun ja! Das nächste Leben geht aber heute an.‹ Ein Brief über die Bettine« (1980),[44] stellt Christa Wolf dem männlichen Paar dann ein ganz anderes, weibliches gegenüber. Bei aller Verschiedenheit stützen die schreibenden Frauen, Günderrode und Brentano, einander

---

44   Die Essays sind mit Oktober 1978 und Dezember 1979 datiert.

und versuchen nicht gegeneinander, sondern miteinander neue »Denk- und Lebensformen« zu entwickeln, um »sie [die kranke Welt] gesund zu machen« (Di II 85).

Wolf spricht jetzt im Zusammenhang mit den historischen Figuren deutlich aus, was sie in ihren Äußerungen zu Seghers erst später — in dem bereits zitierten Interview mit Hörnigk — artikuliert, nämlich das in ihren Augen Geschlechtsspezifische an dem Umgang von Frauen — und Schriftstellerinnen — miteinander. In den Unterschieden, die Wolf zwischen dem Selbstverständnis und der Schreibpraxis von Günderrode und Brentano herausarbeitet, ist auch noch etwas von dem Versuch erkennbar, sich ihre Andersartigkeit vis-à-vis Seghers bewußtzumachen. Außerdem hebt aber Wolf jetzt an der Beziehung der generationsgleichen historischen Figuren eine schwesterliche und utopische Dimension hervor, die sie in ihrem Verhältnis zu Seghers vermißte. Über die Romantikerinnen sagt sie:

> Es ist wohl sonderbar, weil es neu ist; Frauen fühlen sich heftig zueinander hingezogen und widersetzen sich der Anziehung nicht. [...] Diese jungen Frauen haben einander etwas zu geben, was ein Mann ihnen nicht geben könnte, eine andre Art der Verbundenheit, eine andre Art Liebe. Als könnten sie, allein miteinander, mehr sie selbst sein; sich ungestörter finden, freier ihre Leben entwerfen — Entwürfe, die denen der Männer nicht gleichen werden. (Di II 84)

So wie sich Wolf in Seghers spiegelte, um ihre Erwartungen an sich selbst deutlicher zu erkennen, spiegelt sie nun ihre Beziehung zu Seghers indirekt in dem Verhältnis der beiden Romantikerinnen zueinander, um sich über ihre Hoffnungen auf das Miteinander von Frauen zu verständigen.

Seit *Kein Ort. Nirgends* spielt der Begriff der »Schwesterlichkeit« in Wolfs Texten eine wichtige Rolle. Als Merkmale nennt sie »Anteilnahme, Selbstachtung, Vertrauen, Freundlichkeit«, Qualitäten also, die auch ihr Verhältnis zu Seghers, so wie sie es darstellte, charakterisierten, denen sie jedoch nun einen Stellenwert und eine Funktion zuschreibt, die wesentlich über das an Seghers Erfahrene und Gezeigte hinausgehen.

Wolf sieht diese Eigenschaften jetzt bewußt im Kontext einer weiblichen
Tradition, die der Frau nicht nur Eigenverantwortlichkeit für den Fortbestand der Erde und der Menschen zuschreibt, sondern im historischen
Moment die Hauptverantwortung. Schreiben von Prosa ist für Wolf
grundsätzlich »Erinnerung an eine Zukunft« (Di II 47). Und »weibliches
Schreiben«, dem sie in ihren Überlegungen und in ihrer Praxis nun
bewußt nachfragt, schließt die Möglichkeit und Notwendigkeit ein, sich
zurückzuerinnern, um die radikalen utopischen Möglichkeiten aufzuspüren, die in der traditionell weiblichen Existenz enthalten sein mögen. Sie
sind unerläßlich im Kampf gegen die zerstörerische Einseitigkeit instru-
mentaler Rationalität. Dieser Kampf ist keineswegs den Frauen allein vor-
behalten, doch sieht Wolf die historische Entwicklung — seit dem Fall
Trojas — als eine, die die Welt in männliche und weibliche Bereiche ge-
spalten und ihnen instrumentale Rationalität, extremes Leistungsdenken,
und tödliche Agressivität einerseits, »fühlendes Denken«, »gewöhnliches
Leben« und hegende Fürsorge andererseits zugeordnet hat. Jetzt, da den
Frauen, wie Wolf in der *Büchner-Preis-Rede* sagt, der »Eintritt in die
Zitadelle« (Di II 163) gestattet wird, haben diese die Chance und die Verpflichtung, diejenigen Werte, die ihnen ihre Erfahrungen als Frauen gegeben haben, zu artikulieren, zu überprüfen und in den Gang der Geschichte, die bisher den Männern und den ihnen zugeordneten Werten vorbehal-
ten war, einzusetzen.

Die Verantwortung, die Wolf den Frauen, vor allem in der *Büchner-
Preis-Rede*, auferlegt, ist eine große, möglicherweise, so die späteren
Arbeiten (die Texte um *Kassandra*, *Störfall*, *Sommerstück* und auch *Was
bleibt*), die diese Verantwortung zwar nicht zurückweisen, sie aber nach
der Erfüllbarkeit befragen, eine zu große. Doch für Wolf hatte sie eine
entschieden belebende, ihre Kreativität anspornende Wirkung, die mit der
Selbstverständigung über Seghers begann, über historische und mythische
Figuren führte, und schließlich wieder — nüchterner — in die eigene
unmittelbare Vergangenheit zurückkehrte, zur elegischen und selten
ironischen Beschäftigung mit den nicht immer nur schwesterlichen

»Schwestern«, den DDR-Schriftstellerinnen und Freundinnen, in *Sommerstück.*

Es kann nun keinen Zweifel geben, daß der Aufschwung und die Entwicklung im Schreiben von Frauen in der DDR Wolf und — vor allem auf der von Wolf entworfenen Linie — auch Seghers viel verdankt. Zunächst demonstrierte Wolf selbst »Schwesterlichkeit« und versuchte so auf eigene Art fortzusetzen, was zwischen ihr und Seghers begonnen hatte. Als Beispiele sei nur kurz erinnert an den Briefwechsel zwischen Wolf und Gerti Tetzner, der Autorin von *Karen W.* (1974), an das einfühlsame Interview mit Elke Erb in *Faden der Geduld* (1978) und natürlich an Wolfs Enthusiasmus für Maxi Wander und den in diesem Zusammenhang programmatischen Aufsatz zu *Guten Morgen, du Schöne* (1978), »Berührung«. Wichtiger aber ist die Modellfunktion, die Wolf nun ihrerseits für andere Schriftstellerinnen hatte, bezeugt von der langen Reihe von Texten — angefangen mit *Franziska Linkerhand* (1974) von Brigitte Reimann — in denen Autorinnen und Heldinnen versuchen, über die Emanzipation, die ihnen ihre Gesellschaft zugesteht, kritisch nachzudenken und hinauszugehen. Sie stellen sich, zum Teil zumindest, der schwierigen Wolfschen Forderung, die männlichen »Denk- und Sehraster« abzulegen und eigene zu entwickeln, sowohl stofflich und thematisch als auch stilistisch.

Unter den Jüngeren ließ sich allerdings im Verlauf der späteren achtziger Jahre auch ein Ablösungs- und Distanzierungsprozeß bemerken. Manche empfanden den hohen Anspruch und das Pathos Wolfs (so z.B. in *Kassandra. Eine Erzählung*) als solchen Bemühungen gegenläufig. Die Generation nach Wolf war sowohl nüchterner und bescheidener als auch radikaler. Sie fühlten sich dem System nicht verpflichtet, auch nicht als Opposition, da sie gar nicht erst »eingestiegen« waren.

Wolf, die selbst Töchter hat, wurde sich in den letzten Jahren dieses Generationsunterschiedes sehr deutlich bewußt und kontrastierte das eigene Verhältnis zu den Jüngeren mit demjenigen, das sie selbst zu Seghers und deren Altersgruppe hatte. Sie kann nun nicht in die Fußstapfen dieser stets als überlegen angesehenen treten, sondern meint von den Jun-

gen nicht nur lernen zu können, sondern es auch zu müssen. Die
»Wende«, bei der sie sich zögernder verhielt, als manche/r von ihr
erwartet hatte, war ihr ein wichtiger und harter Lehrmeister.

Christa Wolf thematisierte dieses Bewußtsein von einer neuen, unter
ganz anderen Zeichen als sie selbst angetretenen Generation am deutlichsten in *Was bleibt*, in der Figur des jungen Mädchens, das zu der Erzählerin, dem ›alter ego‹ der Autorin kommt, um sich von der bekannten
Schriftstellerin Bestätigung ihres Talents und künstlerischen Zuspruch zu
holen. Modell dafür soll die Schriftstellerin Gabriele Kachold gestanden
haben.[45] Die Figur in ihrer Kompromiß- und Furchtlosigkeit — die »es
eben gern [habe], etwas aufzuschreiben, was einfach wahr sei. Und dies
dann mit anderen zu bereden. Jetzt. Hier. «[46] und sich nicht fragt, wie
gefährlich das für sie sein könnte — steht in deutlichem Gegensatz zur
vorsichtigen Erzählerin, die »vergißt«, sich die Adresse der Besucherin
geben zu lassen. Andererseits bestätigt die Erfahrene das Talent der Jüngeren, die dadurch ermutigt wird. (Und Gerhard Wolf publiziert Gabriele
Kachold in seiner Reihe »Außer der Reihe« beim Aufbauverlag.[47]) Mit
ihrer Anerkennung spielt die Autorin noch eine Rolle, spannt eine
Brücke, die von Anna Seghers zu Gabriele Kachold führt.

Freilich lief Wolf in den letzten Jahren auch Gefahr, ihre Rolle als die
repräsentative Schriftstellerin der DDR so stilisieren und mythisieren zu
lassen, wie sie es bis zu einem gewissen Grad mit Seghers getan hatte.
Das distanzierte sie ebenfalls von den Jüngeren und trug ihr nach der
»Wende« bei einigen westlichen Kritikern die Bezeichnung und Beschimp-
fung »Staatsdichterin« ein, ein Etikett, das man Seghers schon vor Jahren
aufgeklebt hatte. Tatsächlich setzten beide Autorinnen für sich und für
schreibende Frauen selbstbewußter, als das im Westen üblich war und ist,
Mitbeteiligung und Mitverantwortung an gesellschaftlichen und politischen Prozessen voraus. Darauf bauend, begann Wolf nachzufragen, was

---

45 Vgl. Eva Kaufmann: Gegen den »gläsernen Blick«. In: Wochenpost, 1990, Nr. 32, S. 14.
46 Was bleibt. Darmstadt und Neuwied 1990, S. 78.
47 Zügel los. Berlin und Weimar 1989.

denn der spezifisch weibliche Beitrag sein könnte und müßte und half damit eine starke Tradition »weiblichen Schreibens« in der DDR zu begründen, eine Tradition, die — nicht zuletzt wegen ihres Selbstbewußtseins und hohen Anspruchs — mehr Interesse im Westen erregte als die meisten anderen DDR-Produkte.

Wieweit sich Seghers, Wolf und andere DDR-Autorinnen gerade durch diese Mitbeteiligung aber auch vereinnahmen ließen, ist eine Frage, die noch zu beantworten wäre. Wolf schneidet sie, was die eigene Person betrifft, in *Was bleibt* zumindest an. Doch wäre sie auch in Hinblick auf Seghers und die Beziehung zu ihr zu stellen. Gab es nicht eine andere Art der Infektion (»infection in the sentence«), mit der Seghers Wolf ansteckte: Vorsicht, Wohlverhalten, Disziplin bei den Frauen, die endlich gehört werden und diese Chance nicht verspielen wollen? In den Jahren der Beschäftigung mit Seghers erlaubte sich Wolf öffentlich nichts als einfühlsame Wertschätzung. Sie versagte sich jeden Blick auf problematische Aspekte im Leben und Werk der Älteren und berührt weder deren häufiges und kunstvolles Schweigen zu den Ungerechtigkeiten, die sie beide sahen und unter denen sie beide litten, noch die Schwächen und Enttäuschungen der Alternden. Die Gründe wurden schon genannt. Sie lagen in der Bewunderung, die Wolf und andere ihres Alters für die heimgekehrten Antifaschisten empfanden, Menschen, auf die sie die bereits im Nationalsozialismus anerzogene Heldenverehrung übertragen konnten. Außerdem fand Wolf in Seghers, wie wir sahen, das große Rollenmodell, das sie so dringend brauchte, und so fruchtbar einsetzte. Und doch läßt sich im Nachhinein — und daher leicht — die Frage stellen, ob eine kritischere Sicht auf Anna Seghers Wolf nicht auch zu anderen Einsichten über die eigene Rolle und über eine weibliche Tradition des Schreibens gebracht hätte und noch fruchtbarer geworden wäre? Das Problem aber, ob Frauen größere Gefahr laufen als Männer, zu StaatsdichterInnen zu werden, oder ob sie nur schneller als solche abgekanzelt werden, ist eines, das genauer untersucht werden sollte.

Marilyn Sibley Fries

Christa Wolfs »Ort« in Amerika

Fasziniert und nicht wenig erstaunt verfolgten meine Kollegen und ich die außerordentliche Diskussion um Christa Wolfs 1990 veröffentlichte Erzählung *Was bleibt*. Aus unserer räumlich und zeitlich entfernten Perspektive lag die Versuchung nahe, das Ganze metaphorisch zu verstehen und Vergleiche zur Tragödie zu ziehen (eine Königin war vom Thron gestürzt; auch mit offenen Augen kann man dem Schicksal nicht entfliehen) oder zur Hexenjagd (eine weise Frau wurde für ihre Weisheit bestraft). Wolfs andere Titel sind in dieser Hinsicht auch verführerisch. Wo war/ist jetzt Christa Wolfs Ort in Deutschland? War ihre Situation im Sommer 1990 der voraussseh- und -sagbare Ausgang der Kassandra-Geschichte? Wird man Wolf letztendlich »rehabilitieren« müssen, wie seinerzeit Ernst Bloch? Dazu meinte Hans Mayer ganz richtig, daß »ein Philosoph seine Bedeutung nicht von irgendeiner Bürokratie zuerkannt [erhält], sondern von der Geschichte«[1]. Desgleichen wird man künftig wohl auch von den Schriftstellern und anderen Intellektuellen der DDR behaupten können, besonders jedoch von Christa Wolf.

Das Abstrahieren ins Metaphorische mag naiv erscheinen: der Fall Wolf, so lautete ein möglicher Einwand, hat seine Wurzel in der deutschen Geschichte und in den spezifischen Entwicklungen in der DDR. Versteht man das nicht, so wird man die Ernsthaftigkeit dieses »Falls« nicht begreifen können. Der tobende Literaturstreit betreffe, so Ulrich Greiner, »mehr als nur die Literatur und [ist] mehr als nur ein Streit«. Es gehe, so behauptet er, »um die Mitschuld der Intellektuellen der DDR,

---

1 taz, 18. 11. 1989.

um die Mitverantwortung für die zweite deutsche Katastrophe«[2]. Abgesehen davon, daß dabei die neue deutsche Mitschuld den DDR-Intellektuellen zugeschoben wird (ähnlich wie die DDR die alte Schuld nur jenseits der Grenze sehen wollte), ist mir dieser Literaturstreit wie das nächste Kapitel im Buch der deutschen Identitätsfrage vorgekommen: vor einigen Jahren gab es den Historikerstreit; jetzt kommen die Literaten zu Wort.

Wir, die aus Amerika Hinüberblickenden, sind nicht so naiv, daß wir das alles bei unserer Rezeption von Christa Wolf außer Betracht lassen könnten. Wahr ist, daß uns diese verzweifelte Frage nach der deutschen Identität wohl nicht im »innersten Inneren« trifft: wir sind eben keine Deutschen. Werden Christa Wolf und ihre Kollegen davon profitieren, daß wir, trotz unseres regen Interesses an den täglichen Entwicklungen in der deutschen Politik, einen distanzierten Blick behalten? Wird die Bewertung ihres Werkes für uns dadurch geändert, daß sie im Sommer 1990 (wieder) im Auge eines Orkans gestanden hat?

Nicht, als ob Identitätsfragen uns nichts angingen. Als Weltbürger, als Frauen, als Schreibende und Leser versuchen wir, uns selbst zu verstehen und zu definieren. Und bei dieser Selbstsuche hat Christa Wolf manchen von uns geholfen. Das attestiert Anna Kuhn sehr direkt in ihrem »offenen Brief an Christa Wolf«[3], und sie spricht für viele, wenn sie Wolf dafür dankt, ihr bei der Selbstbestimmung und -befreiung geholfen zu haben. Von Wolf haben wir gelernt, Fragen zu stellen und unser Recht auf uns selbst zu behaupten. Mag sein, daß unsere eigene Suche nach uns selbst unsere Lektüre zu sehr ins »Subjektive« gekippt hat: es gibt in den Texten viel, was man auf einer solchen Suche einfach übersehen kann. Tatsache ist aber, daß Wolf als Schriftstellerin von größter Ehrlichkeit und Integrität und auch von außergewöhnlicher Begabung in diesem Land ihren Einfluß weiterhin ausübt.

---

2   Die Zeit, 3. 8. 1990.

3   Anna Kuhn. Ein offener Brief an Christa Wolf. In: Christa Wolf. Ein Arbeitsbuch. Hg. Angela Drescher. Berlin 1989, S. 245-251.

Ungefähr seit dem Erscheinen von *Nachdenken über Christa T.* (1968; *The Quest for Christa T.*, 1970) ist Wolf, wenigstens unter Lesern/Leserinnen der »schönen Literatur«, auch in Amerika zum Begriff geworden; kein anderer Schriftsteller(innen)name aus der DDR ist so bekannt. Diese Anerkennung liegt nicht nur an der hohen literarischen Qualität, sondern vor allem auch an der — trotz aller formalen Schwierigkeiten — Zugänglichkeit ihrer Werke, d.h. an deren dialogischer Struktur und deren Untersuchung von universalen Fragen und Problemen. Natürlich gibt es auch andere — ökonomische und ideologische — Gründe. In bezug auf den ersten wäre es sehr ergiebig zu untersuchen, welche Werke wann, wie und von wem übersetzt worden und welche noch lieferbar sind: so ist *Der geteilte Himmel* z.B. längst vergriffen, *Kindheitsmuster* wurde drastisch gekürzt. Hinsichtlich des zweiten (ideologischen) Grundes: Wolf wird wohl zuvorderst von den feministisch-marxistisch denkenden Wissenschaftlern/innen dieses Landes anerkannt (und teilweise zur Kultfigur gemacht), so daß ihre Bewertung durch ihre eigenen Auseinandersetzungen mit dem Patriarchat und mit Fragen einer »weiblichen Ästhetik« immer höher gestiegen ist. Erst in den letzten Jahren haben einige Wissenschaftler eingesehen, daß es ihr nicht (nur) um die Stelle der Frau in der Gesellschaft, sondern um vieles andere mehr geht. Und dieses »vieles andere« ist letztendlich der Hauptgrund für ihre fortdauernde Wirkung. Zunächst als begabte und repräsentative DDR-Schriftstellerin betrachtet, dann als deutsche Schriftstellerin, die neben den besten Autoren der Gegenwartsliteratur stehen konnte, wird sie jetzt als Verfasserin von Weltrang gesehen, deren humanistische Fragen uns alle angehen und deren vieldeutige Formulierungen zu immer neuen Interpretationsansätzen führen können.

Die vielseitigen Entwicklungen der letzten zwei Jahrzehnte, die sowohl mit Christa Wolfs »wechselndem Blick« und subtiler werdendem Ausdruck als auch mit größeren Veränderungen in der Politik der amerikanischen Literaturwissenschaft und an den amerikanischen Hochschulen viel zu tun haben, machen es schwer, kategorisch von Christa Wolfs »Ort« in Amerika oder von der Rezeption ihrer Werke im allgemeinen zu sprechen. Denn erstens spielen die Landespolitik und die Politik der Ästhetik ineinander über, und zweitens wird dieser »Ort« nach den jeweiligen Lesern/innen der Werke bestimmt.

Die Rezeption läßt sich in drei Hauptgruppen aufteilen: es gibt erstens die »offizielle«, tageskritische Rezeption, d.h. die Bücherbesprechungen; zweitens die »wissenschaftliche« Rezeption, die sich hauptsächlich, aber nicht nur, auf die Germanistik beschränkt; und drittens die »unsichtbare« Rezeption, d.h. die Auseinandersetzungen mit Wolf, die nicht ans Licht der Öffentlichkeit kommen, aber dafür nicht weniger stark oder wichtig sind. Diese letzte Kategorie kennzeichnet hauptsächlich die Reaktionen der Studenten/innen an den Hochschulen, wo Wolfs Werke (in deutscher und in englischer Fassung) immer wieder in Literaturkursen verschiedener Art gelesen und in Diskussionen und Aufsätzen (auch Dissertationen) durchgearbeitet werden.

Der »Ort« wird also dadurch bestimmt, wer was (»und zu welchem Ende«) liest. Da aber die Hauptwirkung Wolfs an den Hochschulen (also unter Wissenschaftlern/innen und Studenten/innen) zu finden ist, möchte ich nach einer kurzen Besprechung der Verlagssituation das Augenmerk auf diese richten.

Wir können vielleicht voraussetzen, daß es dem amerikanischen Verleger Farrar, Straus, and Giroux (FSG) wünschenswert erscheint, die dort erschienenen Übersetzungen auch bei einer Leserschaft anzubringen, die verhältnismäßig wenig über die DDR weiß. Dies erklärt wohl auch, warum FSG die Rechte zum *Geteilten Himmel* nie erworben und mit der Veröffentlichung von Wolfs literaturwissenschaftlichen Arbeiten und der kurzen Prosa lange gezögert hat: dem *Geteilten Himmel* haftet die sozialistisch-utopische Überzeugung zu sehr an, während *Unter den Linden* und andere Erzählungen für zu »hermetisch« gehalten werden konnten. Auch dies ändert sich aber: es erscheint eine Auswahl der theoretischen Schriften im Frühjahr 1992; eine Sammlung von Erzählungen — *Unter den Linden* und *Was bleibt* einbegriffen — folgt im Sommer oder Herbst des gleichen Jahres.

In den Bücherbesprechungen bemühen sich die meisten Rezensenten darum, die formalen und humanistischen Aspekte von Wolfs Werken zu betonen, anstatt auf das DDR-Spezifische hinzuweisen (eine Ausnahme bildet *Kindheitsmuster*, das als quasi-historischer Roman über eine »Jugend in Nazideutschland« besprochen wurde). Im allgemeinen aber wird Wolfs literarische Stärke auf überzeugende Weise demonstriert: man bedarf der historisch-politischen Aufklärung nicht, um ihre Schriften schätzen zu können.

Obwohl diese Rezensionen durchaus nicht alle einstimmiges Lob enthalten, sind die meisten positiv: Wolf wird hier in einem Zusammenhang gesehen, der für die Leserschaft der jeweiligen Zeitschriften sinnvoll ist. Den Besprechern/innen geht es also, anders gesagt, nicht um die »Tatsachen« (z.B. der deutschen — oder auch antiken — Geschichte, oder des real existierenden Sozialismus); auch nicht um die verschiedenen persönlichen Erlebnisse der Autorin, die den Werken zugrunde liegen. Ihnen ist vielmehr die »Wahrheit« wichtig, die die Erzählstimme in Wolfs Werken aufdeckt und darlegt — jene Wahrheit, die, höchst persönlichen und privaten Erlebnissen entspringend, letztendlich uns allen sichtbar und wichtig wird und uns berühren kann.

Das wäre die eine Seite — diese Wahrheit des Menschen oder des Menschlichen —, die Wolfs Ort für die öffentliche Rezeption bestimmt. Je universaler die Themen (allgemeine Menschenrechte — aber besonders die der Frau —, das Patriarchat, der Frieden, die Umweltzerstörung), desto leichter wird es, die Werke aus ihrem Entstehungsfeld herauszuheben und den Blick auf diese Themen zu richten. Bei *Accident / A Day's News* (*Störfall*) z.B., das allgemein sehr positiv aufgenommen wurde, braucht man gar nicht auf das zu achten, was die Germanisten/innen und Literaturtheoretiker/innen wohl vor allem interessieren könnte, nämlich 1) die literarischen Anspielungen (die Übersetzer haben für den/die uneingeweihte(n) Leser/in alle Zitatquellen in akribischen Anmerkungen notiert) und 2) die dem Werk unterliegende (ängstliche) Frage um den Dauerwert und die Wirksamkeit der Sprache (der Literatur) an sich. Denn Thema und Stil sind interessant genug, um Rezensenten sowie Leser/-innen sogleich in den Text und in die Gedankenwelt der Erzählstimme hineinzuziehen.

Die andere Seite der Ortsbestimmung durch diese Rezeption betrifft das Ästhetische in der Darstellung von Wolfs Wahrheit. Mit Recht, so meine ich, konzentrieren sich die Besprecher/innen auf die Kunst des Schreibens bei dieser Autorin (worum sie in der DDR und in der BRD immer dringender gebeten hat);[4] dabei werden Wolfs Herkunft und ihre sozialistischen Überzeugungen weniger beachtet. Ist sie wirklich eine Schriftstellerin von Weltrang, so meint man in Amerika, dann wird dieser Rang vor allem dadurch bestimmt, daß sie eine große Künstlerin ist und nicht, daß sie Themen behandelt, die bloß in der zweiten Hälfte des 20. Jahrhunderts vielen von brennender Wichtigkeit erscheinen. Wie das endgültige Urteil ausfallen wird, können wir natürlich jetzt noch nicht wissen. Trotzdem lohnt es sich, auf die Meinungen derjenigen hinzuweisen, denen die jahrzehntelange politische Teilung Deutschlands und die Innenpolitik der DDR nicht als wichtigste Themen gelten. Wenn Christa Wolf den um sie tobenden Literaturstreit in der (west)deutschen Presse durchgestanden hat, hängt dies teilweise damit zusammen, daß ihre Rezeption außerhalb Deutschlands in mancher Hinsicht ausgewogener und sachlicher gewesen ist als in Deutschland.

Es geht hier also um eine bestimmte (wenn auch bei den verschiedenen Rezensenten differenzierte) Art, Wolf zu lesen. Es geht ja nicht an, die Leser/innen der *New York Times* oder des *New York Review of Books*, der *Village Voice* oder des *Women's Review of Books* dadurch »abzuschrecken«, daß man das gesellschaftlich, ideologisch oder kulturell »Fremde« an diesen Werken hervorhebt. Es wird vielmehr ein allgemeiner Nenner gesucht, der einen breiten Zugang erlaubt. Daß er gefunden wurde, beweist die Tatsache, daß Christa Wolf außerhalb des Hochschulbetriebs eine kleine, aber treue Leserschaft hat. Obwohl die Übersetzungen größtenteils an den Universitäten verkauft werden, bilden die Käufer/innen andernorts eine respektable Gruppe. Wolf zählt also zu den

---

4 Vgl. Therese Hörnigk: Gespräch mit Christa Wolf. In: T.H. Christa Wolf. Berlin 1989, S. 7-47.

nicht sehr zahlreichen Schriftstellern/innen nichtamerikanischer Herkunft, die hierzulande gekauft, gelesen und anerkannt werden.[5]

Tatsache bleibt aber, daß die Hauptzahl der Leser/innen an den Hochschulen zu finden ist, wo man in den Seminaren, in schriftlichen Arbeiten, Artikeln, Büchern und Dissertationen den Dialog mit Wolf weiterführen und durcharbeiten kann, den sie mit fast allen ihrer Werke hervorgerufen hat. Müßte man verallgemeinern, dann wären die Universitäten wohl als Christa Wolfs Ort in Amerika zu bezeichnen. Vergleicht man die Rezeption der Rezensenten mit der der Literaturwissenschaftler/innen, so wäre zu sagen, daß die letzteren mit den Meinungen der ersteren in den meisten Fällen übereinstimmen und daß ihre Arbeit darin besteht, auf diesen meist positiven Bewertungen mit den Methoden und Kenntnissen ihres Spezialgebietes aufzubauen oder sie zu erweitern.

Die Gründe der wissenschaftlichen Auseinandersetzung mit Christa Wolf liegen jedoch tiefer; sie sind in vielen Fällen persönlicher Natur und haben daher eine subjektive, wenn nicht ideologische Färbung. Diejenigen riskierten einiges, die sich z.B. in den siebziger Jahren mit Wolf befaßten: die Literatur der DDR, zumal von einer Frau, war kein »akademisches Thema«[6]. So trieb man die Studien zu Wolf oft unter einem möglichst sicheren Schirm: eine frühe Arbeit untersuchte die sozialistisch-realistischen Aspekte ihrer Werke;[7] später entdeckte man die Möglichkeiten der Intertextualität (die sich bei ihr geradezu anbietet) und reihte das Werk mit Erfolg in die philosophischen und literarischen Traditionen der deutschen Geschichte ein. So konnte z. B. Andreas Huyssen 1975 seinen

---

5 Ich beziehe mich hier auf ein Telefongespräch im Sommer 1990 mit einer Lektorin bei FSG. Zur Zeit seien Marquez und Kundera die »Spitzenautoren« unter den Nicht-Amerikanern, die bei FSG veröffentlicht werden. Wolf stehe mit sämtlichen anderen auf einer soliden Mittelstufe, was Verkauf betrifft.

6 Die MLA Bibliographie führt für die Zeit zwischen 1970 und 1980 45 Artikel über Christa Wolf auf, wovon nur drei in englischer Sprache geschrieben wurden. Hinzu kommen in diesem Jahrzehnt drei an amerikanischen Universitäten geschriebene Dissertationen.

7 Christine Cosentino: Eine Untersuchung des sozialistischen Realismus im Werke Christa Wolfs. In: German Quarterly 2 (1974), S. 245-61.

bahnbrechenden Artikel über *Christa T.* und Blochs *Prinzip Hoffnung* schreiben.[8] Einige Jahre danach jedoch wollte Myra Love im gleichen Werk eine Auseinandersetzung mit dem Patriarchat entdecken,[9] während Elizabeth Abel in ihrem 1981 erschienenen vielzitierten Artikel die Dynamik der »Freundinnenschaft« bei Wolf und anderen Autorinnen untersuchte.[10] Der Zunahme an einschlägigen Themen lief, unter dem Zeichen »Postmoderne«, eine Zunahme an kritischen Methoden parallel, die eine ungeahnte Vielfältigkeit der Annäherungsmöglichkeiten erzeugte. Obwohl die sozialistischen und marxistischen Aspekte der Werke nicht außer acht gelassen wurden, wurden sie heruntergespielt zugunsten anderer Ansätze, die ein Hinüberführen Wolfs in ein breiteres kritisches Feld ermöglichten: im allgemeinen trennten sich die Wissenschaftler/innen vom »Positivistischen« bzw. Philologischen und untersuchten die Werke im theoretischen Rahmen der semiotischen, philosophischen und gesellschaftlichen Fragen der Literaturwissenschaft.[11] Mit der Publikation von *Kindheitsmuster* und besonders der Traumerzählung *Unter den Linden* nahmen die literatur-psychologischen Ansätze zu,[12] während *Selbstversuch* und die darauf folgenden Schriften (vor allem die *Büchner-Preis-Rede*, sowie *Kein Ort. Nirgends*, dann die Essays zu Brentano und

---

8   Andreas Huyssen: Auf den Spuren Ernst Blochs. Nachdenken über Christa Wolf. In: Basis 5. Hg. Reinhold Grimm und Jost Hermand. Frankfurt/M. 1975, S. 100-116.

9   Myra Love: Christa Wolf and Feminism. Breaking the Patriarchal Connection. In: New German Critique 16 (1979), S. 31-53.

10 Elizabeth Abel: (E)merging Identities. The Dynamics of Female Friendship in Contemporary Fiction by Women. In: Signs 6 (1981), S. 413-435.

11 Dies wird in der MLA-Bibliographie für die Jahre 1980 bis Frühjahr 1990 stichhaltig reflektiert. Unter den insgesamt 189 Werken sind 60 englischsprachige, wovon etwa dreizehn zum Gesamtwerk, zehn zum *Kassandra*-Projekt, jeweils sieben zu *Kindheitsmuster* und *Christa T.*, fünf zu *Kein Ort. Nirgends*, drei zum *Geteilten Himmel* und jeweils zwei zu *Selbstversuch* und *Störfall* erschienen. In dieser Zeit wurden auch neun Dissertationen über Christa Wolf an amerikanischen Hochschulen geschrieben. Geht man den Themen und vor allem der Werkauswahl nach, so erhält man ein mikroskopisches Bild dessen, was ich in diesen Seiten allgemein beschreibe. Die meistbesprochenen Werke bleiben *Nachdenken über Christa T.* und *Kassandra*; die Hauptansätze richten sich nach der feministischen Theorie, der Analyse der Erzählstruktur, Identitätsfragen und Entfremdung.

12 Vgl. Brigitte Peucker: Dream, Fairy Tale, and the Literary Subtext of ›Unter den Linden‹. In: Responses to Christa Wolf. Critical Essays. Hg. Marilyn Sibley Fries. Detroit 1989, S. 303-311.

Günderrode und besonders das *Kassandra*-Projekt) dem feministischen Ansatz ein großes Arbeitsfeld boten.[13]

Trotz der Verschiedenheit der methodischen Ansätze wird die wissenschaftliche Arbeit hauptsächlich von einer Generation betrieben: der Nachkriegsgeneration, die zum größten Teil für das In-Frage-Stellen des literarischen Kanons und der traditionellen Methodologie verantwortlich ist. Die heute Vierzig- bis Fünfzigjährigen unter den Akademikern stehen am Scheideweg. Während des Kalten Krieges aufgewachsen, erlebten sie unmittelbar den Zusammenbruch der amerikanischen Vormacht und der gesellschaftlichen Moral während des Krieges in Vietnam, den Gesichtsverlust der Regierung beim Watergate-Skandal, den Rücktritt Richard Nixons und vieles andere mehr. Als Angehörige der rebellischen Studentengeneration der späten sechziger und frühen siebziger Jahre führten sie als Berufskollegen der siebziger und achtziger Jahre Umwälzungen herbei, die die ideologischen Voraussetzungen besonders der geisteswissenschaftlichen Disziplinen bloßstellten und in Zweifel zogen. Die Hegemonie des »westlichen Denkens« und der »westlichen Zivilisation« wurde ebenso in Frage gestellt wie der vorherrschende, traditionelle Literaturkanon, nach dem Wissenschaft und Lehre sich richteten. Der Begriff der »Menschenrechte« wurde wieder betont — auch Frauen, Schwarze, Bürger der »dritten Welt«, Homosexuelle und andere sind Menschen, nicht nur »der weiße Mann«. Die Stärke dieser grundsätzlichen Zivilisationskritik ist so groß wie die Zahl der Fragesteller: die erwähnte Generation wird nicht ohne Grund die »baby-boom-generation« genannt. Und diese Revolution des Denkens hat sich, wenn auch nicht überall, so doch insofern durchgesetzt, als die institutionelle Struktur (damit meine ich sowohl die Lehrpläne der Hochschulen wie auch Zeitschriften, Verlage

---

13 Vgl. Helen Fehervary: Christa Wolf's Prose. A Landscape of Masks. In: New German Critique 27 (1982), S. 57-87; Anne Herrmann: The Transsexual as Anders in Christa Wolf's ›Self-Experiment‹. In: Genders 3 (1988), S. 43-56; Linda Schelbitzki Pickle: ›Scratching Away the Male Tradition‹. Christa Wolf's Kassandra. In: Contemporary Literature 27 (1986), S. 32-47; Christiane Zehl Romero: ›Weibliches Schreiben‹. Christa Wolfs Kassandra. In: Studies in GDR Culture and Society 4. Hg. Margy Gerber et al. Lanham, Maryland 1984, S. 15-30; Sara Lennox: Christa Wolf and the Women Romantics. In: Studies in GDR Culture and Society 2. Hg. Margy Gerber et al. Washington D.C. 1982, S. 31-43.

usw.) aufgerüttelt wurde (und noch wird) und in vielen Fällen Platz für
neue Sehweisen gemacht hat. So entstehen überall Institute, in denen man
»Women's Studies« oder »African-American Studies« oder »Latino Studies« betreiben kann; auf dem publizistischen Gebiet gibt es Verlage und
Zeitschriften, die sich diesen Untersuchungsbereichen und ihren verschiedenen Methoden gewidmet haben. Und diese Situation ermöglichte
die Aufnahme Christa Wolfs in Vorlesungsreihen über »Meisterwerke«
sowie, innerhalb von anderthalb Jahren, die Veröffentlichung von drei
englischsprachigen Studien zu Christa Wolf bei angesehenen anglo-
amerikanischen Verlegern.[14]

Diese Generation wurde von *Christa T.* angezogen, von dem Phänomen
einer zivilisationskritischen Bürgerin der DDR und dem einer Schriftstellerin, die die Darstellung dieser zerrissenen Figur wagte. Im Gegensatz
zur westdeutschen Rezeption (von der ostdeutschen gar nicht zu reden),
scheuten wir vor politischen Schlußfolgerungen à la Raddatz oder Reich-
Ranicki zurück. Es ist möglich, daß viele von uns unsere in den siebziger
Jahren steckengebliebenen politischen Hoffnungen unbewußt auf diese
Autorin übertragen wollten; ist dies der Fall, dann hat Wolf bei uns eine
ähnliche Rolle gespielt wie in der DDR. Trotzdem ist sie hierzulande nie
zu der politisch-moralischen Instanz geworden, für die sie anscheinend
dort gehalten wurde — daher unsere Verblüffung bei der vehementen Diskussion zu ihrem »Fall«.

Nicht Dissidenz also, nicht die mögliche Auflehnung gegen ein repressi-
ves System waren uns hier die Hauptsachen, sondern eher der Ton, die
evidente Ehrlichkeit und zutiefst persönliche Betroffenheit der Erzählerin
— die »subjektive Authentizität«, eben —, die uns fesselten. Hier war
eine Stimme, die offensichtlich vom Herzen kam, ein Werk aus der
DDR, das man nicht nur als solches lesen mußte. *Christa T.*, noch immer

---

14 Anna Kuhn: Christa Wolf's Utopian Vision. From Marxism to Feminism. Cambridge 1988; Anne
    Herrmann: The Dialogic and Difference. »An/Other Woman« in Virgina Woolf and Christa Wolf.
    New York 1989; Marilyn Sibley Fries: Responses to Christa Wolf. Critical Essays. Detroit 1989.

das meistgelesene Werk Wolfs in Amerika, bietet mit seinen ontologischen Fragen den breitesten Interpretationsraum an.[15]

Christa Wolfs »Mündigkeit« lief der unsrigen parallel. So wagten wir, die vorsichtige Annäherung aufzugeben und in den Werken besonders seit Anfang der achtziger Jahre den feministischen Impuls hervorzuheben und anhand verschiedener sich in diesen Jahren entwickelnden feministischen Theorien zu besprechen. Herangezogen wurden Irigaray und Kristeva, aber auch Gilbert und Gubar, de Beauvoir, Rich, Cixous, und viele andere mehr. Es wurde bei *Kassandra* z.b. weniger auf das »Schlüsselhafte« dieser Erzählung geachtet als auf Wolfs Eintreten in die spezifisch feministische Kritik. Auch in diesem Zusammenhang fing man an, die Verbindungen zwischen Wolf und anderen Schriftstellerinnen zu untersuchen, nach Anna Seghers vor allem Ingeborg Bachmann (die selbst einer Neubewertung anhand der feministischen Kritik unterzogen wurde und wird) und Virginia Woolf.

Am *Kassandra*-Projekt, könnte man sagen, scheiden sich die Geister, und es wäre keine Übertreibung, wollte man dieses als das in diesem Lande zur Zeit meist diskutierte Werk Wolfs bezeichnen.[16] Wie in der DDR und der BRD fühlt sich der Leser/die Leserin so persönlich betroffen, daß es schwierig wird, die subjektive Aufnahme von einer »objektiven« zu unterscheiden. Die Sache wird noch komplizierter dadurch, daß die englische Übersetzung, anders als die westdeutsche zweibändige Ausgabe (Vorlesungen und Erzählung getrennt) oder die einbändige ostdeutsche, in der die Erzählung am Ende erscheint, zwar den Text paritä-

---

15 Die FSG-Lektorin hat in unserem Telefongespräch meine die Popularität betreffenden Vermutungen bestätigt: *Christa T.* sei »Dauerbrenner« auf der Liste des Verlags und werde u.a. immer wieder für Seminare bestellt. Dies erhebt, eigentlich nicht erst an dieser Stelle, die Frage nach Aufteilung der Hochschulleser in deutsch- und englischsprechende, auf die ich hier kaum eingehen kann. Wolf wird (in Originalfassung) in fast allen Seminaren über die deutsche Gegenwartsliteratur gelesen, wenn auch die Studentenzahl in solchen Kursen gering ist. Die Übersetzungen werden am häufigsten in Seminaren zur deutschen Literatur von Frauen oder auch in allgemeineren Kursen über Literatur von Frauen (z.B. »Great Works by Women Writers«), manchmal auch in Geschichtskursen benutzt. Was *Christa T.* betrifft, beweist die Überzahl von Artikeln und Dissertationen zu diesem Werk seinen Dauerwert.

16 Seit 1981 sind zehn Artikel und eine Dissertation zu *Kassandra* erschienen.

tisch zusammenbringt, aber der Erzählung dadurch den Vorrang gibt, daß sie vor den theoretischen — und den Weg bahnenden — Vorlesungen steht. Die Wirkung einer solchen Reihenfolge auf den Leser sollte nicht unterschätzt werden; sie kann hier leider auch nicht eingehend analysiert werden.

Nur zwei Bemerkungen: einem Rezensenten, Christopher Lehmann-Haupt, ist dies sofort aufgefallen:»Etwas nervös liest man den Roman, da man weiß, daß ihm vieles folgt, was zur Aufklärung beitragen wird.«[17] Mary Lefkowitz, andererseits — meines Wissens die erste Akademikerin, die Wolfs Werke für eine wichtige Zeitschrift rezensiert hat, die aber nicht Germanistik, sondern Altertumswissenschaften betreibt — schrieb eine bissige Rezension, die die Vorlesungen kaum in Betracht zieht. Ihrer Meinung nach mißlingt der Roman, weil er kein »historischer Roman« ist, der »wahren« Geschichte der Kassandra nicht treu bleibt und allerlei Fehlschlüsse hinsichtlich der geschichtlichen Entwicklungen der modernen Industriegesellschaft zieht. Er bestehe aus »ziellosen Gedanken«, die »Reaktion anstatt Denkprozesse« verlangen, die aber »in Wirklichkeit nur die seelische Verzweiflung einer Frau darstellen, die die Welt um sich verstehen will, der aber das Wissen und die geistige Disziplin fehlen, die zu überzeugenden und praktischen Lösungen führen könnten«[18]. Der Sturm des Protests, der dieser Rezension folgte, wühlte im privaten Bereich (in Diskussionen und Vorträgen unter verschiedenen Wolf-Experten/innen) oder machte sich in akademischen Zeitschriften Luft: im Vergleich z.B. zu der regen Diskussion, hervorgerufen durch Wilhelm Girnus' Besprechung des gleichen Werkes in *Sinn und Form*,[19] war Christa Wolf der *New York Times* (oder ihren Lesern/innen) wohl doch nicht so wichtig, daß den Briefen gegen Lefkowitzs Äußerungen

---

17 New York Times, 31.7.84 (meine Übersetzung).

18 Mary Lefkowitz. Can't Fool Her. In: New York Times Book Review, 9. 9. 1984 (meine Übersetzung).

19 Wilhelm Girnus: Wer baute das siebentorige Theben? Kritische Bemerkungen zu Christa Wolfs Beitrag in Sinn und Form 1/83. In: Sinn und Form 35 (1983), S. 439-447. Auch: Kein ›Wenn und Aber‹ und das poetische Licht Sapphos. Noch einmal zu Christa Wolf. In: Sinn und Form 35 (1983), S. 1096-1105.

Platz gewidmet werden konnte. Dieses Beispiel aber kennzeichnet sowohl die Trennung der Tageskritik von der »akademischen« wie auch die Verschiedenheit der Annäherungen an Wolf in den USA, die besonders seit *Kassandra* immer ausgeprägter wird. Wessen Wolf ist Wolf heute? Für wen spricht sie? Gegen wen?

Diese »pro und contra« Aufteilung ist m.E. eine falsch umrissene. Sie muß jedoch hier in Betracht gezogen werden, gerade weil die Rezeption Wolfs mit der Wissenschaftspolitik zusammenhängt. Denn im allgemeinen, wie gesagt, befinden sich ihre Leser/innen in diesem Bereich; die Hochschule aber als ihren »Ort« zu definieren bringt uns nicht sehr weit, da die amerikanischen Universitäten unter sich so unterschiedlich sind. Die Versuchung der Verallgemeinerung liegt nahe: Christa Wolfs Haupt-Ort finden wir unter den Feministinnen. Obgleich es nachweisbar ist, daß die Mehrzahl der literaturwissenschaftlichen Arbeiten der letzten Jahre von Frauen geschrieben wurden, besagt das nicht allzuviel. Denn erstens gibt es eine Vielzahl möglicher feministischer Ansätze, und zweitens wird diese Verallgemeinerung stets von Wissenschaftlern in Frage gestellt, die z.B. die Sprachskepsis bzw. -problematik bei Wolf[20] oder aber ihr Werk in bezug auf die antike Literatur untersuchen.[21] Jedenfalls kann man sagen, daß Wolfs Ort in Amerika hauptsächlich unter solchen Literaturwissenschaftlern/innen zu finden ist, die von den Rezensenten dieses Landes ernst genommen werden; Wolfs Werk gehört, anders gesagt, zum Stoff der literarischen Postmoderne und ihrer vielseitigen theoretischen Ansätze.

Zu reden wäre noch von den Studenten/innen, die keine sofort erkennbare ideologische oder theoretische Agenda haben, sondern die sozusagen als ›tabulae rasae‹ auf die Hochschule kommen. Hier nur einige Beispiele; Wolf verlangt viel von den Studenten und gibt viel zurück. Die Erfahrungen wiederholen sich Jahr für Jahr — einige werden sozusagen von Wolf

---

20 Vgl. Rainer Nägele: The Writing on the Wall, or Beyond the Dialectic of Subjectivity. In: Responses to Christa Wolf (s. Anmerkung 12), S. 248-256.

21 Vgl. James Porter: Resisting Aesthetics. The Cassandra Motif in Christa Wolf and Aeschylus. In: Responses to Christa Wolf (s. Anmerkung 12), S. 378-394.

»angesteckt« und ›müssen‹ sich geradezu mit dem einen oder anderen Werk auseinandersetzen. Sehr unterschiedlich sind aber die Studenten/-innen selbst, die diese Erfahrung machen sowie die Ergebnisse ihrer kritischen Auseinandersetzungen. Alle nehmen diese Autorin anscheinend persönlich sehr ernst: wie bei den schon erwähnten Literaturwissenschaftlern/innen wird die Lektüre ein sehr subjektives Erlebnis — Christa Wolf gehört eben ihren Lesern/innen. So konnte eine schwarze Studentin aus der Detroiter Innenstadt, die selber Schriftstellerin zu werden hofft, ohne jegliche Kenntnisse der Sekundärliteratur oder der Politik der DDR eine Art persönlichen Dialog mit dem Text der *Christa T.* vorlegen, der keiner anderen Rezensentin möglich gewesen wäre. Eine andere, ältere Frau, Mutter von zwei Kindern und Studentin der Psychologie, war von der Psychologie der allgemeinen Unterdrückung im gleichen Text fasziniert, während eine dritte Studentin, die ein Jahr in der BRD verbracht hatte und mehr über Deutschland erfahren wollte, sich mit dem *Geteilten Himmel* und seinen Kritikern eingehend befaßte. Eine junge Frau aus Ohio las *Kassandra* im Zusammenhang mit Nietzsches *Geburt der Tragödie*, während ihr Kommilitone aus Louisiana die Kritik der Technologie im *Störfall* untersuchte. Kann man aus diesen wenigen Beispielen, alle aus meiner jüngsten Erfahrung im Hochschulunterricht an einer großen amerikanischen Universität, irgendeinen Schluß über die Bestimmung von Wolfs Ort in diesem Lande ziehen? Wohl nur diesen: er liegt im subjektivsten Bereich des Lesers/der Leserin, dem/der es durch die jetzige Lage der amerikanischen Literaturwissenschaft und -theorie ermöglicht wird, davon zu reden und zu schreiben — und dabei ernst genommen zu werden.

Katharina von Ankum

Christa Wolfs Poetik des Alltags: Von *Juninachmittag* bis *Was bleibt*

»Schreiben oder nicht schreiben?« Diese Frage stellt Hélène Cixous an den Beginn ihrer Ausführungen zu Poesie und Politik und artikuliert so im Kontext der späten siebziger Jahre die Identitätskrise des Autors der (Post)moderne.[1] Als Antwort auf ihre Frage nach Sinn und Möglichkeit literarischer Produktivität angesichts der politischen Herausforderungen ihrer Zeit, entwickelt sie eine »Poetik des Alltags«, die sie spezifisch weiblich definiert. Aus der Forderung »Frauen müssen in der Geschichte bleiben« (8) leitet sie eine Schreibweise ab, die sich den Dingen und damit dem Leben zuwendet: »Indem wir das Ding uns an etwas erinnern lassen, lernen wir, nicht mehr zu vergessen, das Vergessen aufzulösen, das Andere zu erinnern, das man das Leben nennen kann. So ist die poetische Praxis eine politische Praxis.« (11)

Eine solche Kongruenz von poetischer und politischer Praxis scheint mir im Werk von Christa Wolf exemplarisch gegeben zu sein. Ihr erster selbständiger poetologischer Versuch *Lesen und Schreiben* war bereits motiviert durch den Anspruch, eine der sozialistischen Gesellschaft angemessene Literatur zu definieren. Die Frage nach dem Sinn literarischer Produktivität stellte Wolf zu diesem Zeitpunkt allerdings eher rhetorisch. *Lesen und Schreiben* demonstriert die aus heutiger Sicht eher naive Überzeugung der Autorin, als Schriftstellerin im Sozialismus die Möglichkeit zu haben, eine entscheidende Funktion in der gesellschaftlichen Öffent-

---

1   Hélène Cixous: »Poesie und Politik — Ist Poesie Politik?« In: Weiblichkeit in der Schrift. Berlin 1980. Seitenzahlen zu Zitaten folgen grundsätzlich im Text.

lichkeit einzunehmen und direkte gesellschaftliche Veränderungen bewirken zu können.

Die Ausbürgerung von Wolf Biermann 1976, das eindeutigste Anzeichen dafür, daß auch die sozialistische DDR eines kritisch-moralischen Kommentars ihrer Literaten nicht mehr zu bedürfen glaubte, unterminierte dieses schriftstellerische Selbstverständnis Christa Wolfs, das auf dem Gefühl beruht hatte, in ihrem Staat gebraucht zu werden. Die Krise, in die sich Wolf und viele andere Autoren in der DDR durch dieses Ereignis geworfen sahen, hat Wolf in Interviews, Essays und nicht zuletzt in ihrer Prosa wiederholt thematisiert. Entscheidend scheint mir jedoch eine Aussage in ihrem Gespräch mit Frauke Meyer-Gosau, in dem sie schließlich ihre Auseinandersetzung mit solchen gesellschaftlichen Hindernissen als literarische Herausforderung dennoch positiv interpretiert: »Wenn man weiterlebt, sich bemüht, produktiv zu bleiben, eröffnen sich neue Erfahrungen, damit neue Möglichkeiten, die man vorher, da der Blick nur ein bestimmtes Raster kannte, gar nicht sah.«[2]

Dieses Bemühen Christa Wolfs, auch in einer repressiven Gesellschaft produktiv zu bleiben, ist in der Diskussion um ihre jüngste Veröffentlichung *Was bleibt* von einigen Kritikern als Kollaboration mit dem System bzw. als Rückzug in eine Art »Innere Emigration« gedeutet worden.[3] Es ist das Ziel dieser Arbeit, aufzuzeigen, daß Wolf durchaus Zweifel am Sinn des Schreibens in einer gesellschaftlichen Ordnung empfand, in der Literatur zunehmend fremdbestimmt, funktionalisiert und ihres Inhalts entleert worden war, daß genau diese Zweifel sie aber eine spezifisch weibliche »Poetik des Alltags« entwickeln ließen, die die Forderung Cixous' nach politischer Subversivität der Poesie in die Praxis umsetzte.

In ihren seit Ende der siebziger Jahre entstandenen Texten *Störfall*, *Sommerstück* und *Was bleibt* beschreibt Wolf ihre Unfähigkeit, die erfah-

---

2 Christa Wolf: Projektionsraum Romantik. In: Die Dimension des Autors. Hg. Angela Drescher. Berlin/Weimar 1986. Bd. 2, S. 423.

3 Zur Diskussion um Christa Wolfs *Was bleibt* im Kontext der deutschen Wiedervereinigung und der Krise der deutschen Intellektuellen, siehe: Andreas Huyssen: After the Wall. The Failure of German Intellectuals. In: New German Critique 52 (Winter 1991), S.108-143.

rene Realität sprachlich auszudrücken. In *Was bleibt* und im *Sommerstück* ist diese Sprachlosigkeit Ausdruck der Desillusionierung mit einer Gesellschaft, die zunächst als große Hoffnung empfunden, sich aber schließlich als unterdrückerisch und deformierend herausgestellt hat. In *Störfall* ergibt sich die Schreibhemmung aus dem Schock über die Bedrohtheit der Umwelt und die geringen Überlebenschancen der Menschen. Die Suche nach einer neuen Sprache, die in *Was bleibt* am direktesten ausgesprochen wird, ist verbunden mit der Abkehr von direktem politischem Engagement und Ideologie und einer Hinwendung zu politischer Subversivität, zum Alltäglichen als neuem Hoffnungraum.[4]

In *Störfall* beschreibt Wolf erstmals ihre Sprach- und Identitätskrise mit einer Offenheit und Radikalität, wie sie selbst bei einer Autorin, die sich immer wieder mit den »Grenzen des Sagbaren« auseinandergesetzt hat, überrascht.[5] Nachdem der GAU von Tschernobyl ihr wichtigstes Arbeitsmittel in Frage gestellt hat, zweifelt sie an ihrer Rolle als Schriftstellerin in einer Zeit, da die ihr zur Verfügung stehende Sprache nicht länger dazu ausreicht wiederzugeben, was um sie herum vorgeht. Einfache und unschuldige Wörter wie »Pilz« oder »Wolke« haben auf einmal eine bedrohliche Bedeutungsebene. Die Einsicht, daß vom Menschen entwickelte Technologien eine unmittelbare Gefahr für die Natur darstellen, wird zum scheinbar unbeabsichtigten, aber stets gegenwärtigen Subtext von Volksliedern und romantischer Poesie.[6] Wolfs Unfähigkeit, mit dieser verseuchten Sprache umzugehen, bringt sie schließlich zum Schweigen. An diesem Tag nimmt sie sich vor, gar nichts zu schreiben: »Erleichtert habe ich mir Urlaub gegeben — heute kein Wort.« (30) Nicht nur das Vertrauen in die Sprache hat sie verloren, es fehlt ihr auch an der nötigen Motivation zur schriftstellerischen Tätigkeit: an Hoffnung auf

---

4   Siehe Wolfs Interview mit Aare Steenhuis. In: Christa Wolf: Im Dialog. Frankfurt 1990, S. 141.

5   Zum Sprachzweifel in den früheren Texten von Christa Wolf siehe: Manfred Jäger: Die Grenzen des Sagbaren. In: Christa Wolf. Materialienbuch. Darmstadt/Neuwied 1983, S. 143-162.

6   Siehe dazu Textstellen auf Seite 9, 11, 14 und 15.

eine bessere Zukunft.[7] Das Unverständnis, ja geradezu der Ekel, der in ihr aufkommt, wenn sie bisher Geschriebenes liest, folgt aus der zunehmenden Erkenntnis, daß sie nicht nur in ihrer selbstgestellten Aufgabe als Schriftstellerin versagt hat — »Nicht zuviel — zu wenig haben wir gesagt, und das Wenige zu zaghaft und zu spät. [...] Und warum? [... A]us Hoffnung« (68) —, sondern daß sie darüber hinaus zur Komplizin der die heutige Zivilisation beherrschenden zerstörerischen Kräfte geworden ist, indem sie deren Sprache benutzte.

Wolfs Zweifel an der Ausdruckskraft der Wörter führt sie dazu, den Ursprüngen der Sprache auf den Grund zu gehen. Zu ihrem Entsetzen muß sie entdecken, daß Literatur und Macht in der Geschichte der Menschheit eng miteinander verflochten sind. Und sie wird gewahr, in welchem Maße sie selbst in dieser machterhaltenden Institution verwurzelt ist. Wolf stellt fest, daß die Fähigkeit des Menschens zu sprechen mit dessen Aggressivität in unmittelbarem Zusammenhang steht: »Der Anderssprechende war der Fremde, war kein Mensch, unterlag nicht dem Tötungstabu.« (91) Zufällig wird sie mit der biblischen Geschichte des Turmbaus zu Babel konfrontiert, in der sie ihr eigenes Dilemma als Schriftstellerin wiedererkennt. In ihrer Interpretation der Parabel impliziert sie, daß der machthabende Mann — »DER HERR« (93) — den sprachlichen Code seiner Untergebenen bestimmt. Indem er die Kommunikation zwischen denen, die ihn stürzen wollen, verhindert, gelingt es ihm, seine eigene Machtposition zu verteidigen. In ähnlicher Weise fühlt sich Wolf dazu verurteilt, trotz ihrer kritischen Stellungnahmen, an den Untaten ihrer Zivilisation beteiligt zu sein, da sie gezwungen ist, die Sprache der Herrschenden zu verwenden. Als Schriftstellerin fühlt sie sich besonders von dem gewalttätigen und unterdrückerischen Erbe dieser Sprache betroffen, von der sie lange und gegen ihr eigenes Wissen infil-

---

7   Ute Brandes hat bereits die Dialektik von Utopie und Dystopie in *Störfall* dargelegt. Ute Brandes: Probling the Blind Spot: Utopia and Dystopia in Christa Wolf's ›Störfall‹. In: Studies in GDR Culture and Society 9. Hg. Margy Gerber, Washington 1989, S. 101-114. — Anna Kuhn scheint ebenfalls auf das Wechselverhältnis von Utopie und Dystopie abzuheben, wenn sie das letzte Kapitel ihres Buches mit der Frage »›Störfall‹: The Destruction of Utopia?« überschreibt. Anna Kuhn: Christa Wolf's Utopian Vision. From Marxism to Feminism. Cambridge 1989, S. 210.

triert worden ist. Sie erkennt auf einmal, daß diese Sprache sie daran gehindert hat, ihren eigenen »blinden Fleck« wahrzunehmen:

Mein Gehirn, über das Normalmaß hinaus empfänglich für Sprache, muß gerade über dieses Medium auf die Werte dieser Kultur programmiert sein. Wahrscheinlich ist es mir nicht einmal möglich, die Fragen zu formulieren, die mich zu radikaleren Antworten führen könnten. (99)

Im Gegensatz zu den Atomwissenschaftlern von Livermore, die ihre Forschung ohne Rücksicht auf ethische Grundsätze weiter vorantreiben, zwingt sich Wolf dazu, die krankhaften Vorstellungen, die angesichts von Tschernobyl vor ihren Augen entstehen, nicht auszusprechen. (68) Das Reaktorunglück läßt sie erkennen, daß sie sich nicht länger in einer Sprache und einer literarischen Tradition bewegen kann, die von Macht und Gewalt gekennzeichnet ist. *Störfall* dokumentiert die Krise der Autorin, die neue Erkenntnis, die Ingeborg Bachmann in ihren Frankfurter Vorlesungen als unersetzliche Vorbedingung für eine neue Sprache bezeichnet hat.[8] Der GAU von Tschernobyl ist verantwortlich für das selbstauferlegte Schweigen, aus dem eine neue Poetik in die literarische Praxis umgesetzt werden kann.

Die minutiöse Beschreibung von alltäglichen Vorgängen, die Wolfs Gedankenprozesse an dem Tag begleiten, als sie von dem Unfall erfährt, sind der Versuch, »die Sprache zurückzudrehen und ihr ihre Bestimmung der Erde und der Pflanzen wiederzugeben«[9]. *Störfall* ist durchsetzt mit Passagen, die sich wie Tagebucheintragungen lesen und tagtägliche Handgriffe wie Unkraut jäten oder Blumen pflanzen beschreiben. Angesichts der Reaktorkatastrophe scheint solche Haus- und Gartenarbeit völlig sinnlos, ja sogar gefährlich. Für die Erzählerin ist sie jedoch ein bewußtes Mittel, mittels der Dinge »das Andere zu erinnern«[10]. In diesen scheinbar literaturunwürdigen Textstellen hält Wolf die Augenblicke des Tages

---

8 Ingeborg Bachmann: Frankfurter Vorlesungen. Probleme zeitgenössischer Dichtung. In: Werke Bd. 4. München 1982, S. 191.

9 Cixous, S. 13.

10 Cixous, S. 11.

fest, die der Hoffnungslosigkeit der selbstzerstörerischen Welt, die sie umgibt, trotzen. Mit der genauen Beschreibung einfacher Hausarbeiten intensiviert sie die kleinen selbstverständlichen Dinge des Alltags, die das Leben erhalten und verleiht ihnen eine utopische Dimension.[11]

Eine solche Beschreibung von Einzelheiten des alltäglichen Lebens ist schon für Wolfs frühe Prosa charakteristisch. In ihrem Radio-Essay *Tagebuch — Arbeitsmittel und Gedächtnis* (1964) umreißt die Autorin die Prinzipien einer Tagebuchliteratur, die für die Poetik ihrer späteren Werke entscheidend wird.[12] Sie betont die Bedeutung des Tagebuchs für ihre Arbeit als Schriftstellerin, das den für moderne Prosa wesentlichen unmittelbaren Bezug zwischen alltäglicher Erfahrung und Kunst garantiere: »Der Vorstoß zu den Fragen unserer Zeit ist — jedenfalls in der Prosa [...] an das Alltägliche gebunden.« (18) Wolf ist der Überzeugung, daß Einfachheit und Naivität alltäglicher Handlungen die einzige Sicherheitsvorkehrung gegen Gewalttätigkeit seien. Dem von Hannah Arendt geprägten Begriff der »Banalität des Bösen« setzt Wolf die Banalität des Guten als Hoffnung entgegen: »Die Banalität des Guten; das Gute als Banales — oder sagen wir jetzt: als Gewöhnliches, Durchschnittliches, Selbstverständliches, das allein ist wirksame und dauerhafte Garantie gegen Treblinka« (20) und gegen Tschernobyl, könnte man hinzufügen.

Schon die Erzählung *Juninachmittag* (1965) ist ebenso wie *Störfall* literarische Wiedergabe eines Tagesablaufs. Auch hier wird die Garten-

---

11 Hélène Cixous schreibt: »Wir müssen fähig sein, das Bescheidenste zu denken, das Ärmlichste zu erinnern. Fähig, die verborgenen Schätze in der Schlichtheit einer Orange erscheinen zu lassen.« (S. 8) Siehe auch Anmerkung 17. — Die meist ablehnende Kritik in der westdeutschen Tagespresse scheint mir auf ein Mißverständnis genau dieser auf die Dinge bezogenen Textstellen zurückzuführen zu sein. Die Kritiker übersahen die philosophischen Implikationen dieser Poetisierung gewöhnlicher Alltagsvorgänge. In ihrer stark polemischen Besprechung des Textes erklärt Ingrid Strobl *Störfall* z.B. als Symptom einer »intellektuellen und sprachlichen Regression« der Autorin. Ingrid Strobl: Zucchini mit Wolke. In: konkret 5 (1987), S. 6-7. — Ulrich Schacht nennt *Störfall* »ein[en] längere[n] Notizzettel, dessen Text zwischen banalsten Tagebuchnotaten [...] und bedeutungsschwer daherkommenden Einsichten plattester Art changiert«. Ulrich Schacht: Brot und Kräuter schneiden. Was Christa Wolf zu Tschernobyl einfiel. In: Die Welt, 16. 5. 1987.

12 Christa Wolf: Tagebuch — Arbeitsmittel und Gedächtnis. In: Die Dimension des Autors. Bd. 1, S. 13-27. — Auf die Parallelen zwischen diesem frühen Aufsatz und späteren Werken wie *Störfall* oder *Sommerstück* hat Therese Hörnigk bereits aufmerksam gemacht. Therese Hörnigk: Christa Wolf. Göttingen 1989, S. 100, 112.

idylle im Kreis der Familie durch beunruhigende Nachrichten von außen gestört. Auch hier werden alltägliche Vorgänge zum Anlaß für Gedankenexkurse, die wichtige Lebensfragen betreffen. Wolf zitiert sogar den früheren Text in *Störfall* und stellt so einen direkten literarischen Bezug zwischen beiden Erzählungen her.[13] Ein weiterer früher Text *Dienstag, der 27. September* (1960) ist Alltagsprosa im reinsten Sinne. Diese autobiographische Skizze beschreibt einen Tag in ihrem Leben als Mutter zweier Kinder und Praktikantin in einer Brigade in Halle.[14] In *Unter den Linden* (1970) arbeitet Wolf eine solche authentische Alltagsepisode aus ihrem Tagebuch kunstvoll in ihre phantastische Erzählung ein.[15]

In ihrer dritten *Kassandra*-Vorlesung entwickelt Wolf ihre ursprünglichen Gedanken zum Bezug zwischen Alltagsnotizen und Literatur zu einer Poetik des Alltags weiter.[16] Sie entdeckt für sich eine literarische Form, die Adrienne Rich als das »zutiefst weibliche und feministische Genre« bezeichnet hat: das Tagebuch.[17] In Verbindung mit ihren Forschungen zur Kassandrafigur gibt Wolf ihrem Ansatz zu einer »Alltagsästhetik« eine betont feministische Dimension. Aus der vierten Kassandra-Vorlesung geht deutlich hervor, daß sich die Autorin zu dieser Zeit intensiv mit der Theorie westlicher Feministinnen auseinandersetzte und deren

---

13 Das Bibelzitat »Hundert Jahre sind wie ein Tag. Ein Tag ist wie hundert Jahre« erscheint in beiden Erzählungen. Christa Wolf: Juninachmittag. In: Gesammelte Erzählungen. Berlin/Weimar 1989, S. 72. Christa Wolf: Störfall, S. 65.

14 Christa Wolf: Dienstag, der 27. September. In: Gesammelte Erzählungen. Berlin/Weimar 1989, S. 26-45.

15 In *Tagebuch — Arbeitsmittel und Gedächtnis* zitiert Wolf eine Geschichte aus ihrem Notizbuch, die sie später in *Unter den Linden* verwendet: »B. erzählt von ihrer Freundin, die, Studentin, sich in einen jungen verheirateten Dozenten verliebt. Während einer Reise seiner Frau verbringt sie mit ihm Flitterwochen in seiner Wohnung. Da sie in dieser Zeit alle Vorlesungen versäumt, wird sie vom Studentendekanat zur Rede gestellt. In ihrer Angst verschafft sie sich von B.s Mutter, Arzthelferin in einer Poliklinik, ein fingiertes Attest, das ihr für die bewußte Zeit Krankheit bescheinigt. Ein Telegramm der Mutter: ›Attest nicht abgeben!‹ kommt am nächsten Tag zu spät. Der Betrug wird entdeckt, das Mädchen für ein Jahr von der Universität ausgeschlossen.« Christa Wolf: Die Dimension des Autors. Bd. 1, S. 22.

16 Christa Wolf: Ein Arbeitstagebuch über den Stoff, aus dem das Leben und die Träume sind. In: Voraussetzungen einer Erzählung: Kassandra. Darmstadt/Neuwied 1983, S. 84-125.

17 Adrienne Rich: On Lies, Secrets, and Silence. New York City 1979, S. 217. Übersetzung K.v.A.

Ideengut für sich produktiv machte.[18] In der dritten Vorlesung stellt
Wolf nun die These auf, daß eine genaue literarische Beschreibung banaler, aber lebensnaher Hausarbeit, die traditionell von Frauen verrichtet
wird, eine Art literarisches Bollwerk gegen männliche Zerstörungslust
und die Tendenz zur Selbstzerstörung der westlichen Zivilisation überhaupt, darstellen könne:

> Ich will zusammentragen, was mich, uns zu Komplizen der Selbstzerstörung
> macht; was mich, uns befähigt, ihr zu widerstehn. Tagesgenüsse: Das Licht
> am Morgen, das genau durch das kleine Fenster hereinfällt, auf das ich vom
> Bett aus sehen kann. Frische Eier zum Frühstück. Der Kaffee. Das Aufhän-
> gen von duftender Wäsche im Wind, der von der See herkommt. [...] Die
> gute Suppe mittags. (109)

Das Gedicht von Sarah Kirsch, *Ende des Jahres*, das Wolf zu Beginn
ihrer Vorlesung zitiert, verkörpert genau diese Alternative des weiblichen
Alltags zur männlich bestimmten »großen« Politik. Trotz der Schreckens-
nachrichten, die den Weltuntergang nahe erscheinen lassen, korrigiert das
lyrische Ich scheinbar überflüssig die Hausaufgaben des Kindes und
pflanzt einen Baum — »Wir müssen Lebendes unterhalten, aufrechterhalten, wie Frauen, wie Gärtner«, fordert Cixous von Schriftstellerinnen.[19]
Solche alltäglichen, die Zukunft voraussetzenden Handlungen erscheinen
als Hoffnungsakt angesichts der Bedrohtheit der Welt. Wolfs dritte
Kassandra-Vorlesung hat darüber hinaus selbst die Form eines Tagebuchs. Die Aufzeichnungen, die etwa den Zeitraum eines Jahres um-
spannen, reflektieren ihre Überlegungen zu einer weiblich definierten
Poetik. Sie ist davon überzeugt, daß die Isolation der männlichen
Machthaber vom Alltagsleben, das sie den Frauen überlassen haben,

---

18 In gewisser Hinsicht ist schon das Protokoll *Selbstversuch* als weibliche Literaturform zu ver-
    stehen. Die Protagonistin fügt darin dem verlangten wissenschaftlichen Report, das Geschehen
    nur ausschnittsweise und nicht ohne die Wahrheit zu verfälschen, darstellen kann, ihren subjek-
    tiven Erfahrungbericht hinzu. Entscheidend in ihrem Bericht sind gerade diejenigen Textstellen,
    in denen anhand von sprachlichen Konnotationen bestimmter Wörter der Unterschied zwischen
    männlicher und weiblicher Wahrnehmung bewiesen werden soll. Auch hier wird die Zuverlässig-
    keit der Sprache problematisiert bzw. in Frage gestellt. Christa Wolf: Selbstversuch. In:
    Gesammelte Erzählungen, S. 219-257.

19 Cixous, S. 9.

deren verantwortungslose, zerstörerische Entscheidungen grundlegend bedingt:

> War vielleicht ihre [der Könige zu Priamos' Zeiten, d. A.] Abschirmung vom normalen Alltagsleben nicht so total wie die heutiger Politiker, die ihre vernichtenden Entscheidungen nicht aufgrund eigener Beobachtungen, nicht aufgrund sinnlicher Erfahrungen treffen, sondern nach Berichten, Karten [...] nach politischem Kalkül und den Erfordernissen der Machterhaltung [...] denen die einsame Macht den Schutz gibt, den ihnen das alltägliche Leben in Tuch- und Hautfühlung mit normalen Menschen nicht gegeben hat. (112)[20]

Anstatt heroische Taten oder historische Ereignisse der Männerwelt zu beschreiben, wie es der Tradition der Literatur entsprechen würde, und so unversehens mit den Machthabern zu kollaborieren, hat die von Wolf angestrebte weibliche Literatur weder Helden noch Heldentaten vorzuweisen. Die von Wolf geforderte Literatur »würde eher unauffällig sein, und Unauffälliges zu benennen suchen, den kostbaren Alltag, konkret« (125). Während Wolf in ihren Vorlesungen durchaus solch alternative Textstrukturen verwendet — neben dem Tagebuch benutzt sie ein weiteres weiblich bestimmtes Genre, den Brief — ist der entsprechende literarische Text *Kassandra* eher traditionell konstruiert.[21]

Anna Kuhn hat bereits darauf hingewiesen, daß *Störfall* eine weitaus angemessenere fünfte Vorlesung gewesen wäre als der *Kassandra*-Text

---

20 Wiederum ergibt sich eine Parallele zu Cixous, die männliches Schreiben am Beispiel Rilkes als »sich in die Literatur einschließen« bzw. »die Zeit für ungültig erklären«, kritisiert (18). Die Isolation des Schriftstellers verletzt die Dinge ebenso wie die Isolation des Politikers die Würde der Menschen.

21 Dieser Widerspruch zwischen Theorie und Praxis ist die Grundlage von Sigrid Weigels feministischer Kritik an *Kassandra*. Weigel argumentiert überzeugend, daß Wolf ihre Protagonistin als autonome tragische Figur konzipiert habe, die sich schließlich mit ihrem Schicksal abfinde. Sie wirft Wolf vor, davor zurückgescheut zu haben, eine tatsächlich offene Textstruktur zu schaffen, die nicht auf männliche binäre Oppositionen zurückfällt, sondern die Widersprüche des Mythos voll ausschöpfe. Interessanterweise erwähnt Wolf selbst dieses Problem in ihrer dritten Vorlesung, behauptet aber, daß dieses nur zu benennen, nicht zu lösen sei. (120) Meine Ausführungen zu Christa Wolfs *Poetik des Alltags* zeigen, daß sie dann mit *Sommerstück* eine Lösung zu dem von Weigel benannten Problem gefunden hat. Vergleiche Sigrid Weigel: Vom Sehen zur Seherin. Christa Wolfs Umdeutung des Mythos und die Spur der Bachmann-Rezeption in ihrer Literatur. In: Christa Wolf. text und kritik. Bd. 46. München 1985, S. 67-92.

selbst.[22] Die Parallelen zwischen den beiden Texten sind in der Tat überwältigend. In beiden Erzählungen stößt die Autorin angesichts der realen Entwicklungen an die Grenze ihrer Sprache. Sie ist eingeschüchtert von der zerstörerischen Kraft der Wörter und entsetzt über deren Konnotationen einer gewalttätigen Vergangenheit. Genau wie *Störfall* ist auch die dritte Vorlesung mit Beschreibungen von Alltagsvorgängen durchsetzt. Diese Textstellen sind Anzeichen für eine neue Literatur, ohne Helden oder Heldentaten, wie sie Wolf fordert.

Während *Störfall* mit seiner stark subjektiven Perspektive noch von einem Krisengefühl bestimmt ist und daher den Eindruck eines literarischen Experiments vermittelt, verkörpert das eher novellistische *Sommerstück* mit seiner auktorialen Erzählerin am konsequentesten die neugefundene Poetik.[23] Wiederum thematisiert Christa Wolf das Problem einer überflüssig gewordenen Literatur und die Wirkungslosigkeit des Autors in der modernen Gesellschaft, Einsichten, die die Protagonistin des Texts, Ellen, in eine schwere Schreibkrise geführt haben. Daß diese überwunden wird, zeigt sich nicht nur indirekt, wie in *Störfall*, wo die Erzählung selbst dem Schweigen des Ichs im Text entgegensteht, sondern direkt im Text selbst. Von Anfang an besteht ein ausgewogeneres Verhältnis zwischen Dystopie und Utopie.

Sommerstück setzt die von Wolf geforderte gewaltlose Poetik in die Praxis um. Auf verschiedene Weise versucht die Autorin, die epische Textstruktur zu durchbrechen. Therese Hörnigk hat bereits darauf hingewiesen, daß Wolf eine dramatische Situation innerhalb eines epischen Textes aufbaut, die den Eindruck »eines multipersonalen offenen Schauspiels« erweckt.[24] Diese Vermischung der Gattungen erlaubt es Wolf, ihre Forderung nach einer heldenlosen Prosa zu verwirklichen. Mit Ausnahme von Ellen, die durch ihre offensichtliche Nähe zur Persönlichkeit

---

22 Anna Kuhn: Christa Wolf's Utopian Vision, S. 212.

23 Christa Wolf: Sommerstück. Frankfurt 1989.

24 Therese Hörnigk: Literatur der angehaltenen Zeit — Christa Wolfs ›Sommerstück‹. Vortrag auf dem 16. DDR-Symposium in Conway, New Hampshire, Juni 1990.

der Autorin selbst ungewollt ins Zentrum der Leseraufmerksamkeit rückt, haben alle Teilnehmer in gleicher Weise ihren »Auftritt« und ihre eigene »Geschichte«. Die Geschichten über die Dorfbewohner geben ebenfalls Einsicht in das alltägliche Leben gewöhnlicher Leute. Die Anekdote von Erna Schependonks Wiedersehen mit ihrer polnischen Schwester (42) oder Frau Käthlins Ferntrauung (48) verleihen dem Text nicht nur das nötige Lokalkolorit. Sie halten auch das Schicksal der einfachen Leute fest. Genau wie die fiktive Christa T. sammeln Ellen und ihre Dichterfreunde diese Geschichten, die ihnen durch das häufige Wiedererzählen schon zu Legenden geworden sind, und halten so die Erinnerung an diesen Abschnitt ihres gemeinsamen Lebens fest. Einige Dorfgeschichten werden allerdings nicht erzählt, um die Dichter ans alltägliche Leben zu binden, sondern um die Grausamkeit der menschlichen Natur zu dokumentieren: der Tod des einarmigen Briefträgers, der vor der Tür seiner ehemaligen Frau erfriert, weil diese um ihren guten Ruf besorgt ist (183), oder der junge Kroll, der Gefühls- und Respektlosigkeit gegenüber seiner toten Mutter beweist, wenn er deren Habseligkeiten auf den Schuttabladeplatz kippen läßt. (184) Episoden wie diese stehen für die Kälte und Aggressivität der menschlichen Gesellschaft, gegen die besonders Ellen immer sensibler wird.

Ein Grund, warum Ellen nicht mehr schreiben kann, ist, daß sie sich ähnlich wie die Erzählerin in *Störfall* der Gewalttätigkeit der Sprache bewußt geworden ist: »Es muß doch möglich sein [...] zu schreiben, ohne etwas oder jemanden dabei zu verletzen«, (30) denkt sie zu Beginn der Erzählung. In ihrem Gespräch mit der todkranken Steffi am Ende des Buches, hat Ellen/Wolf eine literarische Möglichkeit gefunden, die Verletzungen der beschriebenen Person durch Sprache einzudämmen und sich dem Anderen zu nähern, ohne es zu verletzen. Genau wie in *Nachdenken über Christa T.* schreibt Wolf über eine Person, die sich gegen eine Vergewaltigung durch Sprache nicht mehr wehren könnte. Folglich läßt sie die Freundin selbst zu Wort kommen, indem sie ein Gespräch zwischen beiden wiedergibt. Dabei verspricht sie ihr, ihre Identität nie und nimmer durch ihr Schreiben anzugreifen: »Ich wußte, die Sünde, dich oder irgendeinen in eine Geschichte zu pressen, würde ich nicht begehen, ich kann nur noch Alltage sehen, und es ist mir entfallen, wie aus den Tagen der Menschen Geschichten werden.« (213) *Sommerstück* ist aber gerade eine solche aus Alltagen von Menschen zusammengesetzte Geschichte.

Die Theateraufführung des äußerst unkonventionellen »Sommerstücks« verkörpert am eindeutigsten Wolfs Poetik des Alltags. Das Stück entwickelt sich spontan aus der Idee für eine »Malvenfest«, für das die Darstellerinnen in bunten Kleidern und mit Blumen im Haar erscheinen. Mit Ausnahme einiger Standardrollen wie die des Liebhabers oder der Naiven, die an einzelne Teilnehmer vergeben werden, spielt jeder einfach sich selbst. Ellen stellt z.B. die Großmutter dar, die sie ja in Wirklichkeit ist, und tut, was sie normalerweise auch tun würde: am Schreibtisch sitzen, die Kinder zum Essen rufen und ihrer Enkeltochter eine Gute-Nacht-Geschichte erzählen. (144-5) Die Handlung des Stücks, die im einzelnen nicht auszumachen ist, wird durch die Ankunft von Freunden oder klärende Gespräche zwischen ihnen unterbrochen. Die Grenzen zwischen Wirklichkeit und Fiktion sind bewußt verwischt. Kunst, die nach Bloch am unvermitteltsten Utopie in sich trägt, ist mit der Realität identisch geworden. Das wird besonders deutlich, als Luisa vorschlägt, mitten im Stück eine Pita zu backen, und ihre Idee mit Begeisterung als retardierendes Element des Dramas aufgenommen wird. Der alltägliche Vorgang des Backens wird Teil der dramatischen Handlung. Der verzweifelte Ausruf der »Regisseurin« Jenny »Hier wird sich nichts vorgestellt, meine Dame. Wir sind nämlich mitten in einem Stück. Hier ist alles die reine Wirklichkeit« (156) weist direkt auf die utopische Dimension des »Sommerstücks« hin, in dem hauptsächlich Frauen agieren. In seiner chaotischen Euphorie, mit dem Gefühl der Schwesterlichkeit und Zusammengehörigkeit steht das »Sommerstück« für die verwirklichte Utopie:

> Ein Satz wie dieser konnte das ganze Haus hochheben, mit uns allen darin, konnte uns sekundenlang in der Schwebe halten, und als wir langsam, langsam wieder heruntersanken, hatten wir alle in der Magengegend diesen Fahrstuhlkitzel. Und wenn der Rest unserer Tage auf diesen Tag zusammenschmolz — heute lebten wir, wie man leben soll, und darauf kam es an. (156)

An dem Tag, an dem die traditionelle dramatische Struktur durch einfache Hausarbeiten aufgebrochen wird, an dem die Trennung zwischen Kunst und Leben aufgehoben ist, gewinnt Ellen auch ihre Kraft und Motivation zum Schreiben zurück.

Das Bewußtsein, daß das Haus abbrennen und die Freunde sich trennen werden, ist jedoch im Text stets gegenwärtig. Alle Darsteller des »Sommerstücks« sind gewahr, daß ihre gemeinsame Zeit begrenzt ist und ihre utopische Vision schon bald wieder ins Unerreichbare gerückt sein wird. Das Bauernhaus in Mecklenburg, dessen Kauf die Erzählerin so eindringlich und voller Stolz beschreibt, spielt im Text eine entscheidende Rolle. Es verkörpert »Heimat« im Blochschen Sinn. Mehrfach spricht die Erzählerin von der Vision des Hauses, die »anders als Visionen sonst, an die Wirklichkeit nicht heranreichte« (15, 16), d.h., die Realität übertrifft die Vision.[25] Ähnlich wie Christa T., die durch ihren Hausbau versucht, ihre lebensbedrohende Krankheit zu überwinden und sich im Leben festzumachen, wird das Bauernhaus für Ellen und ihre Freunde zum Symbol der gelebten Utopie.

Nachdem diese reale Utopie mit dem Brand des Hauses unwiederbringlich zerstört ist, kann nur noch die genaue Niederschrift der Erlebnisse die Erinnerung an Freundschaft und Wärme festhalten. Die Aufgabe der Erzählerin ist es, den perfekten Augenblick literarisch zu bannen, um ihn als Hoffnungsvorrat für die Zukunft zu bewahren[26]: »Einzelheiten, Einzelheiten. Aber wie anders als mit Hilfe dieser Einzelheiten könnten wir

---

25 Siehe dazu auch Textstellen 11, 214.

26 Die Beschwörungskraft, die Wolf der Sprache bzw. dem Schweigen zumißt, wird sowohl im *Sommerstück* als auch im *Störfall* deutlich. Trotz allen Sprachzweifels schreibt die Erzählerin in *Störfall* einen optimistischen, ermutigenden Brief an ihren Bruder. Mit Wörtern wie »Wiedergeburt« oder »Neubeginn« versucht sie, ihm die nötige Lebenskraft einzugeben, die er braucht, um die Operation gut zu überstehen. (94) In ähnlicher Weise »bespricht« Ellen ihre kranke Freundin Steffi, indem sie deren vorübergehende Gesundung als »Auferstehung« bezeichnet. (41) Am deutlichsten wird die hexerische Kraft der Sprache jedoch in der Episode von der Frau in Wimmersdorf, die Luisas entzündeten Arm im wahrsten Sinne des Wortes »bespricht« und ihr dann verordnet, drei Tage zu schweigen. (34) Um vorauszugreifen: In *Was bleibt* drückt die Autorin in einer ähnlichen Krankenhausszene ihren tiefgreifenden Zweifel und ihr Mißtrauen gegenüber Sprache aus: »Ich fragte was zu fragen war [...] vermied nicht einmal Wörter wie ›Sorge‹ und ›Sehnsucht‹, da einem ja, wenn man nichts fühlt, alle Wörter frei zur Verfügung stehen.« (81)

bezeugen, daß, wonach wir uns sehnen, als Möglichkeit in uns angelegt ist.« (160) Eine Prosa, die der Poetik des Alltags folgt, ist somit utopische und damit politische Literatur im eigentlichen Sinn. Die Hoffnung, die sie festhält, gebietet den zerstörerischen Kräften Einhalt und macht diese Literatur notwendig für das Überleben der Menschheit.

Auch in *Was bleibt* ist das schriftliche Festhalten der Ereignisse eines bestimmten Zeitraums — diesmal wie in *Juninachmittag* und *Störfall* eines als gewichtig empfundenen Tages — die entscheidende Schreibmotivation für Christa Wolf. (7) Während der Sommer auf dem Land jedoch fast ausschließlich als real gewordene Utopie empfunden wurde, überwiegt in *Was bleibt* ähnlich wie in *Störfall* die Dystopie. Immer wieder kommt im Text ein Gefühl der Desillusionierung mit der Realität des Sozialismus in der DDR die Enttäuschung über die stalinistische Perversion der marxistischen Utopie hoch. Der Schmerz gegenüber dem Verlust dieser Hoffnung, dem sich die meisten Menschen in ihrer Umgebung scheinbar problemlos angepaßt haben, drückt sich am deutlichsten im Gefühl der Heimatlosigkeit der Autorin aus. Ziellos irrt sie durch die Straßen von Berlin, der zu einem »Nicht-Ort« gewordenen Stadt[27]: »Ich war in der Fremde. Viele Wochen lang lief ich durch namenlose Straßen einer namenlosen Stadt.« (33) Der ehemalige Bekannte und Kollege Jürgen M. und besonders die Stasi-Angestellten, die ihre Zeit mit sinnlosen Beobachtungen verschwenden, verkörpern den völlig angepaßten, autoritätsgläubigen Menschen, der jede Möglichkeit zur Selbstfindung verpaßt und seine Individualität aufgegeben hat.

Was bleibt ist beherrscht von der Suche nach einer »neuen Sprache«, die die empfundene Angst, Hoffnungslosigkeit und den Schmerz wiedergeben und überwinden kann. Die Autorin ist sich gewahr, daß sie mit der Beschreibung von Äußerlichkeiten nicht an das Wesentliche der erlebten

---

27 Der Bezug zu dem zur selben Zeit entstandenen *Kein Ort. Nirgends* drängt sich spätestens an dieser Stelle auf. Ende der siebziger Jahre formulierte Christa Wolf in zahlreichen Texten die von ihr empfundene Affinität zwischen den durch die politische Entwicklung ins gesellschaftliche Abseits gedrängten Dichtern der Romantik und ihrer eigenen Position im öffentlichen Leben der DDR.

Situation rühren kann. Hingegen hofft sie auf eine andere Sprache, die »gelassen das Sichtbare dem Unsichtbaren opfern, [...] aufhören [würde], die Gegenstände durch ihr Aussehen zu beschreiben« und stattdessen »mehr und mehr das unsichtbare Wesentliche aufscheinen lassen« würde: »Zupackend würde diese Sprache sein [...], schonend und liebevoll. Niemandem würde sie weh tun als mir selbst.« (14, 15)

Die utopische Dimension in der Beschreibung des »kostbaren Alltags«, der gestört wird durch die Observierung der Stasi, dringt in *Was bleibt* nur noch selten durch. Nur zu Beginn der Erzählung findet Wolf noch Halt in der Beschreibung scheinbar banaler, sich stets wiederholender, jedoch lebensnaher Handlungen. Ausführlich gibt sie das allmorgendliche Ritual der Frau G. wieder, die sich immer wieder über den desolaten Zustand des Hinterhofs erregt. (8) Die genußvolle Beschreibung des einfachen Frühstücks ist mittlerweile fast schon ein Wolfscher Topos. (13) Im weiteren Verlauf des Textes bestimmen hingegen Hoffnungslosigkeit und Enttäuschung in einem solchen Maß die Perspektive der Autorin, daß das utopische Potential des Alltags nicht mehr ausgeschöpft werden kann. Erst die Diskussion im Anschluß an die Dichterlesung bringt den entscheidenden Wendepunkt. Die Frage der jungen Krankenschwester nach einer lebbaren Zukunft angesichts der Gegenwart ist für Wolf eine der »wirklichen Fragen«, »von denen wir leben können« (95). Die Frage nach der Zukunft schließt die Hoffnung mit ein. Ähnlich wie das »Sommerstück« entwickelt die Diskussion im Kulturhaus auf einmal ein unkontrollierbares Eigenleben. Die Teilnehmer lassen ihre schützenden Masken fallen und zeigen sich als sie selbst in ihrer ganzen Verletzlichkeit. Die Lesung, die zunächst nur Alibifunktion für Kulturpolitiker hatte, wird auf einmal zu einem Fest der Zukunft, das die Beteiligten in eine Art Delirium versetzt: »Ein Fieber erfaßte die meisten, als könnten sie es nie wieder gutmachen, wenn sie nicht sofort, bei dieser vielleicht letzten Gelegenheit, ihr Scherflein beisteuerten für jenes [...] merkwürdige Zukunftswesen.« (96) Das Gefühl der Hoffnung, das die meist jungen Leute erfaßt, greift auch auf die Autorin über. Ihre bis dahin empfundene Sprachohnmacht scheint fast überwunden. Am Ende des Texts trägt sich die Autorin mit dem Gedanken, sich literarisch mit ihrer Stadt auseinanderzusetzen: »Sollte ich mich nicht einfach hinsetzen an diesen Tisch, unter diese Lampe, das Papier zurechtrücken, den Stift nehmen und anfangen. Was bleibt.« (107)

Auch die direkte Erfahrung der Repressivität der staatlichen Autorität hindert Christa Wolf schließlich nicht daran, literarisch produktiv zu bleiben. Die Poetik des Alltags, die auch diesen Text bestimmt, zeigt, daß die Autorin an ihrer Hoffnung auf eine menschlichere Zukunft festhielt, die sie vor der Infiltration durch die Machthaber schützte. Ihr aufklärerischer Impuls und ihre konsequente Kritik an Instrumentalismus und täglicher Gewalttätigkeit der materialistisch-technisch bestimmten Gegenwartskultur macht das Bild des Alltags zu einem friedlich-utopischen Gegenspiegel. Christa Wolfs Entscheidung, bis zuletzt in der DDR zu leben und zu veröffentlichen, kann aus dieser Perspektive nicht als Rückzug oder Kollaboration, sonders muß als erfolgreicher Versuch, die Frage »Schreiben oder nicht schreiben?« zu beantworten, gewertet werden. In diesem Sinne ist sie auch im geeinten Deutschland als wichtige moralische Instanz nicht wegzudenken.

Sara Lennox

Christa Wolf und Ingeborg Bachmann: Über die Schwierigkeiten beim Schreiben der Wahrheit

Die beiden am frühesten entstandenen Aufsätze in Christa Wolfs *Lesen und Schreiben* (1980) setzen sich mit Bertolt Brecht und Ingeborg Bachmann auseinander. Schon 1966 entstanden, können die beiden Essays als Metapher für das Verständnis von Wolfs eigenem Werk dienen, das gleichsam in einer Spannungszone zwischen den beiden Polen Brecht und Bachmann liegt. Trotz aller Unterschiede teilen Wolf und Brecht wichtige Anliegen. Beide versuchen durch ihre Werke gesellschaftliche Veränderungen herbeizuführen. Und doch kann man zuweilen eine Prise Ungeduld in Wolfs Bemerkungen über Brecht entdecken, als stellten die von dem DDR-Klassiker entwickelten Modelle selbst einen Teil der Problematik dar, die Wolf in ihren Werken immer schärfer zu umreißen suchte. Eine genauere Untersuchung über Brechts Einfluß auf Wolf und ihre zunehmende Distanz zu ihm wäre eine faszinierende Aufgabe. Obwohl mein Aufsatz auf Brecht Bezug nimmt, wende ich mich an dieser Stelle statt dessen Wolfs Annäherung an den anderen Pol zu, die Schriften Ingeborg Bachmanns.

Bachmanns spezifischer Einfluß auf Wolf ist nicht immer leicht erfaßbar, obwohl ihr Name wiederholt auftaucht, vor allem in den Essays und Erzählungen der siebziger und achtziger Jahre. Und doch wurden bisher diese beide Schriftstellerinnen mit wenigen Ausnahmen in der Sekundärliteratur nicht in Verbindung gebracht.[1] Im folgenden möchte ich zunächst Wolfs Bachmann-Aufsatz von 1960 skizzieren und ihn dann mit Themen in ihren Werken von der Mitte der siebziger Jahre an verbinden. Weiterhin werde ich einige Parallelen zwischen den beiden Schriftstellerinnen verfolgen, die als bewußte Anspielung oder gar als Huldigung Wolfs an Bachmann aufgefaßt werden könnten. Schließlich möchte ich mich mit Wolfs eigenen Werken näher befassen und dabei ihre Schriften über die Romantikerinnen, ihre *Büchner-Preis-Rede*, die *Frankfurter Vorlesungen* und *Kassandra* untersuchen, um zu zeigen, daß Wolf in den späten siebziger Jahren zu einer sehr ähnlichen Auffassung gelangt war wie Bachmann in dem Todesarten-Zyklus. Ich möchte aufzeigen, wie Wolf sich in den siebziger Jahren von Brecht ab- und Bachmann zuwandte. Wie ihre Vorgängerin rang Wolf zunehmend mit den Schwierigkeiten beim Schreiben einer »anderen« Wahrheit. Diese neue Wahrheit war radikal: sie stellte einige der Grundvoraussetzungen der europäischen Kultur und auch der marxistischen Theorie selbst in Frage.

Eine solche, später präzisierte Kritik war 1966 noch nicht völlig entwickelt; dennoch zeigt schon der Titel von Wolfs Bachmann-Aufsatz, *Die zumutbare Wahrheit*, daß Wolf einen Teil von Bachmanns philosophischem Projekt verarbeitet hatte und den Versuch machte, einen neuen Begriff von »Wahrheit« zu formulieren. Wolfs frühe Abhandlung, eher impressionistisch als analytisch, liefert uns keine praktischen Kategorien zum Verständnis von Bachmanns Prosa. Zwei Grundmotive dieses Aufsatzes fallen aber auf: Zunächst betont Wolf, daß Bachmann versucht hatte, den Lesern eine nie gekannte Wahrheit zu zeigen: »Sehend werdend, sehend machen: Ein Grundmotiv in den Werken der Ingeborg Bachmann.«[2] Die konventionell verbreiteten Wahrheiten nicht herauszufordern, könnte nicht allein Leid, sondern auch Mittäterschaft am Bösen

1 Vor allem Klemens Renolder: Im ungeistigen Raum unserer traurigen Länder. Zu Utopie und Geschichte bei Christa Wolf und Ingeborg Bachmann. In: Der dunkle Schatten, dem ich schon seit Anfang folge. Ingeborg Bachmann — Vorschläge zu einer neuen Lektüre des Werks. Hg. Hans Höller. Wien/München 1982, S. 185-198.

2 Christa Wolf: Lesen und Schreiben. Darmstadt 1980, S. 174; weitere Textauszüge werden unter der Sigle LS zitiert.

in der Welt bedeuten: »Die unheimliche Versuchung, durch Anpassung, Blindheit, Billigung, Gewöhnung, Täuschung und Verrat zum Kumpan der tödlichen Gefahren zu werden, denen die Welt ausgesetzt ist« (LS, 173). Wolf verstand Bachmanns Bestrebungen als ein Festhalten an der Legitimität ihrer eigenen Wahrheitssuche: »Ihre Sache ist es, den Mut zur eignen Erfahrung immer neu in sich zu erzeugen und ihn gegen die wahrhaft überwältigende Masse und die Herrschaft leerer, nichts sagender und nichts bewirkender Phrasen zu behaupten« (LS, 174-5). Wolf betont Bachmanns Suche nach einer neuen Sprache für diese Wahrheit und zitiert sie selbst: »Eine ›neue Sprache‹ suchen, ein ›Denken, das Erkenntnis will und mit der Sprache und durch Sprache hindurch etwas erreichen will. Nennen wir es vorläufig Realität‹« (LS, 183).

In einem zweiten Motiv ihres Aufsatzes betont Wolf, daß Bachmanns Schriften zutiefst politisch gemeint seien — eine erstaunliche Feststellung für eine Bachmann-Studie dieser Zeit, hielt man doch in den fünfziger und sechsziger Jahren Bachmanns Lyrik generell für den ›schönen‹, vielleicht etwas obskuren Ausdruck der persönlichen Erfahrungen einer Lyrikerin, und ihre Prosa für schwach und verwirrt. Aber Wolf hatte in Bachmanns Essays, besonders in den *Frankfurter Vorlesungen* von 1959/60, beobachtet, mit welcher Eindringlichkeit die Österreicherin argumentierte, daß Literatur soziale Veränderungen förden sollte. Jeder Abschnitt in Wolfs eigener Abhandlung beginnt mit einem Mottozitat aus Bachmanns Essays, das die von Wolf zuerst erkannte Verbindung zwischen dem Interesse an Sprache und Bewußtsein und einer Gesellschaft, die sie zu verändern wünscht, hervorhebt. Wolf betont, daß diese Werke als Schriften gelesen werden sollten, die einerseits aus der Perspektive von Bachmanns persönlichen, geschichtlich enstandenen Erfahrungen geschrieben sind und andererseits sehr spezifische, wenn auch weitreichende Probleme der größeren Gesellschaft ansprechen. Gleichzeitig können die gelegentlichen Schwächen ihrer Werke sowie Bachmanns persönliche Lebenskrisen auch als geschichtlich begründbar verstanden werden. Damals wie jetzt meinte Christa Wolf: »Die geschichtliche Situation ist derart, daß im Zentrum aller Dichtung die Frage nach der Möglichkeit der moralischen Existenz der Menschen stehen muß. Diese Fragestellung ist einer der Hauptantriebe der Bachmannschen Prosa — oft in seltsamer Verkleidung, nicht gleich erkennbar, als subjektiver Reflex, als Angst, Zweifel, Bedrohtheit: ›Am Starkstrom Gegenwart hängen‹« (LS, 178).

Obwohl die Veränderung der Gesellschaft ein wichtiges Anliegen in Bachmanns Prosa ist, so könnten sich die von ihr entwickelten literarischen Strategien nicht grundlegender von denen Brechts unterscheiden, der ja häufig als Beispiel für den engagierten, avantgardistischen Schriftsteller steht. Bachmann hebt das menschliche Subjekt hervor, seine »Selbstbehauptung«, sogar seine eigene »Selbstausdehnung« (LS, 175). Für diese Schriftstellerin, wie später für Christa T., ist es wichtig, ›Ich‹ sagen zu können, »ohne Selbstüberhebung, doch mit erhobenem Kopf« (LS, 177). Die Autorin sei jedoch zugleich auch ein Subjekt, das sich stark gefährdet fühlt und dessen Rettung durch die Wiederbehauptung der menschlichen Fähigkeit kommen könnte, die Objektwelt zu begreifen, »ihrer Herr zu werden durch Benennung« (LS, 175). »Es mag sie reizen«, schreibt Wolf, »die Banalität schreibend zu besiegen« (LS, 179). »Banalität«, ein Begriff, der nach Hannah Arendts 1963 erschienenem Buch über Adolf Eichmann nicht mehr achtlos gebraucht werden konnte, deutet schon in diesem frühen Aufsatz auf eine Verbindung zwischen der Krise des Individuums und dem Nationalsozialismus hin, ein Thema, das Wolfs und Bachmanns spätere Werke noch tiefergehend behandeln würden. Als Wesentlichstes am Werk Bachmanns betrachtet Wolf die Verteidigung dieses Subjekts gegen die vielen bedrohlichen Kräfte, die es bedrängen: »Sie verteidigt keine Außenbezirke, sondern ›Herzländer‹. Den Anspruch des Menschen auf Selbstverwirklichung. Sein Recht auf Individualität und Entfaltung seiner Persönlichkeit. Seine Sehnsucht nach Freiheit« (LS, 181). Durch die Verteidigung solcher menschlichen Werte beginnt Bachmanns Werk, die Schaffung neuer Subjekte zu ermöglichen: »Tapferer, tief anrührender Entwurf eines neuen Menschen« (LS, 185).

Daß Bachmann den Schwerpunkt auf das Subjekt legt, im Gegensatz etwa zu den Ereignissen der Außenwelt, wird von Wolf nicht als eine negative Eigenschaft verstanden. Aus der Perspektive ihrer späteren

Werke ist Wolfs Beschreibung der Bachmannschen Prosa nicht eigentlich als Kritik gemeint: »Konkrete Situationen wird man oft vergebens suchen, ebenso wie die realistische Darstellung gesellschaftlicher Prozesse. Wir haben es mit Geschichten von Empfindungen zu tun« (LS, 179). Wenn Bachmann die Außenwelt darstellt, so ist es eine Welt, die durch das sie verstehende Subjekt leuchtend und transparent gemacht wird, eine utopische Vorstellung, die Hoffnungen und Gefahren in sich trägt. Ein anderer Bezugsrahmen schafft eine andere Realität: »Sie ist, einem überraschenden Bezugssystem untergeordnet, die Hervorbringung eines ununterdrückbaren und unstillbaren Verlangens nach Durchdringung der natürlichen und gesellschaftlichen Umgebung mit menschlichen Maßstäben« (LS, 175). Die Durchdringung dieses »Bezugssytems« oder »Seh-Rasters«, wie Wolf es in ihren eigenen *Frankfurter Vorlesungen* nannte, ist der Punkt, von dem Wolf wiederholt zu Bachmanns Werk hingezogen wird.

Sicherlich ist Wolfs Reaktion auf Bachmanns Werke in diesem Aufsatz nicht bloß affirmativ. Sie bemerkt Obskuritäten und Unzulänglichkeiten in ihren Schriften, aber diese haben ihre Ursache oft in Bachmanns realer Lebenssituation, denn die Österreicherin sah keine Aussicht auf eine Verbindung zwischen ihren utopischen Vorstellungen und deren möglicher Verwirklichung. Doch Wolf glaubte 1966, daß Bachmann als Beispiel für das höchste Maß an Aufrichtigkeit und Entschlossenheit stand, das in einer kapitalistischen Gesellschaft erreichbar ist. Damals wollte Wolf hoffen, daß sozialistische Autoren von Bachmann lernen könnten und auch beginnen würden, auf sozialistischem Boden ähnliche Vorstellungen zu verwirklichen. »Dann erst«, sagt Wolf, »auf neuer gesellschaftlicher Grundlage, beginnt wirklich die ›Verteidigung der Poesie‹« (LS, 185).

Doch läßt eine Bemerkung Wolfs in dem Bachmann-Aufsatz eine Position jenseits des DDR-Sozialismus erahnen, die sie in den folgenden Jahrzehnten weiterverfolgen würde. Der vierte Abschnitt ihres Aufsatzes beginnt mit einem Zitat aus dem *Dreißigsten Jahr*: »Aber einige tranken den Schierlingsbecher unbedingt« (LS, 184). Da Bachmann keiner

Bewegung nahestand, die radikal genug gewesen wäre, die gesellschaftlichen Veränderungen, die sie in ihren Werken ins Auge gefaßt hatte, her-
beizuführen, neigte sie dazu, ihre fiktiven Figuren vollkommen aus der
Gesellschaft zurückzuziehen, anstatt sie den Preis des Überlebens zahlen
zu lassen — wie dies sonst so oft in der Geschichte der deutschen
Literatur geschah. Das beste Beispiel für Nonkonformismus in Bachmanns Prosa dieser Zeit ist die Undine in *Undine geht*, der letzten
Erzählung des *Dreißigsten Jahres*. Wolf verstand genau, wie radikal
Bachmann die Errungenschaften ihrer gesamten Kultur abgelehnt hatte:
»Zivilisationsmüdigkeit und Fortschrittszweifel sind am heftigsten in
Undine geht: Vollkommene Entfremdung des Menschen von sich und
seinesgleichen und romantischer Protest dagegen« (LS, 182). Sie verstand
außerdem, daß dieses ein Protest ist, der von einer weiblichen Außenseiterin an eine männliche Welt gerichtet ist, »Anklägerin der Männerwelt
mit der kaum verhüllten Stimme der Autorin« (LS, 182). Jene Beschreibung der Undine ist der Figurendarstellung in Wolfs eigenen Werken
nicht unähnlich, insbesondere der Christa T.'s und Karoline von Günderrodes. »Die zumutbare Wahrheit«, die die Autorin aufdecken kann, wenn
es ihr möglich ist, »den unzumutbaren Forderungen der Gesellschaft«
standhalten zu können (LS, 182) — dieses Dilemma durchzieht Christa
Wolfs Werk bis heute.

Obwohl Wolf bis in die späten siebziger Jahre Bachmann nicht ausdrücklich als ihre Mentorin verstand, können aufmerksame Leser/innen
doch erkennen, daß sie ihr schon viel früher verpflichtet war. Ihr eigener
literaturtheoretischer Aufsatz *Lesen und Schreiben* von 1968 weist starke
Ähnlichkeiten zu den literarischen Ansichten Bachmanns auf, auf die
Wolf schon in ihrer früheren Abhandlung Bezug genommen hatte. Bemerkenswert an diesem Aufsatz ist der Versuch, die Anliegen nach
Brechtscher Art zu formulieren und sich gleichzeitig von seinen literarischen Modellen noch weiter zu entfernen. Obgleich Wolf und Brecht ihre
Erwägungen im »wissenschaftlichen Zeitalter« formulieren, versteht Wolf
darunter die theoretischen Modelle von Einstein und Heisenberg, in denen
exakt berechnete wissenschaftliche Regelmäßigkeit und Zuverlässigkeit
zurücktreten gegenüber den Kräften von Relativität und Unberechenbar-

keit. Als Weiterführung des Brechtschen Projekts fordert Wolf nun eine neue »Epische Prosa«. Doch im Vergleich zum Epischen Theater wird diese Epische Prosa von Einzelindividuen geschaffen und konsumiert. Auch macht sich die Epische Prosa nicht zur Aufgabe, den Lesern/innen eine »veränderliche verändernde« Welt zu zeigen, in die sie — kühl, kritisch und ohne Leidenschaft — eingreifen können, sondern sie versucht, die Subjektivität ihres Publikums zu aktivieren und zu verändern. Nachdem die Grundlagen des real-existierenden DDR-Sozialismus geschaffen waren, mußte sich die sozialistische Literatur, wie Wolf schon in ihrem *Selbstinterview* dargelegt hatte, nun selbst mit menschlicher Subjektivität beschäftigen, und diese sollte aus Verstand und Gefühl bestehen. Als sozialistische Schriftstellerin wendet sich Wolf der Gestaltung gerade solcher Dimensionen der menschlichen Erfahrung zu, die in Brechts Werk nur selten vorkommen.

Diese Änderung in Wolfs Denken entspringt nicht nur Bachmanns Einfluß, sondern auch dem Ernst Blochs — des Denkers, den Bachmann, neben Wittgenstein, in den *Frankfurter Vorlesungen* als zentralen Impuls für heutiges Schreiben dargestellt hatte. Die letzte von Bachmanns *Frankfurter Vorlesungen* hat den Titel *Literatur als Utopie*: seit *Lesen und Schreiben* und *Nachdenken über Christa T.* stellt auch Wolf, wie Andreas Huyssen belegt hat, ihr eigenes Werk in den Dienst des Blochschen »Prinzips Hoffnung«. Auch ihre Schriften, wie diejenigen Bachmanns, entwerfen jetzt bisher noch nicht verwirklichte Visionen und enthüllen die Wünsche und Enttäuschungen der Gegenwart, auch sie gebraucht ihre »Epische Prosa«, um, wie sie in *Lesen und Schreiben* darlegt, Zukunft in die Gegenwart hinein vorzuschieben« (LS, 35). 1968 unterschied sich Wolfs Utopie von der Bachmanns noch darin, daß die DDR-Autorin in der Lage war, sich die Gesellschaft, in der solche Utopien verwirklicht werden könnten, vorzustellen. Man könnte behaupten, daß Wolf die Werke Bachmanns, um mit Benjamin zu sprechen, »rettete«: Sie bewahrte die radikalsten Aspekte in Bachmanns Werken vor Mißverständnissen und vor dem Vergessenwerden, sie machte die Werke für die Gegenwart zugänglich, um Bachmanns Visionen zu verwirklichen.

In Wolfs Schriften kann man bis in die späten siebziger Jahre hinein
eine Reihe von Parallelen zu und Anspielungen auf Bachmanns Schriften
entdecken, die besonders in der Namenwahl zu auffallend sind, als daß
sie zufällig sein könnten. Die Worte, mit denen Wolfs Erzählerin z.B.
ihre Kurzgeschichte *Juninachmittag* einleitet, erinnern die mit Wolfs
Bachmann-Aufsatz bekannten Leser/innen an ihre Beschreibung von
Bachmanns Prosawerk: »Eine Vision vielleicht, falls Sie verstehen, was
ich meine.«[3] Oberflächlich gesehen könnte die Erzählung nicht banaler
sein: ein Familiennachmittag in einem Vorstadtgarten außerhalb von
Berlin. Aber diesem Text liegt die phantastische Eigenart der menschlichen Subjektivität zugrunde. Einerseits repräsentiert der Garten selbst
einen Raum für »die immer unterdrückten maßlosen Wünsche« (LS, 177)
des Bachmann-Aufsatzes, worin er sich nicht sehr von anderen literarischen Gärten unterscheidet. Gleichzeitig ist der Alltag mit vagen und
ominösen Bedrohungen angereichert — »Leiche des Ehemanns in der
Bettlade« (GE, 39) —, wie die Zeitung berichtet, dem verlorenen Bind-
faden, der zum Festbinden der Rosen benötigt wird, den zerstückelten
Toten in den Zugtrümmern, der eigenen Angst vor dem Tod. Obgleich
die Geschichte beim Infragestellen von konventionellen Vorstellungen der
Wirklichkeit niemals völlig in das Reich des Phantastischen oder Surrea-
len entflieht, gestaltet sie gleichzeitig den von Wolf schon in *Lesen und
Schreiben* angedeuteten epistemologischen Versuch, die Unveränderlich-
keit einer Gesellschaft außerhalb des menschlichen Subjekts literarisch in
Frage zu stellen. In dieser Vision wird die Wirklichkeit oft durch den
kreativen Gebrauch der Sprache konstituiert, die Familie verwickelt sich
in ein spontanes Wortspiel, das Dinge hervorbringt, die nie vorher
existierten: »Wurmgespenst und Mauseregen und Nachtloch und Pilz-
wurm und Lochglück und Nachtregen und Pilzmaus« (GE, 43). Doch ihre
Phantasie wird mit der sachlichen Einstellung des Nachbarn konfrontiert,
eines Ingenieurs, über den die Erzählerin vemerkt: »Er hält sich überhaupt an Vorgedrucktes« (GE, 41). Die dreizehnjährige Tochter findet

---

3   Christa Wolf: Gesammelte Erzählungen. Darmstadt 1981, S. 34; weitere Textauszüge werden
     unter der Sigle GE zitiert.

den Ingenieur »modern«, »mit Bewußtsein« (GE, 44), und somit verkörpert er eine Gefahr: an diesem gewöhnlichen Nachmittag kämpfen zwei Zukunftsmodelle um die Gunst der kommenden DDR-Generation.

Offenbar geht Wolf solchen Themen auch in späteren Werken nach, Christa T. formuliert utopische Visionen, sie sehnt sich danach, nützlich zu sein, und lamentiert, »Daß ich nur schreibend über die Dinge komme!«[4] Für Christa T. ist das »Sehen« auch ein Schlüsselbegriff: »Da Sehnsucht von ›sehen‹ kommt: die Sucht, zu sehen, hat sie zu sehen angefangen und gefunden, daß ihre Sehnsucht, wenn sie nur ruhig und gründlich genug hinsah, mit den wirklichen Dingen auf einfache, aber unleugbare Art übereinstimmte« (NCT, 87-8). Doch die auffallendste Parallele zwischen diesem Werk und Bachmanns Schriften läßt sich in einer einzigen ausgedehnten, von Christa T. geschriebenen Erzählung finden, die den gleichen Titel trägt wie Bachmanns längstes Prosawerk: *Malina*. Obwohl eine tiefe geistige Verwandtschaft die beiden Schriftstellerinnen verbindet, nehme ich an, daß sie nicht unabhängig voneinander diesen ungewöhnlichen Titel gewählt haben. Es scheint daher, daß Wolf auf Bachmanns Werk anspielte und versteckt auf deren Einfluß auf *Nachdenken über Christa T.* hinweisen wollte.[5] Christa T.'s Erzählung *Malina* enthält Rätsel wie die Schriften Bachmanns: eine scheinbar realistische Erzählung, deren eigentliche Absicht unklar ist, die aber das Thema des Nationalsozialismus berührt, eine Mutter, die ihre Tochter ermutigt, die Gebote einer herrschenden Ordnung zu unterstützen, eine Reise über eine Grenze an einen Zielort, der gleichzeitig fremd und doch nicht fremd ist, und ein Bericht, den eine Erzählerin aus unerklärten Gründen nicht zu Ende führt. Man kann annehmen, daß Christa T.'s

---

4 Christa Wolf: Nachdenken über Christa T. Darmstadt 1971, S. 36: weitere Textauszüge werden im Text unter der Sigle NCT zitiert.

5 Ich formuliere hier deshalb so vorsichtig, weil die Veröffentlichungsdaten dieser zwei Romane meine Behauptung etwas problematisch erscheinen lassen. Bachmanns Roman wurde erst 1971 veröffentlicht, während *Nachdenken über Christa T.* schon 1968 erschien. Dennoch datieren Bachmanns Entwürfe für den Todesarten-Zyklus seit 1963; ihre Arbeit am Roman *Malina* begann 1967, wenn nicht früher, und sie erklärte ihre Absichten über die Malina-Figur in ihren Interviews. Es wäre auch denkbar, daß Bachmann den Namen aus Christa T. übernahm oder daß beide Autorinnen gar unabhängig voneinander den Namen Malina wählten.

Unfähigkeit zur Fortsetzung stark mit der allgemeineren Kulturkrise von
Frauen (besonders Schriftstellerinnen) dieser Zeit verknüpft ist, ein
Dilemma, das Wolf genau wie Bachmann zu erkunden suchte.

Das komplexe achte Kapitel der *Kindheitsmuster* konzentriert sich dann
ausdrücklich auf die Verbindung zwischen den wichtigsten Themen in
Wolfs und Bachmanns Werken. In diesem Roman verweist wieder der
etwas gewöhnliche Name »Jordan« auf eine Verwandtschaft zwischen den
Kindheitsmustern und Bachmanns Werken. Die Familie, die Wolf
beschreibt, um den alltäglichen Faschismus zu veranschaulichen, trägt
den gleichen Namen wie die Zentralfiguren im *Gebell* aus *Simultan* und
im Roman *Der Fall Franza*, der zuerst 1978 erschien, aus dem Bachmann
aber schon in den späten sechsziger Jahren Lesungen hielt. Das achte
Kapitel, in dem, wie Wolfs Erzählerin uns im Roman erklärt, das Thema
Krieg seit langer Zeit zur Sprache kommen sollte, wird um Bezüge auf
Bachmanns Werk herum strukturiert. Am 19. Oktober 1973 erfährt die
Erzählerin durch das Radio, daß Bachmann an Verbrennungen gestorben
war. »Mit meiner verbrannten Hand schreibe ich von der Natur des
Feuers«[6], ist das Motto, mit dem das Kapitel überschrieben ist, und die
Erzählerin grübelt, wie das »Ich« in *Malina*, über den alles durchdringen-
den Krieg, doch der Krieg ist an dieser Stelle nicht bloß eine Metapher,
wie manchmal bei Bachmann, sondern aktuelle Realität — in Polen, Vietnam, dem Mittleren Osten und in Chile, wo Allende 1973 gerade ermordet worden war. Die Verbindungen zu Bachmanns weiblichen ›Todesarten‹ entstehen durch die Parallelen, die die Erzählerin zieht zwischen
Goebbels' Deklaration nach dem Anschluß Österreichs: »Es ist endlich
entstanden, das germanische Reich deutscher Nation!« und der vor ihrem
Spiegelbild trauervoll getroffenen Feststellung der jungen Nelly Jordan:
»Mich liebt keiner.« »Wie soll jemand begreifen«, fragt die Erzählerin
ihre Figur, »daß nach deiner Meinung diese beiden so ganz und gar
verschiedenen Sätze auf irgendeine Weise miteinander verbunden sind?«

---

6   Christa Wolf: Kindheitsmuster. Darmstadt 1979, S. 153; weitere Textauszüge werden unter der
     Sigle KM zitiert.

(KM, 154-5). In diesem dunklen Kapitel gestaltet die Erzählerin mit tiefer Erschütterung die Verzweiflung, die Bachmann zum Tode führte:

> In Chile hat die Militärjunta den Gebrauch des Wortes ›compañero‹ verboten. Es gibt also keinen Grund, an der Wirksamkeit zu zweifeln. Auch wenn jemand, auf dessen ernsthaften Umgang mit den Wörtern du seit langem zählst, keinen Gebrauch mehr von ihnen machen kann, sich gehenläßt und diese Tage zeichnet mit dem Satz: mit meiner verbrannten Hand schreibe ich von der Natur des Feuers. Undine geht. Macht mit der Hand — mit der verbrannten Hand — das Zeichen für Ende. Geh, Tod, und steh still, Zeit. Einsamkeit, in die mir keiner folgt. Es gilt mit dem Nachklang im Mund, weiterzugehen und zu schweigen, Gefaßt sein? Worauf denn? Und von Trauer nicht übermannt? Erklär mir nichts. Ich sah den Salamander durch jedes Feuer gehen. Kein Schauer jagt ihn, und es schmerzt ihn nichts. (KM, 166)

Aber die Unterschiede zwischen Wolfs und Bachmanns Individualität und ihren geschichtlichen Auffassungen behaupten sich aufs neue: »Nach kurzem Taumeln, verursacht durch die vermehrte Last auf den Schultern, sich straffen.« Die Erzählerin reagiert auf Bachmanns Tod mit der Feststellung: »Es muß geredet werden« (KM, 166). Und sie betont zu ihrer eigenen Bestätigung von Leben, wie manchmal auch Bachmann, die kleinen, konkreten Utopien des Alltags, wie in dem Bachmann-Zitat, mit dem dieses dunkle Kapitel endet: »Nicht Schöneres unter der Sonne, als unter der Sonne zu sein« (KM, 176).

Nach den *Kindheitsmustern* betreffen die Bachmann-Anklänge in Wolfs Schriften hauptsächlich das Dilemma, das der Tod der Österreicherin hervorrief: Kann die Schriftstellerin genug Glauben an die Hoffnung hegen, um die Schäden, die sie aufzeigt, zu beheben, oder die Utopien, die sie entwirft, zu verwirklichen, um sich vor der Verzweiflung zu bewahren? Im achten Kapitel der *Kindheitsmuster* war Nellys Mutter schon beschrieben worden als die Prophetin, deren Worte nicht beachtet wurden: »Immer bloß schwarzsehen. Kassandra, hinterm Ladentisch, Kassandra, Brot schichtend, Kassandra, Kartoffeln abwiegend« (KM, 154). Im Vorwort ihrer Ausgabe der Schriften Karoline von Günderrodes bedient Wolf sich der Worte Bachmanns, um die Generation der jungen Romantiker zu beschreiben, denen die Geschichte keine Hoffnung bot: »Deutsche Lebensläufe. Deutsche Todesarten« (LS, 230). Auch das Bild der verletzten Hand durchläuft die Geschichte von Günderrodes unglücklicher Liebe zu einem ihr nicht ebenbürtigen, verheirateten Mann. Die klarste Antwort, die Wolf auf das Dilemma von Bachmanns Leben und Tod gibt, findet sich jedoch in ihrer *Büchner-Preis-Rede*, in der sie die Thematik des letzten veröffentlichten Bachmann-Gedichts *Keine Delikatessen* anspricht. In diesem Gedicht, das 1968 in einer Sondernummer des *Kursbuchs* erschien, die den Tod der Literatur verkündete, erklärte Bachmann, daß sie von nun an nicht mehr willens war, in einer Zeit der schwersten gesellschaftlichen Krise noch schöne Worte zu finden, die ihr Schreiben schmücken sollten. In noch schlimmeren Zeiten äußert dann auch Wolf starke Zweifel an der Wirksamkeit des Schreibens, doch glaubt sie weiterhin daran. Bachmann hatte *Keine Delikatessen* mit dem Aufgeben ihres Handwerks geendet: »Mein Teil, es soll verloren gehen« (LS, 329). In der *Büchner-Preis-Rede* will Wolf solche Resignation jedoch nicht akzeptieren: »Eine, die sich ganz ausdrückt, entledigt sich ihrer nicht: Der Erledigungswunsch bleibt als Zeugnis stehen. Ihr Teil wird nicht verloren gehen« (LS, 329-30). Was veranlaßte Bachmann, Wolf und andere mitteleuropäische Schriftstellerinnen im letzten Drittel des 20. Jahrhunderts, zu solch ähnlichen Auffassungen über sich selbst und ihre Kultur zu gelangen? Bachmanns Dichtung, insbesondere ihre Prosa, behandelt von Anfang an, wenn auch manchmal versteckt, die Zerstörungswut im Herzen unserer schon im Fundament verdorbenen Kultur. In ihrem Spätwerk demonstriert Bachmann ihre »Todesarten« direkt: Frauen werden geistig oder körperlich zerstört und wissen oft selbst nicht, daß ihre eigenen Lebensumstände von diversen Gesellschaftsordnungen geprägt sind, die es Frauen unmöglich machen, glücklich und autonom zu leben. In ihrem unvollendeten Roman *Der Fall Franza* wird dieses Argument am entschiedensten und umfassendsten veranschaulicht; die Gründe für Franzas Wahnsinn sind ausdrücklich sowohl an den Nationalsozialismus als auch den europäischen Imperialismus gebunden. Beide streben die Erweiterung ihres totalitären Einflusses auf die ganze Welt an, wobei sie Gehirne kolonisieren, die sie sonst nicht durch körperliche

Gewalt kontrollieren können. Wie die anderen ›Todesarten‹-Frauen wird auch Franza zerstört, doch sie erkennt, daß sie ein Opfer der Kultur der Weißen ist, einer Kultur, der sie selbst angehört, und sie stirbt im Widerstand mit dem Schrei:»Die Weißen, sie sollen verflucht sein.«[7] Angesichts dieser Erkenntnisse kann es nicht überraschen, daß es für Bachmanns Figuren keinen Ausweg gibt. Wenn die Geschichte der Weißen in Faschismus und Imperialismus, Mord und Zerstörung kulminiert, wie kann dann eine weiße Frau, von dieser Geschichte zwar ausgeschlossen, aber auch Teil keiner anderen, einen anderen Standort finden? Zur Zeit ihres Todes blieb Bachmann also nichts anderes als eine radikale Analyse der Hauptfehler unserer Kultur — eine Kritik, die so weit reichte, daß nur die Beseitigung dieser Kultur als Antwort auf die von ihr dargestellten Mißbräuche genügen könnte. Jedoch findet man nirgends in ihrem Werk auch nur die Andeutung einer Hoffnung auf eine mögliche Veränderung ihrer Gesellschaft und selten auch nur die Hoffnung, daß das, was sie auszudrücken suchte, überhaupt verständlich sein würde.

Nach Wolfs Poetik-Vorlesungen kann man feststellen, daß sich ihr Schreiben der siebziger Jahre der Position Bachmanns sowohl in ihrer Radikalität als auch zum Teil in ihrem Pessimismus zunehmend angleicht. Schon in *Unter den Linden* (1973) wurde die Kritik des Positivismus und der Zweckrationalität, gegen welche DDR-Funktionäre offenbar auch nicht immun waren, zu einem Zentralthema in Wolfs Werk. Damals war es noch möglich, diese Erzählungen als Angriffe auf allgemeine gesellschaftliche Mißstände zu lesen und nicht unbedingt als Angriffe auf die politische Orientierung ihres Staates oder gar auf den Marxismus.[8] Doch in Wolfs Aufsätzen über die Romantikerinnen, die nach der Ausbürgerung Biermanns 1976 als eine nur wenig verschleierte Auseinandersetzung

---

7   Ingeborg Bachmann.: Werke. Hg. Christine Koschel, Inge von Weidenbaum und Clemens Münster. Bd. 3. München/Zürich 1982, S. 469.

8   Das meint z.B. der DDR-Wissenschaftler Hans-Georg Werner. Er argumentiert, daß die Protagonistin in *Unter den Linden* in Anlehnung an Bachmanns Undine in den Springbrunnen vor der Stadtbücherei untertauchte. Da die geschichtlichen Umstände aber anders sind, ist Wolfs Figur, im Unterschied zu Undine, bereit und fähig, wieder aufzutauchen. Siehe: Zum Traditionsbezug der Erzählung in Christa Wolfs ›Unter den Linden‹. In: Weimarer Beiträge 22 (1976) H. 4, S. 36-64.

mit den gesellschaftlichen Mißständen in der DDR entstanden waren, ist Wolfs Gesellschaftskritik kaum übersehbar. Dabei wird auch der Marxismus nicht geschont. Anstatt mit den verderblichen Gedanken- und Handlungsstrukturen zu brechen, die die Zivilisation zu ihrem gegenwärtigen Engpaß brachten, so Wolf, führt der Marxismus sie weiter. In den Briefen zwischen Bettina Brentano und Karoline von Günderrode entdeckt Wolf dann eine Alternative zu dieser Zweckrationalität, die bis heute im Zuge ist, Europa triumphierend zu erobern. In ihrer Gegenüberstellung von Bettinas Sympathie und Zärtlichkeit für die Natur mit Fausts Versuch der Unterwerfung des Erdgeists macht Wolf den radikalen Versuch, eine gesamte orthodox-marxistische Tradition von »Erbeaneignung«, in welcher ein in seinen Energien und Ambitionen ungezügelter Faust eine paradigmatische Figur darstellt, umzukehren.[9] Wolf lehnt dieses Modell, das sie auch als männlich bezeichnet, hartnäckig ab, und Bettina gesellt sich zu Undine in die weibliche Opposition.

Wolfs *Büchner-Preis-Rede* macht ganz deutlich, was schon in den früheren Aufsätzen zu spüren war: Eine in Ost und West ihrem destruktiven Kurs verschriebene Gesellschaft, die auf solchen Prinzipien basiert, die die Menschen von der Natur, voneinander und von sich selbst entfremden, steht nun in Gefahr, sich gänzlich zu zerstören. In ihrer *Büchner-Preis-Rede* schließt Wolf sich der Horkheimer/Adorno-Analyse in der *Dialektik der Aufklärung* an, indem sie die zerstörerischen Tendenzen der Gegenwart bis zu den griechischen Anfängen der abendländischen Gesellschaft zurückverfolgt. In *Kassandra* offenbart sich das Ausmaß ihrer Kritik oft mit fast expliziten Anspielungen auf Bachmann. Hier geht

---

9   Als Wolfs Aufsatz in *Sinn und Form* veröffentlicht wurde, war es diese Behauptung, gegen die sich Wilhelm Girnus, der Herausgeber dieser Zeitschrift, in einer Notiz am Ende des Bandes wandte, was für *Sinn und Form* ungewöhnlich ist. Nachdem er einige Textbeispiele zitierte, um zu beweisen, daß Goethe nicht beabsichtigte, seinen Faust untergehen zu lassen, schließt Girnus mit einer erstaunlichen Bestätigung des Faustischen Impulses, den Wolf vorher verurteilt hatte: »Gerade diese radikale Umkehrung der alten Faust-Sage in ihr Gegenteil, in den letztendlichen Sieg Fausts in der Wette mit dem Teufel ist die größte literarische Tat Goethes nicht nur innerhalb seines Werkes, sondern für die gesamte deutsche Literatur, ja die Weltliteratur« (Sinn und Form 32 [1980], H. 2, S. 499). Girnus verschärfte seine Kritik an Christa Wolfs politischer Haltung beträchtlich, nachdem *Kassandra* erschien. Siehe: Wer baute das siebentorige Theben? In: Sinn und Form 35 (1983), S. 493-447.

Wolf zurück zu den Wurzeln unserer Kultur, um die Ursprünge aus der Perspektive einer Frau darzustellen, die sich wie die Figuren in den *Todesarten* zugleich innerhalb und außerhalb jener Kultur befindet und zerstört wird, weil sie selbst mitschuldig ist. Für Kassandra, »eine Seherin«, ist, wie für Bachmann, »das Sehen« grundlegend, und ihre eigenen Einsichten werden mit dem Fortschreiten der Erzählung tiefer, doch ihr Schicksal, wie das von Bachmann, besteht darin, nicht verstanden zu werden. Kassandra beklagt dann auch: »Daß sie die Fragen nicht einmal verstanden, auf die ich Antwort suchte«[10], und sie wird an den Konsequenzen ihrer Erkenntnis zugrunde gehen. Während auch sie mit verbrannter Hand schreibt, erklärt sie: »Ich war berühmt dafür, daß ich Schmerz ertrug. Daß ich die Hand am längsten über der Flamme hielt.«[11]

Was sieht Kassandra nun genau, und in welcher Verbindung steht dies zu Bachmanns Visionen? In ihren mit *Voraussetzungen einer Erzählung: Kassandra* betitelten Vorlesungen, die sie im Mai und Juni 1982 an der Frankfurter Universität hielt, legte Wolf ihre neu definierte Position dar und wies ausdrücklich auf Bachmanns Einfluß hin. Ihre Vorlesungen beginnen mit einer etwas ironisierten Erklärung der Gründe, warum sie selbst keine Poetik besitze, da eine neue Poetik, wie in ihrem *Lexikon der Antike* definiert, durch einen ödipalen Kampf mit dem väterlichen Vorgänger entsteht: »›Poetik‹ (so die Definition): Lehre von der Dichtkunst, die, im fortgeschrittenen Stadium — Aristoteles, Horaz — eine systematische Form annimmt, und deren Normen seit dem Humanismus in zahlreichen Ländern ›weithin Gültigkeit‹ erlangen. Der Weg zu neuen Positionen, lese ich, führe über die Auseinandersetzung mit diesen Normen, in Klammern: Brecht.«[12]

---

10 Christa Wolf: Kassandra. Darmstadt 1983, S. 57.

11 Ebd., S. 36.

12 Christa Wolf: Voraussetzungen einer Erzählung: Kassandra. Frankfurter Poetik-Vorlesungen. Darmstadt 1983, S. 7; weitere Textauszüge werden unter der Sigle VE zitiert.

Von dieser kriegerischen, patriarchalischen Linie, die mit Brecht endet,
von dieser weitgefaßten literaturtheoretischen Tradition distanziert sich
Wolf nun gänzlich: »Aber den wütenden Wunsch, mich mit der Poetik
oder dem Vorbild eines großen Schreibers auseinanderzusetzen, in Klammern: Brecht, habe ich nie verspürt. Dies ist mir erst in den letzten
Jahren merkwürdig geworden, und so kann es sein, daß diese Vorlesungen nebenbei auch die gar nicht gestellte Frage mit behandeln, warum ich
keine Poetik habe« (VE, 7). Indem sie ein neues Modell vorbringt, ein
»Gewebe — das übrigens, falls ich eine Poetik hätte, [...] in ihrem Zentrum stünde« (VE, 7), versucht Wolf in den Vorlesungen den komplizier-
ten und subjektiven Prozeß zu erklären, durch welchen sie bei dem Kas-
sandra-Stoff ankam. Ihre vierte Vorlesung fragt unter expliziter und
detaillierter Bezugnahme auf Bachmann »nach der historischen Wirklichkeit der Kassandra-Figur und nach den Bedingungen weiblichen Schreibens, früher und heute« (VE, 8). In dieser Vorlesung stellt Wolf fest, daß
die ihr beim Schreiben der *Kassandra* gekommenen Entdeckungen, jene
erkenntnistheoretischen Veränderungen, jetzt kaum noch beschreibbar,
nur vergleichbar sind mit der Erschütterung und dann Transformation
ihrer Weltsicht, zu welcher ihre Entdeckung von Marx sie dreißig Jahre
zuvor veranlaßt hatte. Der Titel dieser Vorlesung lenkt unsere Aufmerksamkeit auf jene erkenntnistheoretischen Anliegen, welche schon
Wolfs ursprünglichem Aufsatz über Bachmann zugrunde lagen: *Ein Brief
über Eindeutigkeit und Mehrdeutigkeit, Bestimmtheit und Unbestimmtheit;
über sehr alte Zustände und neue Seh-Raster; über Objektivität* (VE,
126). Und auch das Mottozitat der Vorlesung stammt aus Bachmanns
Roman *Der Fall Franza*: »Denn die Tatsachen, die die Welt ausmachen
— sie brauchen das Nichttatsächliche, um von ihm aus erkannt zu
werden« (VE, 126) — die gleiche Art von Vision, die Wolf in Bachmanns
früher Prosa schon entdeckt hatte.

Und es sind tatsächlich jene von Bachmann gewonnenen Einsichten,
jene ihr durch das Lesen von Bachmanns Werk nahegelegten erkenntnistheoretischen Veränderungen, die die Grundmotive dieser Vorlesung
bilden. Als sie anfing, über Kassandra nachzudenken, fragte sich Wolf:
»Wer war Kassandra, ehe irgendeiner über sie schrieb?« (VE, 127), und

sie begann auch, über die Bedeutung von Bachmanns Gedicht *Erklär mir Liebe* nachzudenken, welches sie schon im achten Kapitel der *Kindheitsmuster* zitiert hatte. Wolf widmet der Auslegung dieses Gedichts einige Seiten der Abhandlung, wobei sie die Besorgnis des lyrischen Ichs über ihre Intellektualität, die sie von der Liebe ausschließen könnte, betont. Doch das Gedicht bietet uns gleichzeitig ein neues Gedanken- und Gefühlsmuster: »Dies bedeutend, bedauernd, beklagend auch, gibt das Gedicht selbst ein Beispiel von genauester Unbestimmtheit, klarster Vieldeutigkeit. So und nicht anders, sagt es, und zugleich — was logisch nicht zu denken ist —: So. Anders. Du bist ich, ich bin er, es ist nicht zu erklären. Grammatik der vielfachen gleichzeitigen Bezüge« (VE, 129).

Wolf hatte diese Vorlesung/diesen Brief an ihren Freund A., den Adressaten des Briefes, mit der Anmerkung über den »Bücherberg« begonnen, den sie aufs Land mitgenommen hatte, wobei sie fast eine halbe Seite hauptsächlich feministischer Werke aus Europa und den USA auflistet. Vom Feminismus, von der bewußten Weigerung westlicher Frauen, sich in die Formen einer männlichen Realität einzufügen, leitet sie langsam ihre Beschreibung eines neuen Modells ab, auf das sie sich schon so oft in früheren Werken bezogen hatte und das nun auch deutlich in ihrer dritten Vorlesung umrissen wird:

Inwieweit gibt es wirklich ›weibliches‹ Schreiben? Insoweit Frauen aus historischen und biologischen Gründen eine andre Wirklichkeit erleben als Männer. Wirklichkeit anders erleben als Männer, und dies ausdrücken. [...] Insoweit sie aufhören, sich an dem Versuch abzuarbeiten, sich in die herrschenden Wahnsysteme zu integrieren (VE, 114-5).

In der vierten Vorlesung untersucht Wolf den Status der Frauen in klassischen Werken, besonders bei Aristoteles und Goethe. Sie verfolgt den Verlust der Autorität der Frauen, die sie in europäischer Vorgeschichte besessen hatten, zurück und verbindet diesen mit dem Triumph eines autoritären männlichen Gedankenschemas, das seinen Höhepunkt im technologischen Alptraum der Gegenwart fand. Wolf erklärt: »[E]ben diesen Weg ist doch, vereinfacht gesagt, das abendländische Denken gegangen, den Weg der Sonderung, der Analyse, des Verzichts auf die Mannigfaltigkeit der Erscheinungen zugunsten des Dualismus, des Monismus, zugunsten der Geschlossenheit von Weltbildern und Systemen; des Verzichts auf Subjektivität zugunsten gesicherter ›Objektivität‹« (VE, 139). Trotzdem brauchen denkende Männer die Frauen noch immer, um sich vor den Beschränkungen ihres eigenen rigiden Denksystems zu bewahren:

> Sie brauchen nun Kunststückchen, um dem Kältetod zu entgehen. Eines dieser Stückchen ist ihr Bestreben, sich Frauen als Kraftquelle zu erschließen. Das heißt: Sie in ihre Lebens- und Denkmuster einzupassen. Sie, schlichter gesagt, auszubeuten (VE, 145).

Wolf überspringt nun 2500 Jahre, um zu zeigen, worin dieses Denksystem seinen Höhepunkt erreicht. Sie zitiert aus Marie-Luise Fleißers *Tiefseefisch*: Der Schauplatz ist das Berlin der zwanziger Jahre; die Figuren sind Wollank, ein ehemaliger Radrennfahrer, und Tütü, der Leiter einer literarischen Gruppierung, dessen Vorbild offensichtlich B.B. — Bertolt Brecht — ist. Wollank wettert: »Furchtbar sind diese Frauen, die um Sie herumwimmeln und von denen jede in einer anderen Hilfeleistung erstirbt.« Doch Tütü erwidert: »Ich sehe nicht ein, warum ich nicht nehmen soll, was ich haben kann. Ich habe daraus ein System gemacht. Alles, was mich anregen kann, wird an mich herangetragen, ohne daß ich einen Finger rühren muß.« »Alle Kleinarbeit, welche die Nerven unnötig verschleißt«, fügt er hinzu, »bleibt mir erspart« (VE, 145-6). Wie sollte *dieses* eine Ästhetik sein, die den Frauen zur Befreiung vom zerstörerischen abendländischen Denken verhelfen könnte?

Und die Frau, die mit ihrer eigenen Stimme zu sprechen beginnt, die »Ich« sagt, findet sich dann auch noch enormen Hindernissen gegenübergestellt. »Ich behaupte«, sagt Wolf, »daß jede Frau, die sich in diesem Jahrhundert und in unserem Kulturkreis in die vom männlichen Selbstverständnis geprägten Institutionen gewagt hat — ›die Literatur‹, ›die Ästhetik‹ sind solche Institutionen —, den Selbstvernichtungswunsch kennenlernen mußte« (VE, 149). Wolfs Beispiel ist das namenlose »Ich« aus Bachmanns *Malina*. Bachmann, so Wolf, hatte erfolgreich dargestellt, was den Frauen im Laufe der Entwicklung der westlichen Zivilisation geschehen war — ihre »Todesarten« — und hatte auch bewußt eine andere

Ästhetik als die eines »Goethe, Stendhal, Tolstoi, Fontane, Proust und Joyce« gewählt. Doch Bachmann entdeckte auch, daß ihre Erfahrung als Frau sich kaum in irgendeine weltliterarische Form pressen ließ: »Eine neue Art Spannung scheint da um Ausdruck zu ringen, in Entsetzen und Angst und in schlotternder Verstörtheit. Nicht einmal der Trost, daß dies noch formbar wäre; nicht im herkömmlichen Sinn« (VE, 151).

Was ist nun das »Dies« in diesem Satz? fragt sich Wolf und sucht im *Fall Franza* nach einer Antwort, wo Franzas Bruder eine ähnliche Frage stellt: »Wodurch konnte sie so zerstört werden?« (VE, 151) Wolf beschließt ihre Vorlesung mit einer neuen Deutung dieses unvollendeten Romans, um ihre eigene Überzeugung zu unterstreichen, daß Frauen, wie Franza, durch eine Kultur, die im Nationalsozialismus ihren zerstörerischen Höhepunkt erreicht, kolonisiert wurden und daß diese Gesellschaft sowohl Frauen wie auch sich selbst zerstörte. Franza stirbt, die Weißen verfluchend; Wolfs abschließende Worte dieser Vorlesung stammen aus dem *Fall Franza*:

> Die Weißen kommen. Die Weißen gehen an Land. Und wenn sie wieder zurückgeworfen werden, dann werden sie noch einmal wiederkommen, da hilft keine Revolution und keine Resolution und kein Devisengesetz, sie werden mit ihrem Geist wiederkommen, wenn sie anders nicht mehr kommen können. Und es werden noch immer die Weißen sein, auch dann noch. Sie werden die Welt weiter besitzen, auf diesem Umweg (VE, 154-5).

Die Kassandra-Metapher ist fast ebenso düster wie jene in Bachmanns Romanen, und man steht ernüchtert und erschrocken vor einer so vernichtenden Einschätzung unserer gegenwärtigen Kultur. In ihrer dritten Vorlesung hatte Wolf sich gefragt: »Wie soll man Jüngere die Technik lehren, ohne Alternative zu leben und doch zu leben?« (VE, 107) In *Kassandra* zeigt Wolf am Beispiel von Frauenfiguren der beginnenden Kultur des Abendlandes, daß diese Alternative existiert, doch zieht sie zugleich auch diese Hoffnung wieder zurück und verhält sich in dieser Hinsicht wie Bachmann, deren spätere Werke sich fast nur mit »Todesarten« befassen. Und wenn man Bachmanns und Wolfs Positionen in ihrer ganzen Materialität und Historizität verstanden hat, so hat man es ebenso schwer wie sie, nicht auch der Hoffnungslosigkeit zum Opfer zu fallen.

Doch kommen einem wieder andere Wolf-Zitate in den Sinn. In *Kein Ort. Nirgends* schreibt sie: »Wenn wir zu hoffen aufhören, kommt, was wir befürchten, bestimmt.«[13] Oder auch ihre Ausführungen in der *Büchner-Preis-Rede*: »Dadurch, daß diese Frauen die geschichtliche Misere, an der wir angelangt sind, deutlich beschreiben, dadurch, daß sie eine Alternative vorbringen, wenn auch nur in Form einer Utopie, könnten sie, wie man hoffen möchte, dazu beitragen, das Schlimmste zu verhindern. Oder vielleicht auch nicht.« Wolfs dritte Vorlesung beginnt mit dieser Befürchtung: »Die Literatur des Abendlandes, lese ich, sei eine Reflexion des weißen Mannes auf sich selbst. Soll nun die Reflexion der weißen Frau auf sich selbst dazukommen? Und weiter nichts?« (VE, 84) Diesen entmutigenden Gedanken möchte ich jedoch eine Schlußbemerkung anfügen, und einen Aufsatz von Gerhard Wolf, Christa Wolfs Ehemann, über Brecht und Bachmann heranziehen. Käthe Reichel, eine von Brechts Mitarbeiterinnen, hatte für Brecht Bachmanns ersten Gedichtband *Die gestundete Zeit* aus Westdeutschland mitgebracht. (Man erinnere sich des Kommentars in Fleißers Dialog: »Alles, was mich anregen kann, wird an mich herangetragen, ohne daß ich einen Finger rühren muß.«) Brecht las den Band »an einem kleinen Nachmittag« (der Titel von Gerhard Wolfs Essay) und nahm Korrekturen in Bachmanns Gedichten in Angriff, um sie linear, pointiert, didaktisch und politisch wie seine eigenen zu machen. Ein »Wir« — Gerhard Wolf erwähnt nicht, auf wen außer auf ihn selbst sich dieses Personalpronomen bezieht — verreist, um Reichel zu besuchen und schreibt seine Eindrücke über dieses arrogante Brechtsche Unternehmen nieder, das seine ästhetischen, politischen und menschlichen Mängel zu illustrieren scheint. Doch Reichels Urteil über Brecht ist etwas differenzierter. Sie behauptet, daß sein Festhalten an jenen Ordnungsprinzipien ein Weg war, um seinen eigenen Schmerz über die Umwelt in den Griff zu bekommen. Seine Lyrik sei also mit »fest zusammengepreßten Lippen« geschrieben. Bachmanns Vorteil als Frau war, obwohl ihr dies auch den größeren Schmerz brachte, daß sie diesem Leiden »mit geöffnetem Mund« bis in seine Tiefen nachging. Hier schließt

---

13 Christa Wolf: Kein Ort. Nirgends. Berlin/Weimar 1979, S. 171.

sie sich einer anderen Linie, einer anderen Tradition an: »Daß hier eine
Frau spricht, die man heute in einer Traditionslinie Else Lasker-Schüler
— Nelly Sachs — Bachmann — Sarah Kirsch sieht — der geöffnete
Mund! — das steht auf einem neuen Blatt.«[14] In diese Schwesterschaft
dürfte, obgleich sie keine Lyrikerin ist, auch Christa Wolf aufgenommen
werden — um auf dieses neue, unbeschriebene Blatt zu schreiben.

Übersetzt von Mareike Herrmann.

---

14 Gerhard Wolf: An einem kleinen Nachmittag. Brecht liest Bachmann. In: Der dunkle Schatten,
    dem ich schon seit Anfang folge. Ingeborg Bachmann — Vorschläge zu einer neuen Lektüre des
    Werkes. Hg. Hans Höller. Wien/München 1982, S. 180.

Barbara Mabee

Geschichte, Erinnerung und Zeit:
Sarah Kirschs Lyrik

Sarah Kirsch (1935 im Harz geboren) bringt seit Beginn ihrer lyrischen
Arbeit in den frühen sechsziger Jahren in der DDR »ernsthafte Dinge« auf
spielerische, lakonische und verschlüsselte Weise zur Sprache. Mit komplexen Assoziationsgefügen, doppelbödigen Bildern und einer alltäglichen
und »wie ohne Widerstand gesprochen[en]«[1] Sprache steht die Lyrik in
der Tradition der literarischen Moderne. In *Besinnung* aus *Zaubersprüche*
(1972)[2] bekennt sie sich zu einem künstlerischen Anspruch auf Subjektivität ohne Bindung an ideologische »Parteilichkeit«: »Ich sage was ich
gesehen habe merkwürdig genug / Die Leute verkennen es geht um ernsthafte Dinge.« Kirschs vielschichtige Lyrik durchbrach sprachliche Konventionen und kulturpolitische Dogmen, galt in der DDR doch noch in
den sechsziger Jahren im wesentlichen Lukács' Urteilsspruch über den
Modernismus als »Dekadenz« und »Formalismus«. Innerhalb der Literaturwissenschaft der DDR herrschte, wie Jost Hermand dargelegt hat, die
Meinung vor, der Modernismus stelle das »Schlechte Neue« im Gegensatz
zum »Guten Alten« dar, der bürgerlichen Klassik als Vertreterin des
Humanismus.[3] Der »Modernestreit« der sechsziger Jahre erhitzte sich

1   Elke Erb: Nachwort (1976). In: Sarah Kirsch: Musik auf dem Wasser. Leipzig 1989, S. 135.

2   Sarah Kirsch: Zaubersprüche. Ebenhausen 1973, S. 43. (Berlin/Weimar 1972). Im folgenden als
    Z im Text. Weitere Lyrikbände erscheinen im Text mit folgenden Siglen: Sarah und Rainer
    Kirsch: Gespräch mit dem Saurier. Berlin 1965 (GS); Landaufenthalt. Ebenhausen 1969/1977 (L).
    (Berlin/Weimar 1972); Erdreich. Stuttgart 1982 (E); Katzenleben. Stuttgart 1984 (K); Irrstern.
    Stuttgart 1986 (I); Schneewärme. Stuttgart 1989 (S).

3   Jost Hermand: Das Gute Neue und das Schlechte Neue: Wandlungen der Modernismus-Debatte
    in der DDR seit 1956. In: Literatur und Literaturtheorie in der DDR. Hg. Peter Uwe Hohendahl
    und Patricia Herminghouse. Frankfurt/M. 1976, S. 73-100.

geradezu an Kirschs oszillierender Sprache und ihren subjektiven Beschwörungen.[4] Mit ihrer Vorliebe für Ich-Aussagen stellte sie sich gegen die bis 1960 überwiegend »ichlos-affirmative«[5] DDR-Lyrik und thematisierte weibliche Selbstbefreiung und Selbstreflexion (intensiviert im Band *Zaubersprüche*).[6]

Zur Zeit ihrer Übersiedelung in den Westen nach dem Biermann-Eklat im August 1977[7] hatte Kirsch bereits bedeutende Auszeichnungen in beiden deutschen Staaten erhalten: den Heinrich-Heine Preis in der DDR (1973) und den Petrarca-Preis, den höchst dotierten Lyrikerpreis der BRD (1976). Viele weitere Preise im Westen folgten. An Kirschs Gesamtwerk läßt sich ablesen, daß der Einfluß der literarischen Moderne für ihre Entwicklung als Lyrikerin entscheidender war als der »Umzug« in den Westen, der im großen und ganzen keinen Bruch in der Thematik und in der Doppelbödigkeit ihrer Bilder bedeutete. Schon vor 1977 drückte sich in ihrer Lyrik ein offensichtlich zunehmender Pessimismus über die gesellschaftliche Entwicklung in der DDR aus. Nach der jetzigen »Wen-

---

4 Michael Franz warf ihr »abstrakten Empirismus« und »hypertrophierte, sinnlich-konkrete Protokolle« und Horst Haase das »Fehlen eines prägnanten Punktes« vor. Michael Franz: Zur Geschichte der DDR-Lyrik. 3. Teil. In: Weimarer Beiträge 15 (1969), H. 6, S. 1202; Horst Haase: Lyrik in dieser Zeit. In: Neue Deutsche Literatur 11 (1968), H. 4, S. 148. Wohlwollende DDR-Kritiker wie Adolf Endler und Franz Fühmann lobten dagegen Kirschs Poetik des offenen Freiraums und die lockere Art ihrer »tagebuchartigen Briefgedichte« (Endler) und ihre »rigorose Subjektsetzung,« »erschütternde Aufrichtigkeit und höchste Kunstpräzision« mit einem »Symbolgehalt auch zur Anwendung auf Soziales« (Fühmann). Adolf Endler: Sarah Kirsch und ihre Kritiker. In: Sinn und Form 27 (1975), H. 1, S. 142-170; Franz Fühmann: Vademecum für Leser von Zaubersprüchen. In: Sinn und Form 27 (1975), H. 2, S. 385-420.

5 Der Ausdruck »ichlos-affirmativ« wurde von Elke Erb geprägt und bei Emmerich zitiert. Wolfgang Emmerich: Kleine Literaturgeschichte der DDR. Erweiterte Ausgabe. Frankfurt/M, 1989, S. 219.

6 Vgl. Gerd Labroisse: Frauenliteratur-Lyrik in der DDR. In: DDR-Lyrik im Kontext. Hg. Christine Cosentino, Wolfgang Ertl und Gerd Labroisse. Amsterdam 1988, S. 145-195; Ursula Heukenkamp: Poetisches Subjekt und weibliche Perspektive. Zur Lyrik. In: Frauen Literatur Geschichte. Schreibende Frauen vom Mittelalter bis zur Gegenwart. Hg. Hiltrud Gnüg und Renate Möhrmann. Stuttgart 1985, S. 354-367.

7 Kirsch unterschrieb als eine der zwölf Erstunterzeichner den Protestbrief von Schriftstellern und Künstlern gegen die Zwangsausbürgerung Wolf Biermanns im November 1976. Danach wurde Kirsch 1977 aus der SED und aus dem Vorstand des Schriftstellverbandes in Ost-Berlin ausgeschlossen. Vgl. Wolfgang Emmerich: Kleine Literaturgeschichte der DDR. (s. Anmerkung 5), S. 249ff.

de« in der DDR gewinnt der historische und sozialzivilisationskritische Gehalt in Kirschs polysemantischer Bildersprache neue Bedeutung. Für amerikanische Leser sind vor allem Kirschs globale Themen aus der Zeitgeschichte und die Verarbeitung der literarischen Moderne von Interesse (mit deutlichen Verbindungen zu William Carlos Williams, T.S. Eliot und Carl Sandburg). Besonders für weibliche Rezipienten von Kirschs Lyrik ist ihre Suche nach weiblicher Stimme und weiblichen Vorbildern interessant, etwa in den dialogischen Gedichten mit Bettina von Arnim und Annette von Droste-Hülshoff. Kirschs komplexe Verbindung von Reisen und Schreiben (z.B. im Amerikazyklus von *Erdreich*, in dem Kirsch Eindrücke ihrer dreiwöchigen Amerikareise offenbart) ist bereits von amerikanischen Germanistinnen herausgearbeitet worden.[8]

Schon in ihren frühen, in der DDR veröffentlichten Bänden ist eine schöpferische Spannung zwischen sozialpolitischer und privater Sphäre bemerkbar. Ihre ambivalente Beziehung zur DDR findet Ausdruck in oszillierenden Bildern und einer emotionsgeladenen »dennoch«-Versicherung an Liebhaber und Staat, wie z.B. in ihrem Gedicht *Erklärung einiger Dinge* aus ihrem Band *Landaufenthalt* von 1967 (15): »Wenn du mich verläßt Verleumdung / ausstreust, in der Zeitung verkündest / du seist betrogen [...] / dann will ich dich längst nicht verlassen.«[9] In dem oft zitierten Gedicht *Grünes Land* aus *Zaubersprüche* (53) steht Selbstironie hinter ihrer liebevollen Erklärung: »Ich [habe] nichts aber auf diesem Land / Bau ich dir vierblättrigen Klee.«

Der Eingliederungsprozeß in die BRD löst in ihr ein ständiges Rückwärtsschauen und Vergleichen aus — bedingt Alpträume von Verfolgung und Terrormaßnahmen »besessener Nachbarn« (K 74), denen die DDR-

---

8 Charlotte Melin: Landscape as Writing and Revelation in Sarah Kirsch's ›Death Valley‹. In: The Germanic Review 62 (Fall 1987), Nr. 4, S. 199-204; Susan G. Figge: ›Der Wunsch nach Welt‹: The Travel Motif in the Poetry of Sarah Kirsch. In: Studies in GDR Culture and Society. Bd. 1. Hg. Margy Gerber et al. Lanham 1981, S. 167-182.

9 Im neunten Teil des *Wiepersdorf*-Zyklus aus ihrem letzten DDR-Band *Rückenwind* verbindet Kirsch wieder das Private und das Öffentliche im oszillierenden Bild des Königs als Herzkönig und Staatsoberhaupt. Gleichzeitig drückt sie mit dem Wort »König« ihre Solidarität mit Bettina von Arnim aus und spielt auf Bettinas zeitkritisches Werk *Dies Buch gehört dem König* an.

Ausreisenden oder Ausgewiesenen unter den Schriftstellern als »Über-
wachte« ausgesetzt waren. Während Kirsch als »Vertriebene« versucht,
in ihrem neuen Staat Wurzeln zu schlagen und sich einzugliedern,
nehmen Erinnerung und Zeit einen immer breiteren Raum in ihrer Lyrik
ein. Die Titel ihrer im Westen geschriebenen Gedichte deuten auf eine
intensive Auseinandersetzung mit ihrem Leben in der DDR hin und
zeigen ihr Bemühen, als Dichterin das »gesamtgesellschaftliche Ich« der
DDR-Jahre neu zu definieren. Beispiele sind *Reisezehrung* (E 37-44), *Die
Erinnerung* (K 79), *Albumblatt* (K 81), *Kleine Vergangenheit* (K 61),
Unauslöschbares Bild (K 51), *Vorläufige Verwurzelung* (K 12-13), *Vergangenheit* (I 23), *Entfernung* (S 48). Die Ambivalenz von Trennungs-
schmerz (*Die Zeit heilt Wunden* aus *Italienische Amseln* D 27) und Dank-
barkeit für das »Entkommen« (*Nach Jahren in Winter* I 62) prägen diese
Gedichte.[10] In ihrem Prosa-Gedicht *Dankbillet* aus *Drachensteigen* (26),
ihrem ersten Band im Westen, lobt sie euphorisch das freie Reisen durch
italienische Landschaften: »ach wie danke ich meinem vorletzten Staat,
daß er mich hierher katapultierte.«

Bei einem Blick auf das lyrische Gesamtwerk von Kirsch sind Geschichte, Erinnerung und Zeit als Konstanten erkenntlich. Deutschlands gemeinsame jüngste Geschichte ist in Kirschs vielschichtigen poetischen
Strukturen tief eingebettet. Aus ihrer subjektiven Erinnerungs- und
Trauerarbeit spricht ein Suchen nach einer ästhetischen Antwort auf die
im Holocaust implizierte historische Zäsur. Auf Forschungsreisen durch
Raum und Zeit gestaltet Kirsch häufig Bilder und Freiräume, die Assoziationen mit verschiedenen Arten von Diskriminierung, Unterdrückung,
faschistischem Terror und der systematischen Ausrottung des Anderen im
Holocaust evozieren. Wie sehr die Lyrikerin sich persönlich mit der
Geschichte der Judenverfolgung identifiziert, beweist nicht zuletzt ihr

---

10 Vgl. Christine Cosentinos Ausführungen zu Kirschs problematischer Beziehung zur DDR in
    Katzenleben und *Irrstern*. Christine Cosentino: Gegenwärtige Zeit die auch in Zukunft / Ver-
    gangenheit heißt wie die meine. DDR-Reminiszenzen in Sarah Kirschs ›Katzenleben‹ und ›Irrstern‹.
    In: Studies in GDR Culture and Society. Bd. 8. Hg. Margy Gerber et al. Lanham 1988, S. 141-
    154. Vgl. auch Christine Cosentino: Ein Spiegel mit mir darin. Sarah Kirschs Lyrik. Tübingen
    1990, S. 142-146.

Namenswechsel in den frühen sechsziger Jahren. Sarah Kirsch wurde als Ingrid Bernstein in eine protestantische Familie hineingeboren (man kann annehmen, daß in früheren Generationen jüdische Familienmitglieder zum Christentum konvertierten). Den Vornamen Sarah nahm sie als ein Zeichen der Solidarität mit jüdischen Frauen an, die während des Nationalsozialismus seit Januar 1939 zwangsweise den zusätzlichen Namen Sara (Mutter der Juden) führen mußten.

Kirschs anfängliches Interesse an einer persönlichen Auseinandersetzung mit der jüngsten Geschichte, ihre subjektive Trauer um die Opfer des Holocaust muß im Zusammenhang mit der staatlich verordneten, »antifaschistisch-demokratischen Erneuerung« in der DDR gesehen werden. Die Literatur der frühen demokratischen Erneuerungsphase von 1945-1949 hatte vermieden, in subjektiven Trauerprozessen Gewalttaten des Nationalsozialismus zu verarbeiten. Zurückgekehrte Exilschriftsteller schrieben über heroische Widerstandskämpfer und vorbildliche Arbeiter, die beim Aufbau einer neuen Gesellschaft aktiv mitarbeiteten.[11] In der Lyrik war das Thema Krieg und Faschismus verknüpft mit politischer Agitation, der Aufforderung, am Aufbau eines sozialistischen Staates mitzuarbeiten, vgl. z.B. Stephan Hermlins Holocaustgedicht von 1947: *Die Asche von Birkenau*: »Allen, Alten und Jungen, / wird die Asche zum Wurf gereicht, / schwer wie Erinnerungen / und wie Vergessen leicht.« Indem Kirsch Freiräume für Assoziationen zwischen alarmierenden Signalen einer problematischen Gegenwart und der jüngsten Geschichte gestaltet, fordert sie zu aktiver Teilnahme am Erinnerungsprozeß auf.

Von Anfang an weist Kirschs Lyrik auf die Notwendigkeit hin, die Verantwortung für Deutschlands gemeinsame politische Geschichte anzuerkennen.[12] Schon in *Gespräch mit dem Saurier* (1965) kritisiert sie Selbstzufriedenheit und Selbstverherrlichung, Fortschrittsglauben und

---

11 Therese Hörnigk: Das Thema Krieg und Faschismus in der Geschichte der DDR-Literatur. Weimarer Beiträge 24 (1978), H. 5, S. 73-105; hier 79.

12 Erst nach der »Wende« übernahm die neue DDR-Regierung in einer öffentlichen Erklärung die Mitverantwortung für die Verbrechen der Nazizeit und für Rückerstattungen von Privatbesitz und Reparationszahlungen an Juden.

Technik-Euphorie in der DDR-Gesellschaft mit dem naiv stilisierten Bild
des Sauriers:»das böse Tier / war im Norden / so groß geworden«, daß
ihn ein Wahn überfiel und er die Sonne in der Eiszeit fraß (*Der Saurier*,
30). Die Anspielung bezieht sich auf die nationalsozialistische Rassen-
ideologie mit ihrer Idealisierung des nordischen Menschen und auf Hitlers
utopischen Wahntraum von einem tausendjährigen Reich.[13] In *Der kleine
Prinz* aus *Landaufenthalt* (67), angelehnt an Saint-Exupérys Geschichte
von 1946, löst der Kamerablick der fliegenden Persona (in Engelsgestalt
wie im unmittelbar folgenden Gedicht *Engel*) auf irdischen Komfort
Beunruhigung aus:»die Menschen gehn auf dem Kopf — diese Sicherheit
beängstigt.«

Als Kirsch während der avantgardistischen »Lyrik-Welle« der sechsziger
Jahre ihr literarisches Debüt machte, begann sie — zusammen mit anderen zwischen 1934 und 1935 geborenen Lyrikern: Volker Braun, Bernd
Jentzsch, Rainer Kirsch, Karl Mickel, Heinz Czechowski und Richard
Leising —, fertigen Phrasen zu mißtrauen und ideologische und ästhetische Normen des antifaschistischen Staates zu hinterfragen. Volker
Brauns Gedicht *Anspruch* von 1966 mit den Eingangszeilen »Kommt uns
nicht mit Fertigem. Wir brauchen Halbfabrikate« fängt die Aufbruchs-
stimmung ein. Diese Schriftsteller der sogenannten Mittleren Generation
begannen 1962 und 1963, mit öffentlichen Lesungen (nach sowjetischem
Muster) auf ihre Lyrik aufmerksam zu machen. Obgleich sie eine starke
Bindung an ihren Staat hatten, lehnten sie es ab, die DDR-Wirklichkeit
harmonisierend darzustellen. Es ging ihnen darum, die Widersprüche und
Probleme der neuen Gesellschaft aufzudecken. Außerdem griffen sie die
normative Ästhetik des »sozialistischen Realismus« und des sowjetisch
beeinflußten Anti-Formalismus an, die bislang ein Teil der antifaschisti-

---

13 Kirschs Gedichte in *Gespräch mit dem Saurier* (dessen zweite Hälfte aus Gedichten ihres früheren
    Mannes Rainer Kirsch besteht) wurden von Kritikern häufig als zu volkstümliche, mädchenhafte
    und naiv-künstliche Spielerei oder als poetisches Leichtgewicht abgetan. Hinter ihrem eigen-
    willigen, lockeren Ton und ihrer bewußt weiblichen Stimme wurde der Ernst, besonders in den
    Gedichten des Holocaustzyklus, übersehen. Im nachhinein, so stellt auch Hans Wagener in seiner
    jüngst veröffentlichen Studie zu Kirsch fest, »bleiben doch auch ernsthaftere Gedichte, [...] die
    Keime der späteren ahnen lassen«. Hans Wagener: Sarah Kirsch. Berlin 1989, S. 20.

schen Orientierung gewesen war. Der Konflikt zwischen »klassischem Erbe«, in der Lyrik repräsentiert durch Klopstock, Hölderlin und Goethe, und der Tradition der internationalen poetischen Moderne, von Baudelaire und Rimbaud bis Benn und Beckett, wurde besonders intensiv von dieser Generation ausgetragen.[14] Wie auch andere Dichter der »Lyrik-Welle« begann Kirsch in den frühen sechsziger Jahren, Stilmittel der literarischen Moderne in ihre Lyrik aufzunehmen, z.B. Simultaneität, Assoziations-räume, Verfremdung, Montage, Paradox, lakonisch-elliptische Verkür-zung, und russische Modernisten zu übersetzen (Achmatowa, Bloch und Bagritzki). Um ihre authentische Beziehung zur Geschichte als histori-sches Subjekt auszudrücken, statt sich blind dem marxistisch- leninisti-schen Konzept des objektiv vorgegebenen historischen Prozesses und einem geschichts-teleologischen Optimismus zu ergeben, bestanden diese jungen Lyriker auf dem Anspruch, ihre Subjektivität in allen Aspekten ihres Schreibens zu behaupten: »Geschichtsbewußtsein ist Selbstbe-wußtsein«, ein von ihrem Sprecher Volker Braun geprägtes Motto, wurde zu einem Leitsatz dieser Gruppe.[15] Sarah Kirsch bestätigt dieses Motto mit ihrem Gedicht *Winter* (L 19) von 1967. Hier erklärt das »Ich« in der Eingangszeile emphatisch »Ich lerne mich kennen« und reflektiert über Selbstbewußtsein und Identität als dialektisches Verhältnis von eigener und kollektiver Geschichte. Vergangenheit und Gegenwart, Öffentliches und Privates werden im Gedicht ständig miteinander verknüpft. Der Verweis auf den historischen »Reichstagsbrand« (27. Februar 1933) historisiert die gegenwärtige Zeit des empirischen/erlebten Ich: »Ich liebe meinen Bauernpelz und meine Stiefel / und mein trauriges Gesicht.«

Die Affinität von Sarah Kirschs Gedichten und der »Lyrik-Welle« zu Walter Benjamins *Geschichtsphilosophischen Thesen* ist sinnfällig und wird ausdrücklich in Volker Brauns Vortrag *Literatur und Geschichts-bewußtsein* auf dem VII. Schriftstellerkongreß 1973 dokumentiert. Braun beschreibt sein Wirklichkeitsverständnis als »arbeitende Geschichte«,

14   Vgl. Jost Hermand: Das Gute Neue und das Schlechte Neue (s. Anmerkung 3), S. 88.

15   Volker Braun: Es genügt nicht die einfache Wahrheit. Frankfurt/M. 1976, S. 139.

wobei er Geschichte als »Gegenstand einer Konstruktion« meint, die von
»Jetztzeit« geladen ist.[16] Er bezieht dieses Konzept der »Jetztzeit« auf
Walter Benjamins XIV. geschichtsphilosophische These. Darin ist »Jetztzeit« nicht einfach das Äquivalent zur Gegenwart, sondern das Anhalten
der Zeit in der Gegenwart. Das erinnernde Subjekt sprengt die »Jetztzeit«
aus dem Kontinuum der Geschichte heraus.[17] Kirschs Bilder von Krieg
und Zerstörung zeigen eine enge Beziehung zu dem Konzept von Geschichte und Erinnerung, wie es Benjamin in seinen *Geschichtsphilosophischen Thesen* bei der Reflexion über Faschismus und Krieg formuliert
hat. In der neunten These diskutiert Benjamin Paul Klees Gemälde des
mythischen Archetyps »Angelus Novus« von 1920 als Darstellung seines
eigenen Geschichtsbildes: Vergangenheit und Gegenwart verschmelzen im
Augenblick der Erkenntnis des »Trümmerhaufens«, den die Geschichte
hinterlassen hat. Benjamins »Engel der Geschichte« hat sein »Antlitz« der
Vergangenheit zugewendet, während er darüber nachdenkt, wo er »wohl
verweilen, die Toten wecken und das Zerschlagene zusammenfügen«
möchte. Aber der große Trümmerhaufen wächst mit der Zeit höher und
höher, bis »ein Sturm vom Paradiese her« weht, der ihn unaufhaltsam in
die Zukunft, der er den Rücken kehrt, treibt. »Das, was wir den Fortschritt nennen, ist *dieser* Sturm.« (272-273) Die Augen des Engels sind
in Furcht aufgerissen, und sein Mund steht offen, während er hilflos den
Pfad des historischen Fortschrittes entlang gedrängt wird. Säkulare Engel
(angefangen mit dem optimistischen Frühgedicht *Gleisarbeiterschutzengel*
GS 36) streifen durch Kirschs poetische Landschaften wie bei Alberti,
Bachmann, und Aichinger und sehen gewöhnlich wie Benjamins »Engel«
vorwärts und rückwärts und übermitteln Warnsingnale, wie im Titelgedicht *Erdreich* (E 51).[18]

---

16 Ebd.

17 Walter Benjamin: Geschichtsphilosophische Thesen. In: Illuminationen. Ausgewählte Schriften.
    Frankfurt/M. 1961, S. 276.

18 Vgl. Adolf Endler. Randnotiz über die Engel Sarah Kirschs. In: Text und Kritik (Januar 1989),
    H. 101, S. 32-40.

In Übereinstimmung mit Benjamins Begriff von Geschichte als einem Kontinuum von Gewalttaten und Verfolgung führt Kirsch ihre Leser zu historischen und prähistorischen Orten der Zerstörung. An diesen Orten enthält die Natur Zeichen, die Assoziationen zu verschiedenen Formen und Perioden historischer Gewalt hervorrufen. Ihre allegorischen Titel, die häufig polyvalente Realsymbole und -allegorien in Bildgeflechten mit assoziativen Verbindungen zum Nationalsozialismus und Kriegs- und Todesbildern darstellen, z.B. *Der Beifuß am Schuttplatz* (GS 25), *Geröll* (K 87), *Erdrauch* (E 77), erinnern direkt an Benjamins »Trümmerhaufen« der Geschichte. In Kirschs Prosa-Gedicht *Flurschaden* (I 25) finden sich Parallelen zu Benjamins Bild des Sturmes, der mit großer Kraft weht und viel Schaden auf der Erde anrichtet: »Vier Tage wütendster Sturm der im Handumdrehen alles verwüstet. Schwarze Wolkengebirge zerplatzen stellen die Sintflut vor [...] Viele entwurzelte Erlen der abgedrehte Holunder wandern auf einziger Straße und hakenförmige Pappeln unter der Tatze.« Die oszillierenden Bilder dieses Gedichtes zeigen gleichzeitig eine Anspielung auf Celans *Mohn und Gedächtnis*: »Der niedergemetzelte Mohn sprengt die Knospen bevor er stirbt zeigt er Farbe.« Das Bild »hakenförmige Pappeln unter der Tatze« evoziert eine Kette von Assoziationen zu »Hakenkreuz« und Terrorherrschaft. Als ein metaphorisch zusammenhängendes Assoziationsgeflecht bilden die Bilder ein Gewebe aus verschlüsselten Elementen.

Kirschs poetisches Prinzip baut auf einer Erleuchtung des Lesers auf und erinnert an Joyces »Epiphaniekonzept« und Benjamins »Choks«. Wie Benjamin in seiner XVII. These darlegt, gehört »zum Denken nicht nur die Bewegung der Gedanken, sondern ebenso ihre Stillstellung. Wo das Denken in einer von Spannung gesättigten Konstellation plötzlich einhält, da erteilt es derselben einen Chok, durch den es sich als Monade kristallisiert.«[19] In diesem Licht gesehen, ist die Vergangenheit eine Offenbarung historischer Momente, die als einzelne, das historische Kontinuum sprengende Bilder erkennbar sind. In der V. These hält Benjamin das

---

19 Ebd., S. 278.

flüchtige Aufblitzen vergangener Momente fest: »Das wahre Bild der Vergangenheit huscht vorbei. Nur als Bild, das auf Nimmerwiedersehen im Augenblick seiner Erkennbarkeit eben aufblitzt, ist die Vergangenheit festzuhalten« (272).

In *Die Übung* (E 46-47) bezieht sich der Titel auf zwei gleichzeitige Übungen, die eines »Trupp[s] erhitzter Soldaten« an einem Frühlingstag am Brandenburger Tor und eine Übung in der Erinnerung von Leser und Schreiber. Kirsch bezieht sich ausdrücklich auf die Vergangenheit in Bildern, die flüchtig auftauchen, während die Zeit in der Gegenwart stillsteht und der/die sich Erinnernde die vergangene Zeit im »Eingedenken« einfängt:

> Der Commander hatte die lauteste Stimme
> Der Letzte lief auf verwundeten Füßen
> Die Passanten erstarrten
> Schreckliche ausführliche Gedanken
> Verschüttete Bilder
> Flogen durch ihre Köpfe
> Das gehetzte Zufußrennen
> Beeindruckte mehr als eine Panzerparade
> Der Spuk zog vorüber das Frösteln
> Die Leute wischten sich was
> Wie Spinnweben von den Augen
> Das angehaltene Leben ging weiter
> Die Autos waren wieder zu hören
> Das Brautkleid sah ein bißchen
> Nach Ferntrauung aus
> Die Kinder stürzten aus der Schule
> Schrien mit Spatzenstimmen.

In dieser Erinnerungsvignette verknüpft Kirsch militärische Paraden am Brandenburger Tor der Gegenwart mit Erinnerungen an Paraden während des Krieges. »Ferntrauung« evoziert Erinnerungen an Zeiten, als bei der Trauung nur die Braut anwesend war, während der Bräutigam an der Front kämpfte. Die hellen, munteren »Spatzenstimmen« der Schulkinder kontrastieren mit der dominierenden Stimme des »Commanders«. Kirsch setzt eine Erinnerungskette in Bewegung (»schreckliche ausführliche Gedanken«), die bedrohliche Momente der Gegenwart mit solchen der Vergangenheit verbindet, als deutsche Soldaten noch Befehle von »Nazi-Kommandeuren« ausführten. Eine deutliche Verbindungslinie läßt sich zu Benjamins VI. These ziehen: »Vergangenes historisch artikulieren heißt nicht, es erkennen ›wie es denn eigentlich gewesen ist‹. Es heißt, sich einer Erinnerung bemächtigen, wie sie im Augenblick einer Gefahr aufblitzt. Dem historischen Materialismus geht es darum, ein Bild der Vergangenheit festzuhalten, wie es sich im Augenblick der Gefahr dem historischen Subjekt unversehens einstellt« (270). Die Gedichte von Kirsch versuchen nicht, die Vergangenheit zu dokumentieren, ›wie es denn eigentlich gewesen ist‹, sondern sie aufzugreifen, während sie sich in den von der Gegenwart in Gang gesetzten Erinnerungsprozessen offenbart.

In Kirschs frühen Gedichten aus der DDR entsteht der epiphanische Moment einer Persona in der Begegnung mit der Geschichte häufig in Gedichten mit erzählerischer oder dialogischer Form im Kontext eines Reifeprozesses eines jungen Mädchens. *Der Regen bin ich* und *Holunder*, beide aus dem Holocaustzyklus in *Gespräch mit dem Saurier*, thematisieren den Aufbruch eines Mädchens in eine komplexe, schuldbeladene Welt. In der Auseinandersetzung mit der Geschichte der Unterdrückung und Vernichtung des »Minderwertigen« (im Nationalsozialismus wie im Patriarchat überhaupt) gewinnt die weibliche Persona Reife und Selbstverständnis in Form von Geschichtsbewußtsein. Diskussionen zum Eichmannprozeß (1961) und zum Frankfurter Auschwitzprozeß (1963-1965) wirkten als unmittelbare Einflüsse auf mehrere Gedichte in *Landaufenthalt* (1967), in denen der Holocaust als konkreter Ort im Zentrum der Gedichte angelegt ist, beispielsweise in *Legende über Lilja* (29-31) und *Der Milchmann Schäuffele* (44-45).[20] In ihrer späteren Lyrik, die nach

---

20   Zur detaillierten Analyse von *Lilja* und *Schäuffele* und zur Intertextualität in der Bildersprache vgl. Barbara Mabee: Die Poetik von Sarah Kirsch. Erinnerungsarbeit und Geschichtsbewußtsein. Amsterdam 1989, S. 79-122.

der Übersiedelung 1977 im wesentlichen in der Isolation entstanden ist,[21] werden Geschichte und Erinnerung zu hermeneutischen Aussagen mit starker Affinität zu Benjamins *Engel der Geschichte*. Bezüge auf den Holocaust erscheinen immer mehr als apokalyptische Bilder aus einem privaten poetischen Kosmos, teilweise mit ausdrücklichen Verbindungen zu Titeln und Bildern von Paul Celan und Nelly Sachs. Kirschs Gedicht *Geröll* (K 87) bezieht sich auf die Trümmerreste von Gewalttaten, die als Versteinerungen zu Orten des Gedächtnisses und zu Speichern von Vergangenem werden:

> Mühlsteine Schleifsteine aufgerissene
> Schern spitze Messer wohin ich auch
> Blicke leere Himmel abgestorbene
> Felder die überschlagenden
> Glocken im Turm der Leichenzug
> Weitsichtbar auf dem einzigen Hügel
> Grabsteine Flursteine der hohe Mut
> Flog mit den Schwalben davon.

Wie bei Paul Celan in »Nacht« (*Sprachgitter*) entsteht hier eine ›ewige Todeslandschaft‹ in Verbindung mit dem Bildfeld *Geröll*. Im Umfeld der Tod und Zerstörung verursachenden Instrumente wirken die »abgestorbenen Felder« nach der Ernte im Herbst bedrohlich. Die herbstlichen Felder symbolisieren Tod und Verwesung, gemäß der Tradition von Herbstgedichten. Sie evozieren hier zusammen mit dem Sinnbild der Mühlsteine und Schleifsteine als Rad der Geschichte[22] die ewige Wiederkehr von Gewalt und Tod in der Geschichte der Zivilisation, ein Konzept, das an Nietzsches Geschichtsbild als »Ewige Wiederkehr des Gleichen« anklingt, wie er es etwa im dritten Teil des *Also sprach Zarathustra* von dem weisen Wanderer als Lehre verkünden läßt.[23]

---

21 Nach einem kurzen Aufenthalt in West-Berlin zog Kirsch nach Bothel bei Bremen in Niedersachsen, 1983 dann nach Tielenhemme an der Eider in Schleswig-Holstein.

22 Die Bewegung des »Mühlrads« als Rad der Geschichte und als Auslöser von Erinnerungsprozessen entwickelt Kirsch im gleichen Band ebenfalls auf der Folie des Naturzyklus' in *Wenn das Eis geht* (K 29).

23 Friedrich Nietzsche: Also sprach Zarathustra. München 1968, S. 180-181.

Kirschs Angst, von der Last der Vergangenheit zerbrochen zu werden und in der Zeit gefangen zu sein — eine Angst, die auch Nietzsche in *Also sprach Zarathustra* entwickelt —, steht in *Verdammung* (K 75) in einem zwiespältigen Verhältnis mit Benjamins Postulat des Eingedenkens. In *Verdammung*, einer verfremdeten Version von »Prometheus«, überdenkt Kirsch die Spannung zwischen Vergessen und Erinnern in der Post-Holocaust-Welt (wie sie schon vorher der jüdische Dichter Paul Celan in *Corona* ansprach und im Titel des dazugehörigen Bandes *Mohn und Gedächtnis* ausdrückte).[24] Der Adler, der häufig als staatstragendes Wappentier eine symbolische Funktion hat, wird hier zum Symbol für das Annehmen und stoische Ertragen des Leidens in gewalttätigen Augenblicken der Geschichte. Er ist »verdammt«, die schweren Lasten der Geschichte zu tragen:

> Der Adler weiterhin flog weil kein
> Auftrag ihn innezuhalten erreichte
> Gelang es ihm nicht sich erheben den
> Furchtbaren Ort für immer verlassen
> In alle Ewigkeit hält er am Mittag
> Ausschau nach seinem Beschatter.

Auch in ihrem poetologischen Frühgedicht *Hirtenlied* (L 17) nimmt Kirsch in der Rolle des Hirten die Aufgabe an, menschliche Gewaltakte gleichsam einzuhüten: »Ich sitz über Deutschlands weißem Schnee [...] Haar wird zum Helm / die Flöte splittert am Mund.« Das Splittern der Flöte am Mund symbolisiert die Unfähigkeit des Hirten (Dichter als Aufbewahrer von Geschichte), nach Auschwitz harmonische und volle Töne zu produzieren und indiziert den Schmerz über den Keim (*Wintersamen*) eines erneut aufbrechenden Unheils. In vielen von Kirschs Winterlandschaften decken Schnee und Eis, wie bei Nelly Sachs, Ilse Aichinger, Paul Celan und Johannes Bobrowski, Orte potentieller schmerzlicher Erinnerungen zu und sind als Todeslandschaften eng assoziiert mit Erstarrung, Versteinerung, Schuld und Vergeßlichkeit.

---

24 Paul Celan: Mohn und Gedächtnis. Stuttgart 1952, S. 33.

Nach Kirschs Übersiedelung in den Westen nehmen Geschichte und
Erinnerung eine neue Eindringlichkeit in ihrem lyrischem Werk ein. In
weitgespannten Assoziationsräumen, teilweise als poetische »Totenspiele
mit ungewisser Bedeutung«[25], radikalisiert sie ihre Auseinandersetzung
mit subjektiver Verantwortung, Unterdrückung von Menschenrechten,
Nazi-Ideologie, Machtstrukturen und globalen Menschheitsproblemen wie
beispielsweise Ausbeutung der Natur, Medienüberflutung und militärische
Auf- und Nachrüstung. Als »Wanderer, Biologe, Gärtner und Schäfer«[26]
durchstreift Kirsch in ihren Gedichten die norddeutsche Moorlandschaft
— Felder, Wiesen und Wälder im Wechsel der Jahreszeiten — in der
Rolle der besorgten Chronistin, der es fraglich erscheint, ob »diese Erde
lang noch dauert«, wie sie es in *Ebene* in *Schneewärme* (40), ihrem jüngsten Band (1989), ausdrückt. Ihr dichterischer Auftrag konzentriert sich
auf das Benennen der ihr als »Seelenländchen« (*Ankunft* S 8) entgegentre-
tenden Natur: »Die großen Bilder alltäglich [...] wie soll ich / Müde
werden es zu benennen.« Die gehobene Diktion und das Bild des umher-
irrenden, aber oft »frohen« Wanderers »in ländläufiger Gegend« (K 31)
zeigt Parallelen zu dem Bild des einsamen Wanderers in Nietzsches *Also
sprach Zarathustra* und zu Hölderlins rastlosem *Fremdling und Wanderer
in Hyperion*, auf den Kirsch sich mit dem Titel *Irrstern* (1986) bezieht.
Abrupte Verbindungen zum Holocaust zerstören immer wieder die scheinbar bukolische Atmosphäre (teilweise in der Umgebung von Märchenmotiven, die auf eine unterschwellige Gefahrenzone verweisen) wie in *Hinter
der Mühle* (E 62-63), einem Gedicht, das auf einem imaginierten »Erinne-
rungsgang« von Mutter und Sohn zu drei »Zuckerhutbergen« basiert.
Auch hier im Märchenland Tieckscher Art (Motive erinnern an Tiecks
Runenberg von 1804, in dem das Wunderbare Züge des Schreckens und
Grauens trägt) sind Narben der kollektiven deutschen Geschichte zurückgeblieben: »Auf der Innenseite des Armes die vielstellige Zahl / Und ich

---

25 Vgl. Barbara Mabee: ›Im Totenspiel ungewisser Bedeutung‹. Antirassistische Assoziationsräume
    in der Lyrik von Sarah Kirsch. In: Jahrbuch zur Literatur der DDR. Die Schuld der Worte. Bd.
    6. Hg. Paul Gerhard Klussmann und Heinrich Mohr. Bonn 1988, S. 143-162.

26 Gerhard Wolf: Ausschweifungen und Verwünschungen. Vorläufige Bemerkungen zu Motiven bei
    Sarah Kirsch. In: Text und Kritik (Januar 1989), H. 101, S. 24.

weiß daß die Trauer die ich da spürte / Aus Wut und Schmerz zusammengesetzt war.«

In *Schneewärme* fängt das Titelgedicht *Schneewärme* (41) ihr eingedenkendes Aufzeichnen menschlicher Spuren in der Natur ein:»In der Dämmerung fand ich / Tote Seelen die Schatten / [...] // Lange hörte ich Stimmen / Immer war es derselbe / Unbegreifliche schneidende Wind.« Dieses Gedicht verdeutlicht das für Kirsch charakteristische Bild des Einbrechens historischer Dimensionen in Natureindrücke. Grundsätzliche thematische Parallelen bestehen zum »Waschen« von Blut aus dem Moor in ihrem Frühgedicht *Der Regen bin ich* (aus dem allgemein unbeachteten Holocaustzyklus in *Gespräch mit dem Saurier*). Das Ich hört immer noch die stöhnenden, in die Natur eingegrabenen Stimmen der Geschichte und verknüpft Naturwahrnehmung und historische Erfahrung ohne spezifische Konkretisierung der Geschichte.

Als Chronistin und Bewahrerin deutscher Geschichte setzt Kirsch ihre realen oder imaginierten Streifzüge durch die Natur und ihre Reiseberichte fort:»Im Moorland lebt man ohne Kalender« (52). In ihren poetischen Landschaften zeigt sich eine Affinität zu Gryphius' klagevollen Gedichten, dem Chronisten von Krieg und Zerstörung im Dreißigjährigen Krieg, und seiner allegorischen »Memento mori«-Bildersprache.[27] Sie empfindet sich als »Chronist einer Endzeit. Ich nehme auf, was es alles gibt auf der Welt. Manches, wie die Bäume, kann man nur noch betrauern. Ich versuche, das alles ein wenig aufzuheben.«[28] Bewußt oder unbewußt hat sie sich Walter Benjamin und seinem Erinnerungskonzept (*Eingedenken* als Interdependenz zwischen Strukturen subjektiver Bedeutung und kollektiver Erinnerung) angeschlossen. Diese Lyrik des Eingedenkens enthält deutliche Züge von Benjamins, Nietzsches und Gryphius' allegorischer

---

27 In *Fahrt II* (L 6) bezieht sich Kirsch auf »die Klagen des Gryphius« und in ihrem letzten Band aus der DDR, *Rückenwind* (1977), redet sie ihn mit »Mein Bruder« an. In: Niemals verzogen (63).

28 Sarah Kirsch: Alles aufheben. In: Deutsche Literatur 1983. Ein Jahresüberblick. Hg. Volker Hage in Zusammenarbeit mit Adolf Fink. Stuttgart 1984, S. 244. Vgl. auch zu Kirschs Rolle als Chronistin Friederike Eigler: ›Verlorene Zeit, gewonnener Raum‹. Sarah Kirschs Abschied von der DDR in Allerlei-Rauh. In: Monatshefte 83 (1991), H. 2, S. 176-189.

Sprache. Kirsch verknüpft vergangene und gegenwärtige Augenblicke von Unterdrückung und Gewalt, macht das Leiden aber weder zeitlos noch universal; stattdessen bewahrt sie die Einmaligkeit der Erfahrung in dem erleuchteten Augenblick einer Epiphanie und gelegentlich in einem elegischen Ton der Trauer.

Angelika Bammer

Sozialistische Feminismen: Irmtraud Morgner und amerikanische Feministinnen in den siebziger Jahren

Von einer Morgnerrezeption im eigentlichen Sinne kann man in den USA kaum sprechen. Zweifellos liegt das zum Teil daran, daß mit Ausnahme einiger kurzer Auszüge bisher ihre Texte nicht ins Englische übersetzt worden sind.[1] Ob nun das spärliche Interesse an den mangelnden Übersetzungen liegt oder umgekehrt, sei vorerst dahingestellt. Tatsache ist, daß in den USA mit Ausnahme des relativ kleinen Kreises an Frauen- und DDR-Literatur interessierter GermanistInnen so gut wie niemand Morgner kennt.

Dennoch bestehen wichtige Berührungspunkte zwischen der Autorin, die wiederholt betonte, daß »eine Frau mit Charakter [...] heute nur Sozialistin sein [kann]«[2], und der Gruppe amerikanischer Feministinnen, die sich ebenfalls als »sozialistische Feministinnen« verstanden. In den siebziger Jahren — der Zeit, in der Irmtraud Morgner als die Autorin des

---

1   Buch 12 aus Morgners Roman *Leben und Abenteuer der Trobadora Beatriz nach Zeugnissen ihrer Spielfrau Laura* (Berlin und Weimar 1974, Darmstadt und Neuwied 1976) erschien in englischer Übersetzung in: New German Critique 15 (1978). Erst zehn Jahre später erschienen einige weitere Kurzprosatexte Morgners: Weißes Ostern; Das Duell aus: Hochzeit in Konstantinopel [Schuhe]; Zweite Fernwehgeschichte der Spielfrau Laura (Buch 10, Kapitel 15); Dritte Bitterfelder Frucht: Das Seil (Buch 11, Kapitel 26) aus: Trobadora Beatriz. In: German Feminism. Readings in Politics and Literature. Hg. Edith Hoshino Altbach, Jeanette Clausen, Dagmar Schultz, Naomi Stephan. Albany, New York 1984. Weiteres zu der Rezeption Irmtraud Morgners in den USA findet sich in meinem Aufsatz: Trobadora in Amerika. In: Irmtraud Morgner: Texte, Daten, Bilder. Hg. Marlis Gerhardt. Frankfurt/M. 1980. S. 196-209.

2   Siehe z.B. Trobadora Beatriz, S. 104 und S. 385.

Trobadora-Romans in literarischen und feministischen Kreisen weit über
die Grenzen der DDR hinaus Aufmerksamkeit erregte und in der in den
USA die sozialistisch-feministische Bewegung eine alternative Perspektive
in der politischen Öffentlichkeit vertrat — traten diese Berührungspunkte
nicht nur besonders sichtbar in Erscheinung, sie bildeten auch, zumindest
im Ansatz, die Basis eines Dialogs über unterschiedliche Bedingungen
und Möglichkeiten einer sozialistisch-feministischen Theorie und Praxis.
Diesen Dialog möchte ich an Hand einer vergleichenden Gegenüberstellung der Position Irmtraud Morgners, wie sie um die Zeit des Erschei-
nens des *Trobadora*-Romans zum Ausdruck kam, und der Position amerikanischer Feministinnen der gleichen Epoche exemplarisch skizzieren.
Eine solche Gegenüberstellung wird verdeutlichen, was ich schon in
meinem Titel andeutete, nämlich, daß man nicht von einem sozialistischen
Feminismus sprechen kann, sondern vielmehr im Plural von sozialistischen Feminismen sprechen muß. Diese Notwendigkeit des Plurals werde
ich im folgenden erläutern.

Der amerikanische Feminismus, der sich von Anfang an pluralistisch entwickelte, war während der siebziger und bis in die frühen achtziger Jahre
von drei unterschiedlich orientierten Perspektiven geprägt: dem liberalen,
dem radikalen und dem sozialistischen Feminismus. Diese Feminismen
charakterisiert die amerikanische Soziologin Myra Marx Ferree folgendermaßen:

> Radikale Feministinnen sind diejenigen, die in der Unterdrückung der Frau
> Ursache und Paradigma aller Unterdrückungen sehen. [...] Demnach gilt das
> Patriarchat, in dem Männer Frauen und ältere Männer jüngere Männer be-
> herrschen, als das System, das allen anderen Formen gesellschaftlicher und
> wirtschaftlicher Unterdrückung [...] bestimmend unterliegt.

> Sozialistische Feministinnen versuchen, feministische Einsichten mit sozia-
> listischen Paradigmen zu verbinden [...] Sie kritisieren marxistische Ortho-
> doxie und zum Teil sogar Grundsätze und Schlußfolgerungen von Marx/En-
> gels selbst. Jedoch sehen sie eine historisch-materialistische Analyse als
> unabdingbar an [...] und ordnen ihre Zielsetzung in den Rahmen eines sozia-
> listischen Programms ein.

Liberale Feministinnen [...] verwalten das Erbgut der Aufklärung [...] Ihre Hauptprämissen sind Selbstbestimmung [...] und das Recht des Individuums. Ihre politische Analyse beruht auf dem Grundsatz der Gleichheit vor dem Gesetz.[3]

Obwohl der liberale Feminismus das Bild des amerikanischen Feminismus zwar weitgehend normativ bestimmt hat, haben zu bestimmten Zeiten die anderen Perspektiven ebenfalls historisch wichtige Rollen gespielt. Um die Zeit, als Morgners *Trobadora Beatriz* erschien, d.h. um die Mitte der siebziger Jahre, war, noch unter dem Einfluß der politischen Protestbewegungen der sechziger Jahre (ausgehend von der Bürgerrechtsbewegung und der Protestbewegung gegen den Krieg in Vietnam), die sozialistisch-feministische Perspektive innerhalb der amerikanischen Frauenbewegung besonders stark vertreten. Die historischen Wurzeln dieses sozialistischen Feminismus — das Klassenbewußtsein einer marxistisch geprägten »neuen« Linken, das Rassenbewußtsein der amerikanischen Bürgerrechtsbewegung und das feministische Bewußtsein der neuen Frauenbewegung — bildeten die Basis einer politischen Analyse, die sich an der Parole »Rasse, Klasse, Geschlecht« orientierte.

Im Ansatz hatten der sozialistische Feminismus amerikanischer Prägung und der sozialistische Feminismus Morgnerscher Prägung viel gemeinsam: beide gingen davon aus, daß »das Persönliche« politisch sei.[4] Beide erachteten Alltagsleben, Frauenleben — Frauenalltagsleben — als nicht nur einer politischen Analyse wert, sondern politischer Veränderung bedürftig. Ebenso erachteten beide die Doppelbelastung der Frau durch Arbeit zu Hause und Arbeit im Beruf als keineswegs nur frauenspezifisches, sondern gesamtgesellschaftliches Problem; sie wiesen darauf hin, daß Reproduktion ebenso Arbeit sei wie Produktion. Insofern war ihr Ausgangspunkt gleich. Ihr Angriffspunkt war jedoch ein anderer.

---

3 Myra Marx Ferree: Equality and Autonomy: Feminist Politics in the United States and West Germany. In: The Women's Movements of the United States and Western Europe. Hg. Mary Fainsod Katzenstein, Carol McClug Mueller. Philadelphia 1987, S. 173.

4 Die Parole amerikanischer Feministinnen war »the personal is political« (»das Persönliche ist politisch«).

Während amerikanische sozialistische Feministinnen die Notwendigkeit einer Kritik an den kapitalistischen Strukturen ihrer patriarchalischen Gesellschaft hervorhoben, betonte Morgner die Notwendigkeit einer Kritik an den patriarchalischen Strukturen ihrer sozialistischen Gesellschaft. Auch formal gestaltete sich ihre Systemkritik anders. In den USA war der politische Diskurs sozialistischer Feministinnen in den siebziger Jahren vorwiegend soziologisch orientiert: die Arbeiten, die die Entwicklung einer sozialistisch-feministischen Analyse in dieser Zeit entscheidend prägten — Texte von Frauen wie Zillah Eisenstein, Nancy Hartsock, Heidi Hartmann, Rosalind Petchesky, Batya Weinbaum, Linda Gordon, Eli Zaretsky, Juliet Mitchell und Sheila Rowbotham[5] — waren weitgehend in die objektivierende Tatsachensprache der Soziologie, politischen Wissenschaft oder Ökonomie gekleidet.[6] In der DDR hingegen wurde das, was man als »sozialistischen Feminismus« bezeichnen könnte, um die Mitte der siebziger Jahre zuerst von Schriftstellerinnen wie Christa Wolf, Brigitte Reimann, Maxie Wander und Irmtraud Morgner artikuliert. Mit anderen Worten: während in den USA eine sozialistisch-feministisch orientierte Sozialwissenschaft entstand, entstand in der DDR eine kritische, sozialistische Frauenliteratur.

---

5   Unter Texten, die in den USA in den siebziger Jahren die Verbindung Sozialismus/Feminismus nicht nur thematisierten, sondern auch theoretisch reflektierten und insofern eine wichtige Rolle in der Ausarbeitung einer sozialistisch-feministischen Analyse spielten, wären u.a. zu nennen: Juliet Mitchell: Woman's Estate. New York 1973, Sheila Rowbotham: Woman's Consciousness, Man's World. Harmondsworth, England 1973, Eli Zaretsky: Capitalism, the Family, and Personal Life. In: Socialist Revolution (Januar-Juni 1973), Batya Weinbaum: The Curious Courtship of Women's Liberation and Socialism. Boston 1978, The Unhappy Marriage of Marxism and Feminism: a Debate of Class and Patriarchy [mit Beiträgen von Heidi Hartmann et al.]. Hg. Lydia Sargent. London 1986, Capitalist Patriarchy and the Case for Socialist Feminism. Hg. Zillah Eisenstein. New York und London 1979, Nancy Hartsock: Money, Sex, and Power: Toward a Feminist-Historical Materialism. Boston 1983. Mit Ausnahme der Engländerinnen Mitchell und Rowbotham waren alles Amerikanerinnen.

6   Dies hatte offensichtliche historische Gründe. Zum einen war für diese Frauen, deren politische Formation in den Protestbewegungen der sechziger Jahre lag, die Sprache der politischen Analyse noch weitgehend von dem Marxismusmodell linker Politik bestimmt. Zum anderen waren diese fast ausschließlich weißen, vielfach aus dem liberalen, jüdischen Bürgertum stammenden Akademikerinnen nach wie vor stark von dem in Aufklärungsprinzipien verhafteten Glauben an die Überzeugungskraft von Argumenten, die auf dem als objektiv angesehenen Boden von Fakten, Logik und Gerechtigkeit beruhten, getragen.

Bei einer Beurteilung dieser unterschiedlichen Strategien muß man natürlich die unterschiedlichen Bedingungen, unter denen sich jeweils politischer Dissens in der DDR und den USA zu jener Zeit artikulieren ließ, berücksichtigen. Während er in den USA oft in Form öffentlicher Protestaktionen unmittelbar zum Ausdruck kam, trat er in der DDR eher indirekt in Form von Kunst, insbesondere Literatur, an die Öffentlichkeit. Hierbei wiederum spielte die unterschiedliche Funktion von Literatur hier und dort eine Rolle. Denn während in den USA das politische Potential von Literatur von vornherein dadurch beschränkt war (und ist), daß selbst die systemkritischste Literatur als Teil der kulturvermarktenden, kapitalistischen Unterhaltungsindustrie immer auch eine systemerhaltende Funktion hat, hatte Literatur in der DDR als Teil einer staatstragenden, sozialistischen Kulturindustrie nicht nur die ihr aufgetragene systemerhaltende Funktion, sondern auch — mutatis mutandis — das in dieser Funktion ebenfalls beinhaltete systemkritische Potential.

Selbstverständlich gab es in den USA auch literarische Texte, deren Perspektive als sozialistisch-feministisch bezeichnet werden könnte: Texte, die in ihrer Beschreibung von Frauenleben nicht nur die geschlechtsspezifischen, sondern auch klassenspezifischen Dimensionen dieser Erfahrung betonten. Die Texte Agnes Smedleys, Harriet Arnows, und Tillie Olsens wurden z.B. in den an amerikanischen Universitäten um diese Zeit neu eingerichteten »Women's Studies«-(»Frauenstudien«)-Kursen als beispielhaft für die Darstellung der besonderen Schwierigkeiten gelesen, die ihre Heldinnen nicht nur als Frauen, sondern als Frauen der Arbeiterklasse zu bekämpfen hatten.[7] Jedoch galten die literarischen Texte eher als Veranschaulichung einer Problematik, die in den theoretischen Texten modellhaft erarbeitet worden war.

Auch Morgner stellte das Alltagsleben arbeitender Frauen dar: Beatriz de Dia (laut dem *Trobadora Beatriz* vorangestellten Personenregister von

---

7   Smedley: Daughter of Earth (Autobiographie 1943), Neuauflage 1973; Arnow: The Dollmaker. (Roman 1954), 1972 Neuauflage in Taschenbuchform; Olsen: Tell Me a Riddle. (Kurzgeschichten 1962), 1971 Neuauflage, Yonnondio (Roman, in den dreißiger Jahren geschrieben), 1974 Erstveröffentlichung.

Beruf »Trobadora«), Laura Salman (»Diplomgermanistin, Bauarbeiterin, Triebwagenführerin, Spielfrau«), Valeska Kantus (»Ernährungswissenschaftlerin«) sowie diverse andere weibliche Nebenfiguren werden in ihrem Roman von Anfang an als Frauen, die arbeiten, vorgestellt. Jedoch im Unterschied zu den obengenannten amerikanischen Texten, die dazu neigten, arbeitende Frauen — insbesondere Frauen der Arbeiterklasse — zu Heldinnen zu stilisieren, lehnte Morgner eine solche Heroisierung ab. Denn, so meinte sie, die narrativen Strukturen, die im ideologischen Interesse des Patriarchats die Heroisierung von Männerleben gefördert haben, seien für SchriftstellerInnen, die diese patriarchalische Tradition weder fördern noch weiterführen wollten, prinzipiell ungeeignet. Eine Literatur, die aus der Perspektive der Frau nicht nur wahrheitsgetreu, sondern auch kritisch sein wolle, müsse neue Formen finden.

Daher machte sich Morgner nicht nur daran, eine neue Romanform zu gestalten (»die Romanform der Zukunft«, den »operative[n] Montageroman«)[8], sie entwickelte auch das Konzept einer materialistischen, feministischen Ästhetik; einer Ästhetik, die sich nicht nur aus der Anlehnung an (oder Ablehnung von) literarischen Traditionen speist, sondern auch aus den konkreten Umständen weiblicher Lebenszusammenhänge hervorgehen würde. In einem fiktiven Gespräch mit der Cheflektorin des Aufbau-Verlags erklärt Laura Salman in *Trobadora Beatriz* diese Verbindung zwischen Textform und Frauenleben:

> Um einen Roman im üblichen Sinne zu schreiben, das heißt, um jahrelang etwa an einer Konzeption festzuhalten, muß man sich einer Art des Schreibens zuwenden, die von den Erlebnissen und Begegnungen des epischen Ich absieht. [...] Abgesehen vom Temperament, entspricht kurze Prosa dem gesellschaftlich, nicht biologisch bedingten Lebensrhythmus einer Frau, die ständig von haushaltsbedingten Abhaltungen zerstreut wird. Zeitmangel und nicht berechenbare Störungen zwingen zu schnellen Würfen ohne mähliche Einstimmung [...][9]

---

8   Morgner: Trobadora Beatriz, S. 170.
9   Ebd.

Sowohl diese Ästhetik als auch die daraus folgende literarische Praxis gehen zum Teil daraus hervor, daß die spezifische Frauenerfahrung, die Morgner darstellen wollte, nicht in die hergebrachten Erklärungsmuster (beispielsweise einer rein-marxistischen Klassenanalyse) gepreßt werden konnte, sondern neue Ansätze erforderte. Während sich die sozialistischen Feministinnen in den USA zum Programm gemacht hatten, diese Ansätze auf gesamtgesellschaftlicher Ebene in die Tat umzusetzen, machte Morgner sich daran, sie ästhetisch einzusetzen.

In ihrer Behandlung der Verflechtung von »Privatleben« (sprich: Beziehungen) und »öffentlichem Leben« (sprich: Arbeit) zeigte sich Morgners grundsätzliche Übereinstimmung mit der These, »das Persönliche ist politisch«, von der alle amerikanischen Feminismen (ungeachtet ihrer jeweiligen »radikalen«, »liberalen«, oder »sozialistischen« Grundorientierung) ausgingen. Jedoch im Gegensatz zu der im amerikanischen Kontext oft praktizierten Strategie, Feminismus dadurch mit Sozialismus zu vereinbaren, daß man sie in der Praxis getrennt hielt (Klassenkampf auf der Straße und am Arbeitsplatz, Geschlechterkampf zu Hause), lehnte Morgner eine solche Trennung ab. Nicht nur theoretisch, meinte sie, sondern auch taktisch, müßten beide Kämpfe gleichzeitig und miteinander ausgetragen werden. Dabei, betonte sie, müsse nicht nur entschlossen, sondern auch phantasievoll vorgegangen werden.

Auf diese Weise entwickelte Morgner aus der scheinbaren Beschränktheit ihres aus amerikanischer Sicht oft zu sehr im Ästhetischen verhafteten Ansatzes ein radikales Potential: die Befreiung der weiblichen Phantasie und Erotik, insistierte sie, sei ebenso notwendig und revolutionär wie die Befreiung der Frau von ihrer Ausbeutung als Arbeitskraft. In dieser Hinsicht ging Morgner nicht nur über einen sozialistischen Feminismus hinaus, der oft in einem lediglich etwas erweiterten Marxismus (Klasse-cum-Geschlecht) steckenblieb, sondern sie schuf auch, zumindest auf theoretischer Ebene, eine Verbindung zu den um diese Zeit im Westen vieldiskutierten Arbeiten französischer Feministinnen wie Hélène Cixous, Monique Wittig und Luce Irigaray, in denen ebenfalls die Zentralität von Erotik und Phantasie im Kampf der Frauen für ihre Befreiung betont wurde.

Die Befreiung der weiblichen Erotik und Phantasie, die Morgner im Prozeß dessen, was sie als »Menschwerdung der Frau« beschrieb, als so notwendig erachtete, wurde von sozialistischen Feministinnen in den USA oft als nebensächlich oder zumindest weniger dringlich betrachtet. So ergibt sich das seltsame Paradoxon, daß die Literatur, die aus der Sicht sozialistischer Feministinnen in den USA als systemkritisch gepriesen wurde — Arnows *The Dollmaker* z.b. oder Smedleys *Daughter of Earth* — mit ihrer HeldInnenstruktur und ideologisch relativ linientreuen Ausrichtung — eher ins traditionelle sozialistisch-realistische Schema paßten als Morgners (post)modernistisch anmutender, phantastischer Montageroman.

In dem Ausmaß, in dem Morgner versuchte, aus der Perspektive des historisch marginalisierten Subjekts Begriffe wie Politik, Widerstand, sogar Revolution neu zu denken, hatte ein Text wie *Trobadora Beatriz* mehr gemeinsam mit den Texten der amerikanischen Schriftstellerinnen, die als sogenannte »women of color«[10] zusätzlich zu Geschlecht und Klasse Rasse als historische Erfahrung thematisierten und als notwendigen theoretischen Ansatz einer politisch effektiven Kritik postulierten. Denn aus den Texten der Schriftstellerinnen, die aus dieser Perspektive heraus in den siebziger Jahren schrieben — Texte wie Toni Morrisons *The Bluest Eye* (1970) und *Sula* (1974) oder Maxine Hong Kingstons *The Woman Warrior* (1976) — geht mit aller Deutlichkeit hervor, daß auch für sie, wie für Morgner, die herkömmlichen Formen, d.h. die kulturelle Tradition des weißen, patriarchalen Bürgertums, nur bedingt maßgebend oder verwertbar waren. Formal sind ihre Texte nicht in die normativen Strukturen kanonischer Literatur einzuordnen, da sie (wie auch Morgner in *Trobadora Beatriz*) neben den herrschenden Traditionen sich auf andere, von den herrschenden nicht anerkannte, Traditionen berufen. Wie Alice Walker in ihrem bahnbrechenden Aufsatz *Auf der Suche nach den Gärten*

---

10 Die politische Bedeutung dieses Begriffs, der sich bewußt von dem alten Begriff »colored women« (»farbige Frauen«) absetzt, könnte vielleicht durch »Frauen mit Farbe« erfaßt werden. In dem Vorwort Audre Lordes zu dem von Katharina Oguntoye, May Opitz und Dagmar Schultz hg. Band *Farbe bekennen: Afro-deutsche Frauen auf den Spuren ihrer Geschichte* (Berlin 1986) wird jedoch der ältere und daher vertrautere Begriff »farbige Frauen« weiterhin benutzt.

unserer Mütter (auf Englisch 1974 erschienen)[11] schreibt, wenn wir die Kunst von Frauen nur an den ästhetischen Kriterien einer von Männerinteressen beherrschten Kunst messen würden, würden wir viel, vielleicht sogar das Wichtigste, übersehen.

Daß es grundsätzliche Berührungspunkte zwischen dem Feminismus der Sozialistin Irmtraud Morgner und amerikanischen sozialistischen Feministinnen gab (und gibt), liegt schon allein in ihrem theoretischen Ansatz begründet. Daß sich andererseits Morgners DDR-spezifischer Feminismus von amerikanischen Feminismen ebenso grundsätzlich unterschied, ist angesichts der gewaltigen Unterschiede in den gesellschaftlichen, politischen und kulturellen Strukturen, aus denen diese Feminismen hervorgingen, kaum verwunderlich. Nicht nur das, was verändert werden mußte und konnte, war hier und dort oft völlig anders. Auch das, was jeweils als Opposition galt, und die Form, in der diese Opposition artikuliert werden konnte, mußte den Umständen entsprechend anders sein. Und in diesen Umständen — der Tatsache, daß Notwendigkeiten und Möglichkeiten derart auseinandergingen — liegt letzten Endes auch der Grund, warum ein wahrer Dialog ausblieb.

Für die verschiedenen anfangs genannten feministischen Gruppierungen innerhalb der amerikanischen Frauenbewegung waren die Abweichungen und Übereinstimmungen mit Morgners Feminismus jeweils unterschiedlich. Die sozialistischen Feministinnen, mit denen Morgner theoretisch am meisten verband, wußten mit der ästhetischen Dimension ihrer politischen Analyse und Textpraxis wenig anzufangen. Die Fragen einer weiblichen Ästhetik, die Zauberkünste von Drachenfrauen, der Dornröschenschlaf der Frauen, die der tägliche Geschlechterkampf erschöpft hatte — diese Aspekte der *Trobadora Beatriz* waren in diesen mehr realpolitisch orientierten Kreisen von wenig Interesse. Ihnen, könnte man sagen, erschien Morgner zu frivol.

---

11 Alice Walker: Auf der Suche nach den Gärten unserer Mütter. In: Auf der Suche nach den Gärten unserer Mütter: Feministische Kulturkritik in Amerika, 1970-80. Hg. Sara Lennox. Darmstadt und Neuwied 1982.

Andererseits war für die Gruppe radikaler Feministinnen, die während der siebiger Jahre damit beschäftigt waren, eine feministische Alternativkultur zu gestalten, Morgners Beschäftigung mit weiblicher Ästhetik und Kulturproduktion gerade von besonderem Interesse. Ein weiterer Berührungspunkt mit dem Feminismus dieser Gruppe lag darin, daß sie, wie auch Morgner, die zentrale Bedeutung von Erotik und Sexualität sowohl in der Unterdrückung als auch in der Befreiung der Frau betonten. Jedoch war für radikale Feministinnen wiederum das Maß an Verständnis und Geduld, das sie für Männer aufbrachte, schwer verständlich. Das Prinzip, auf dem sie beharrte, nämlich daß Frauen und Männer zusammenarbeiten müßten, wurde in diesen Kreisen nur bedingt akzeptiert. In bezug auf Sexismus erschien Morgner dieser Gruppe zu wenig radikal.

Das größte Problem jedoch, der Punkt, an dem sich Morgners DDR-spezifischer Feminismus von den verschiedenen amerikanischen Feminismen am wesentlichsten unterschied, war ihre grundsätzlich systemtreue Einstellung. Für liberale US-Feministinnen, die ihrerseits auch systemtreu waren, war sie dem falschen System treu: Morgners wiederholte Behauptung, daß nur ein mit Sozialismus gepaarter Feminismus in Frage käme, galt für sie nicht. Für sozialistische und radikale Feministinnen andererseits — Frauen, deren Grundhaltung systemfeindlich war — war Morgner nicht oppositionell genug. Ihre Kritik, ihr Zorn, selbst ihr Humor erschienen aus der Perspektive dieser Feministinnen zu gemäßigt, zu gebrochen, zu indirekt. Eine Frau, die im Grunde mit ihrem Staat zufrieden war und seine Männerherrschaft duldete, weil er angeblich »frauenfreundlich« war, wirkte auf sie befremdend.

In dem jetzigen Kontext nach dem Zusammenbruch des DDR-Systems, einem Kontext, in dem die Frage, wem oder was man (und frau) treu bleiben solle, was »Treue« überhaupt bedeute, wieder einmal besonders dringlich geworden ist, werden kritische Perspektiven, die früher meist von außen an DDR-Frauen und -Feministinnen herangetragen wurden, ebenfalls von innen — von DDR-Frauen und -Feministinnen selbst — laut. Im Dialog zwischen deutschen Ost- und West-Feministinnen werden unterschiedliche Feminismuskonzepte diskutiert. In diesem Kontext hat sich auch Morgner noch einmal, kurz vor ihrem Tode, zu dem Thema Feminismus geäußert: Was Frauen jetzt mehr denn je brauchten, sagte sie, sei die Möglichkeit zur Selbstkritik und Selbstironie, »den scharfen Blick auf die eigenen Miesigkeiten.« Denn, so meinte sie, nur »in scharfer Selbstbeobachtung können sich Persönlichkeiten entwickeln«[12]. In dem Maße, in dem amerikanische Feministinnen diese deutsch-deutschen feministischen Dialoge verfolgen und daraus Perspektiven aufgreifen, die die hiesige Diskussion um feministische Theorie und Praxis fruchtbar beleben könnten, ist jetzt vielleicht eine neue Basis geschaffen worden — vielleicht zum ersten Mal eine richtige — für einen Dialog zwischen Feministinnen wie Irmtraud Morgner und Feministinnen in den USA.

---

12 Emma (1990), Nr. 2, S. 38.

Sylvia Kloetzer

Perspektivenwechsel:
Ich-Verlust bei Monika Maron

Amerikanische Leser wurden 1986 auf Monika Maron aufmerksam, als ihr erster Roman, *Flugasche*,[1] in englischer Übersetzung erschien. *Flight of Ashes*[2] konnte für die endgültige Loslösung des DDR-Romans aus der Tradition des sozialistischen Realismus einstehen. Maron zitiert dieses Erbe noch einmal und muß es damit endgültig verabschieden: Es erweist sich als Korsett und untauglich für eine Literatur, die an Verhältnissen arbeiten will, »wie sie vorgefunden wurden« (Fl 73).

In der DDR wurde die modernistische Form dieses Romans, die die Konsequenz seiner Thematik ist, benutzt, um das Buch denjenigen vorzuenthalten, für die es zuerst bestimmt war. *Flugasche* kam 1981 in Frankfurt am Main heraus, nachdem das DDR-Kulturministerium auch nach wiederholten Streichungen die Druckgenehmigung[3] verweigert hatte. 1987 wurde der Roman ein weiteres Mal aus einem DDR-Verlagsprogramm genommen mit der Begründung, die Autorin habe ihr Manuskript nicht fertig lektoriert.

[In] diesem Buch [wird] auf einer bestimmten Seite plötzlich von einer Person in die andere umgesprungen [...]. Es ist eigentlich ein normales Verfahren, daß so etwas lektoriert wird und in einer Person erzählt wird.

---

1   Monika Maron: Flugasche. Frankfurt/M. 1981. (Zitate: Fl).

2   Monika Maron: Flight of Ashes. London und New York 1986.

3   *Flugasche* sollte ursprünglich im Greifenverlag Rudolstadt/DDR erscheinen. 1978 hatte Monika Maron für ihr Buchprojekt ein Förderungsstipendium des Verlages bekommen. Nachdem der Roman auch nach wiederholten Streichungen keine Druckgenehmigung vom Ministerium für Kultur bekommen hatte, legte Maron die ursprüngliche Fassung dem S. Fischer Verlag vor.

Die nicht fertige Lektorierung in diesem Fall wird sehr deutlich für jeden, sozusagen jenseits von Ideologie.[4]

Das Argument des für die Buchpublikationen zuständigen Ministers, Klaus Höpcke, enthüllt genau das, was es verschweigen will: Das Hauptanliegen des Romans und den eigentlichen Grund für die beharrlich verweigerte Druckgenehmigung, der politischer und nicht ästhetischer Natur war. Monika Maron erzählt in *Flugasche* die Geschichte von der Entmachtung des Individuums in der DDR-Gesellschaft. Der kritisierte Wechsel der Erzählperspektive vom Ich zum Sie mitten im Text ist gerade das formale Zeichen der Desillusionierung der Hauptfigur und deshalb auch nicht »lektorierbar«[5]. Im Bruch der Romanform aufgehoben ist die gebrochene literarische Figur.

Zweifel an der eigenen Identität, Nachdenken über die Existenzbedingungen eines Ichs in einer real-sozialistischen Gesellschaft und die Angst vor dessen Verlust in der Anonymität eines kollektiven, funktionalisierten ›Wir‹ bestimmen auch das zweite Romanprojekt Marons, den 1986 erschienenen Roman *Die Überläuferin*.[6] Die Formsprache, die die Autorin gleich nach ihrer Arbeit an *Flugasche*[7] auch in der Erzählung *Annaeva*[8] erprobt hatte, ist in der *Überläuferin* weiter differenziert. Der Bruch, der in *Flugasche* mitten durch den Text geht, ist in der *Überläuferin* in die Figur selbst geholt und löst diese auf. Im Vergleich der beiden Romane läßt sich zeigen, wie Maron in der literarischen Verhandlung einer problematisch gewordenen Identität eine geschlossene Figurengestaltung und

---

4   Martin Ahrends: Ein DDR-Minister gibt Auskunft. Alles klar! In: Die Zeit 23 vom 29. 5. 1987.

5   Maron hatte geplant, ihr Buch einheitlich in der dritten Person zu schreiben. Am Beginn des Textes schien ihr die Sie-Form jedoch verlogen, sie konnte nur im Ich schreiben. Dann, auf S. 100, war sie in der Lage, im Sie weiterzuschreiben. Als sie den Romanbeginn in diese Form übertragen wollte, stellte sie fest, daß der Bruch im Text stimmig war (Diskussion nach einer Lesung der Autorin am 15. 6. 1988 in der Schleicherschen Buchhandlung in West-Berlin).

6   Monika Maron: Die Überläuferin. Frankfurt/M. 1986. (Zitate: Ü). Englische Fassung: The Defector. London und New York 1988.

7   Vgl. Wilfried F. Schoeller: Literatur, das nicht gelebte Leben. Gespräch mit der Ostberliner Schriftstellerin Monika Maron. In: Süddeutsche Zeitung vom 6. 3. 1987.

8   Monika Maron: Annaeva. In: Das Mißverständnis. Vier Erzählungen und ein Stück. Frankfurt/M. 1982. (Zitate: AE).

eine einheitliche Erzählperspektive aufgeben muß und ihr realistisches Erzählmodell zu einem modernen ausbaut.[9]

Am Beginn des Diskurses, der dem in die ›Krise‹ geratenen Subjekt in der DDR-Literatur gilt, steht Christa Wolfs Text *Nachdenken über Christa T.* von 1968.[10] Mit diesem Buch erklärte Wolf, daß sie sich nicht mehr mit dem geltenden Literaturkonzept, insbesondere nicht mit der vorbildhaften Funktion einer literarischen ›Helden‹-Figur, abfinden mochte. Sie verweigerte mit Christa T. einen ›typischen Charakter‹ und bestand statt dessen darauf, daß die Figur (und die Autorin) ›zu sich selbst kommen‹, eine subjektiv-authentische Sprache finden sollten. Wolfs Erzählinteresse richtete sich auf ein Subjekt, das in Widerspruch zu seiner Gesellschaft geraten ist. »Und wenn nicht ich es wäre, die sich anzupassen hätte?« (CT 95), läßt Wolf — vorsichtig — Christa T. fragen. »Schwer zu machen« (CT 188), weiß die Autorin. Und nicht (mehr) machbar für ihre Figur Christa T., deren früher Tod Anlaß zum »Ihr Nach-Denken« war.

Die Erinnerungsarbeit, die Maron in *Flugasche* betreibt, muß Ende der siebziger Jahre[11] unerbittlicher sein, denn der ›Tod‹, dem hier nachgedacht wird, ist — im Gegensatz zu *Christa T.* — bereits eine Erfahrung der Lebenden: Marons Hauptfigur, Josefa Nadler, ist von der Angst beherrscht, ein Leben zu führen, das wie Tod ist, das ›ungelebt‹ bleibt, da sie in ihm keine Identität finden kann, nämlich funktionieren soll, statt in eigener Regie agieren zu dürfen. Diese Angst findet sich in der Vorstellung Josefas, eine »lebende Leiche [zu sein]. Sprachlos. Reglos.« (Fl 198)

Maron läßt ihre zum Objekt gemachte Hauptfigur noch einmal Subjekt spielen. Sie inszeniert mit Josefa den Versuch, als Ich zu (über)leben, und zwar in Gesellschaft, als Individuum im kollektiven Zusammenhang — um im Mißlingen aufzuzeigen, daß in der Gesellschaft der Josefa Nad-

---

9   Vgl. Mario Andreotti: Die Struktur der modernen Literatur. Bern und Stuttgart 1983.

10 Christa Wolf: Nachdenken über Christa T. Halle/Saale 1968. (Zitate: CT).

11 Monika Maron begann 1976 an *Flugasche* zu arbeiten. Vgl. Anmerkung 7.

ler genau dies verhindert wird. Bevor im Text die Ich-Inszenierung beginnt, kommt die Fragwürdigkeit zur Sprache, den Begriff ›Ich‹ aufrechterhalten zu können. Im Gegensatz zu Wolf muß Maron ihrer Hauptfigur den Status eines unverwechselbaren Individuums verweigern. Sie führt sie als Frau ohne Eigenschaften ein, läßt sie sich deshalb ›selbst‹ erfinden, sich Eigenschaften zulegen, um sie — und Josefa sich — überhaupt noch als Ich behaupten zu können.

Unter dieser Voraussetzung beginnt der Versuch, das Konstrukt eines Ichs in der Roman-›Realität‹ einzulösen. Dabei spielt Sprache eine entscheidende Rolle. Ausdrücklich zugeschrieben ist ihr das Vermögen, ›Wahrheit‹ vermitteln zu können und Identität herzustellen. Die Journalistin Josefa soll eine Reportage über B.[12] schreiben, eine Stadt, die ökologisches Notstandsgebiet ist, über die jedoch jede Woche »schöne Sätze« (Fl 34) in den Zeitungen stehen, die dies verleugnen. Die mit allen Sinnen erfahrbare Diskrepanz zwischen den Mißständen in B. und den üblichen Zeitungsberichten darüber stößt Josefa auf den Mißstand ihrer eigenen Person: auf die eigene — beinahe perfektionierte — Praxis des Verschweigens von Undruckbarem, des Unterdrückens der eigenen Gedanken, Meinungen und Erfahrungen, des Verleugnens ihrer selbst. Die am Beispiel der Zeitung sichtbar gemachte gesellschaftliche Praxis der Pseudo-Artikulation, in der der Produzent den eigenen Ausdruck verliert, spricht, ohne selbst zu sprechen, und dabei zum »Einheitscharakter« (Fl 79) verkrümmt, ist die Ursache für die Verarmung der Figur Josefa und ihrer Angst vor ungelebtem Leben.[13] Das Konzept ›Flugasche‹ nimmt diese Angst Josefas auf, bereits zu Lebzeiten vernichtet zu sein, Asche im Wind. Gegen die Flugaschen-Gefahr — physische und psychische Bedrohung zugleich, die Bedrohung durch eine lebensfeindli-

---

12 »B.« verweist auf Bitterfeld, die Stadt in der damaligen DDR mit der schlimmsten Umweltverschmutzung, insbesondere durch die chemische Industrie. In der Allgemeinheit des Zeichens B wird der Fall B. nicht nur auf Bitterfeld begrenzt und darüberhinaus, im Romanprojekt, nicht nur auf die Reportage über B., sondern deutet zugleich auch auf den damit verknüpften B-iographie-Versuch.

13 Nach Auskunft der Autorin hätte jede Reportage von öffentlichem Interesse, nicht nur diese Umweltreportage, die gleiche Funktion innerhalb des Romanprojekts erfüllen können. (Gespräch nach einer Lesung am 12.5.1987 in der West-Berliner Buchhandlung »Elwert & Meurer«).

che Umwelt und der Angriff auf die persönliche Substanz — richtet sich Josefas schonungslose Reportage über B., ihr Selbst-Versuch und ebenso das Schreibprojekt der Monika Maron.

Die Geschichte des bedrohten Subjekts wird auch in den Bildern und Visionen der an die Figur Josefa gebundenen Rede erzählt. Die Angst vor ungelebtem Leben, die Existenz, die als Scheintod begriffen wird, findet sich am Beginn des Romans im Bild des Schneewittchens im Sarg. Josefas Geste der Lethargie weicht mit der Entscheidung, die ›einzig richtige‹ Reportage zu schreiben, der Vision einer Aktion, der Konfrontation mit einer »Barriere« (Fl 67). Hier zeigt sich, daß die (Lebens)-Bedrohung von einer Maschinerie ausgeht. Mensch und Maschine stehen sich gegenüber und einander entgegen. Das Kraftwerk in B. — die technische Maschinerie — verweist auf die gesellschaftliche Herrschafts maschine, der das Individuum ausgeliefert ist.[14] An dieser Stelle kann Josefa die Frage »Warterei. Worauf denn?« (Fl 15), vor der sie sich zunächst in eine Schneewittchen-Pose geflüchtet hatte, beantworten: Auf die Herausforderung »B.« Josefa geht in ihrer Vision auf die Barriere, auf »B.«, zu und begründet damit ihre ›B'iographie. Josefas Versuch beginnt, gegen ein »System der Nivellierung« (Fl 87) anzuschreiben, gegen die menschenvernichtenden Kraftwerke von B., den »Un-Mechanismus« (Fl 33) der Zeitung, in dem Undruckbares zur Unwahrheit wird, und gegen die Praxis, sie (dabei) zum Werkzeug zu machen.

Im Anschluß an die Vision einer überwindbar scheinenden Barriere verstärkt sich im Roman die Tendenz zur surrealistischen Szene. Der Anspruch Monika Marons, die damals erlebbare (Zeitungs)-Praxis literarisch zu verarbeiten, führt dazu, daß das Illusionäre des »B.«-Versuches zur Sprache gebracht werden muß. Maron zeigt, daß Josefa ihre Ängste und ihre ›Realität‹ nur noch aushalten kann, indem sie sich über sie hinwegsetzt: Josefa erhebt sich zum Flug über den Berliner Alexanderplatz. In der Flug-Vision findet sich ein letztes Mal im Roman der Optimismus der

---

14 Vgl. Max Horkheimer und Theodor W. Adorno: Dialektik der Aufklärung. Frankfurt/M. 1988, S. 42.

beiden Projekte »B.«: die einzig mögliche Reportage zu schreiben und (damit) zu beginnen, sich eine Biographie zu erschreiben. Ein Projekt, das darauf abzielt, eine Stimme in der Gesellschaft zu haben und die Zustände in B. und der von B.s geprägten Gesellschaft verändern zu können. Dieser Optimismus wird in der Flug-Szene mit Zitaten aus dem Hohelied des Alten Testaments zelebriert, bevor der Flug mit der Anspielung auf den Ikarus-Mythos endet und damit das Scheitern des emanzipatorischen Vorhabens angekündigt ist.

In dem Moment, in dem die Reportage abgelehnt wird, das Subjekt-Spiel vorbei ist und die Illusion, Subjekt sein zu können, und Josefa auf ihre Realität und ihr labiles Ich-Konstrukt zurückverwiesen wird, schlägt die Erzählperspektive um. Das in der Gegenwart erzählte Ich scheitert, fällt auseinander und wird ersetzt durch zwei Sie-Stimmen Josefas, die nun aus dem Rückblick erzählt werden. Von der neuen Perspektive aus wird die Geschichte von Josefas Ich, ihr Selbstversuch, noch einmal in seiner illusionären Qualität begreifbar. Josefa, im Präsens, hier und jetzt erzählt, konnte Entscheidungen treffen, ohne daß sie vom »Bazillus Zwei-fel« (Fl 107) beherrscht ist, der von Anfang an eine Stimme des Textes ist, ohne daß er jedoch das Bewußtsein der Figur bestimmt. Der Versuch, Ich zu sein, scheitert, und Josefas Ich wird auf ein Sie zurückgenommen. Dieser Wechsel kennzeichnet die Entmachtung und Repression des Ichs — läßt zugleich jedoch den Anspruch auf ein Ich bestehen. Als verdop-peltes Sie muß Josefa nun selbst zusehen, wie sie Rollen spielt. In einer Szene des Textes, in der sie Theaterzuschauerin und Spielerin zugleich ist, sieht sie sich in ihrer Ohnmacht und in verschiedenen Rollen, die allesamt Ersatz für die einzig richtige, nämlich die in eigener Regie, sind. In die gespaltene Sie-Erzählperspektive, das erzählte und das erzählende Sie, ist die schizophrene Existenz der Figur aufgenommen:

> Bei lebendigem Verstand seziert werden [...] Weiß, was mit ihr geschieht. Weiß, was sie tun müßte, um sich zu retten. Kann nur noch wissen. Tot. Aber nicht tot. Verurteilt zum Dulden. (Fl 198)

Die Erzählung von Josefas Sie ist durch Ernüchterung und Ohnmacht geprägt: Ihr Anfang ist (beinahe) ihr Ende. Rückblickend kreist der Diskurs der Geschichte um die Versuche, Josefa zum Schweigen und zur Anpassung zu bringen und ihren aussichtslosen Kampf um ihr »B.«, der nun die Tendenz zur Selbstzerstörung hat. Aufgegeben im Sie-Text ist die klare Trennung zwischen ›Realität‹ und Traum. ›Reales‹ Geschehen wird so als Alptraum begreifbar, Träume geraten zum Realitätsersatz und zur Realitätsflucht. Hoffnung, Optimismus und Euphorie der Bilder aus dem Ich-Text kommen jetzt zum Stillstand und verkehren sich in ihr Gegenteil. Das Schneewittchen-Bild weicht dem einer uralten Hexe, in dem die Nähe zum Tod das dominante Zeichen ist. Im Bild der Hexe fehlt die Hoffnung, den Scheintod zurückzunehmen. Das Märchen, in dem Warten belohnt wird, ist nun durch ein Märchen ersetzt, in dem Warten sinnlos geworden ist und verspottet wird: »Und wenn sie nicht gestorben ist, dann wartet sie noch heute.« (Fl 96).

Die einzige aktive Handlung, die Josefa bleibt, ist ihr Rückzug. Sie ›steigt aus‹, sie kündigt, nachdem sie die Folgerichtigkeit der Ereignisse um ihr B. begriffen hat und die Aussichtslosigkeit ihres Kampfes um eine eigene Stimme in ihrer Zeitung und ihrer Gesellschaft: eine Erkenntnis, die die Konjugation der Erzählperspektive vorweggenommen hatte. Josefa bleibt nur noch der Triumph, nicht mehr verfügbar zu sein, und der

Ausblick, sie könnte dann endlich von sich selbst erfahren, [...] was sie, und nur sie, zu tun hatte in den Jahren, die sie leben würde. (Fl 207)

Diese Hoffnung gibt den Impuls für Monika Marons zweiten Roman, *Die Überläuferin*. Eines Morgens weigern sich Rosalinds Beine, weiter (mit)zulaufen. Ihr Körper steigt aus seiner »Dienstverpflichtung« (Ü 10) aus und befreit damit Rosalind von ihrer: der Pflicht, zur Arbeit gehen zu müssen. *Die Überläuferin* scheint dort zu beginnen, wo *Flugasche* endet, mit dem ›Ausstieg‹ der Hauptfigur. Die Verweigerung ist nun jedoch in die Figur selbst gelegt: Der Körper setzt sich gegen den Kopf zur Wehr. Seine Dienstverweigerung, sein ›Stillstand‹, ist dabei das Resultat und die Reaktion auf die Kommandowirtschaft des »herrischen Kopfes« (Ü 118). Dieser steht im Dienste technokratischen Denkens, das als unbeweglich, »wie Straßen [...] betoniert« (Ü 26) gekennzeichnet ist. Der kranke Körper, seine Erniedrigung durch den Kopf, ist das Spiegelbild der am Subjekt selbst verübten Unterdrückung[15] und Zeichen seiner ultimativen Gefährdung. Das Subjekt ist (tod)krank, ist die These des Textes, und zwar an Leib und Seele.

Die Krankheit des Körpers ist im Romanprojekt nicht nur Krisen-Symptom, sondern zugleich ›homöopathische‹ Gewaltkur für den Kopf, die ihm zu gesteigerter Aktivitat verhilft, ihn aus seiner Lethargie reißt und ihm so die Möglichkeit zur Besinnung zu verschafft. So ist die Paralyse des Körpers im Roman die Voraussetzung, die Paralyse des Kopfes zu kurieren. Der Kopf lernt, sein auf Ratio ausgerichtes Denken »als Falle« (Ü 26) zu begreifen (als dessen Ergebnis er die Unterwerfung des Körpers sieht) und sich der »Geheimpfade« zu erinnern, die er »früher einmal kannte« (Ü 26). Die Besinnung des Kopfes, sein Sich-frei-Denken aus einer Ideologie, die darauf aus ist, ihn »einer Maschine« einzubauen (Ü 51), das Individuum zu funktionalisieren und dabei ›um sich selbst zu betrügen‹ (vgl. Fl 78), ist in der *Überläuferin* die Voraussetzung dafür, ein Ich entwerfen zu können.

Im Gegensatz zu *Flugasche* ist der Anspruch aufgegeben, die Subjektbildung in der gesellschaftlichen Wirksamkeit vollziehen zu wollen. Das (Text)-Interesse gilt einem in seiner Gesellschaft verletzten Subjekt, das die Selbstbesinnung aus der Isolation heraus betreibt: Als Gedanken-Spiel, als Selbst-Versuch des Kopfes. Der absolutistischen Staatsdevise »L'état c'est moi« hält es entgegen: »Mein Ziel bin ich [...] ich, nicht der Staat« (Ü 64f.). Auf den Entwurf eines Ichs, der Erinnerung und Rekonstruktion seiner verlorenen Dimensionen, ist Marons Erzählprojekt gerichtet.

Diesem Vorhaben dient wiederum eine doppelte Erzählperspektive, die nun — im Vergleich zu *Flugasche* — differenziert und verändert ist. Rosalind wird nicht nacheinander in zwei verschiedenen Erzählperspektiven erzählt, sondern sie kommt simultan in den Blick, als »Auge auf mir«, einer Sie-Perspektive Rosalinds, und zugleich »Auge aus mir« (AE 43), dem Ich-Text. In der simultanen Erzählung der Hauptfigur als Ich und Sie manifestiert sich die ›Schwierigkeit, Ich zu sagen‹ und die

---

15 Ebd., S. 246.

Zerstörung von Identität. Wenn der Text zugleich auf der »Möglichkeit
[...], mit sich eins zu werden« (Ü 120) beharrt, so zeigt sich in der
zweifachen Perspektivierung die Suche nach der verlorenen Identität auf
ein mehrdimensionales Subjekt gerichtet, ein Anspruch auf dessen
›Vielheit‹ formuliert. Der Sie-Text und der Ich-Text Rosalinds sind
zunächst klar voneinander unterschieden. Im Sie-Text, der der Erinnerung
an Rosalinds ›Außenwelt‹ gilt, wird Rosalind in ihrer Anpassung vorgeführt, die sie krank werden ließ. Sie erinnert das (pseudo)-»wissenschaftliche Denken« (Ü 98), das ihr »eingebleut« (Ü 116) wurde, die
Fähigkeit, »ihr Denken für Wochen und Monate einem einzigen Thema
zuzuordnen« (Ü 98). Der Ich-Text dagegen kann als ›Innen‹-Dimension
Rosalinds gelten, die ihr dabei abgewöhnt wurde. In ihm kommen Nicht-
Erklärbares, Geheimnisvolles, Vergessenes und Ersehntes zur Sprache.
Dieses Ich wurde bereits in eine Gesellschaft hineingeboren, die darauf
aus ist, es zu zerstören. Im Ich-Text erinnert sich Rosalind ihrer eigenen
Geburt während eines Bombenangriffs auf Berlin im Zweiten Weltkrieg.
Sie will nicht geboren werden (ihre Mutter wünscht das Gegenteil), denn
der Weg ins Leben ist gleichbedeutend mit dem Weg in den Tod, in eine
Gesellschaft, in der der Einzelne nichts wert ist, sondern der Vernichtung
als kollektives Schicksal — vergleichbar dem Schicksal des Individuums
im Kollektiv — ausgesetzt ist.

Auch die Figurengestaltung ist in die Funktion der Thematik, die Zerstörung des Subjekts, genommen. Die Hauptfigur Rosalind ist aufgelöst
in das Trio Rosalind, Martha und Clairchen. Martha begegnet Rosalind
als »die Fremde« (Ü 27), in einer Sequenz, die an den Ich-Text gebunden
ist. Dies ist ein erstes Indiz dafür, daß es sich bei Martha um eine
Dimension Rosalinds handelt, um die Figuration des ihrem eigenen Ich
Entfremdeten. Die erste Begegnung mit Martha, die Verdoppelung der
Figur Rosalind, trifft mit Rosalinds Arbeitsbeginn in einem wissenschaftlichen Institut zusammen. Dieses Institut läßt sich als Gesellschafts-
metapher lesen, die auf die Praxis utilitären Denkens verweist, der sich
Rosalind nicht entziehen kann und in der ihr Denken verarmt und ihre
Phantasie verkümmert. In diesem »Sklavendasein« (Ü 99) wird sie sich
fremd, und das ihr Entfremdete, ihr Defizit, nimmt die Gestalt ›Martha‹

an. Diese fremde Freundin wird von einer Gesellschaft, die auf Konformität drängt, die kein Ort für Fremde und Fremdes ist, in die Flucht getrieben. Das Prinzip Martha, mehrdimensionales Denken, wird aus dem Individuum und aus der Gesellschaft verdrängt.

Die Konsequenzen dieser Entwicklung werden am Ende des Romans in einer futuristischen Horrorszene vorgeführt. Gegen Rosalinds Geburt, die bereits als Gefährdung des eben erworbenen Lebens inszeniert wurde, ist nun eine Ausgeburt des instrumentellen Denkens gesetzt. Rosalind begegnet dem »fleischgewordenen Schatten« (Ü 202) eines Menschen, einem Klon. Diese menschliche Kopie steht bereit, das Original zu ›verbessern‹, nämlich zu ersetzen. Damit wäre die Krise des Subjekts beendet. An die Stelle des seinen »Sinnen und Lüsten ausgelieferten« (Ü 205) Individuums träte die zuverlässig funktionierende Maschine mit Menschenantlitz. Nur der Klon »k 239«, dazu erdacht, sich tatächlich »nicht zu gehören« (vgl. Ü 65), machte Rosalinds Klage gegenstandslos. Und nur der Ersatzmann, das identitätslose Double, vermag noch zu melden: »Es geht mir gut, es geht mir sehr gut, sehr gut geht es mir.« (Ü 200)

Dieser Vision wird im Text Widerstand entgegengesetzt. Rosalind, den Klon ›vor Augen‹, beginnt, ihr Ich zu verteidigen. Die Voraussetzung dafür war, »mit dem Kopf durch die Wand« (Ü 130) zu gehen. Die Barrieren-Vision in *Flugasche*, dort die Konfrontation mit der (Staats)-Maschinerie, wiederholt sich in der *Überläuferin* als Angriff auf die Staatsideologie, als Kampf des Kopfes gegen seine erlernten Denkwände, die »Lehrsätze, Verhaltensregeln und Vorsichtsmaßnahmen zum Schutze der Ordnung, die ihm eingebleut« (Ü 116) worden waren. Denk-Ziel ist ›Martha‹, das der (be)herrschenden Ich-Ideologie Widerständige, die Fähigkeit, die Einschränkungen des Ichs zu verweigern und damit der Gefahr, zum »Einheitscharakter« (Fl 79) zurechtgestutzt zu werden, der Gefahr der ›Klonisierung‹, zu entkommen.

Ist Martha Mantel begreifbar als eine Dimension Rosalinds, die ihrem Kopf abhanden gekommen ist und die allmählich im Ich-Text erinnert werden kann, so kann Clara Winkelmann als Figuration von Rosalinds unterdrückter Körpersprache gelten. Im Gegensatz zu Martha, die zu einem Wunsch-Bild Rosalinds avanciert, das die geistige Gesundung des Kopfes in Aussicht stellt, gerät Clairchen zum Alptraum, zur Rache des erniedrigten und mißachteten Körpers, der schwergewichtig und riesig seine Existenzberechtigung einklagt. Seine Massakrierung hatte mit dem Mißtrauen des auf Ratio bedachten Kopfes begonnen, der seinen Körper »bezichtigte [...], häßlich und unzuverlässig zu sein« (Ü 118). Als der Romandiskurs einsetzt, hat der Körper vor dem Kopf kapituliert — und bringt diesen damit zugleich zur Besinnung. Rosalind beginnt, sich ihrer Verluste, Marthas und Clairchens, zu erinnern. Die Erinnerung an Clairchen jedoch endet mit deren Selbstmord. Der Körper bleibt verloren, das Ich ist verletzt und kann nur noch gedanklich, als Kopf-Geburt rekonstuiert werden.

Der Kopf, der »durch die Wand« (Ü 130) geht, befreit sich aus seiner Begrenzung und holt sich ›Martha‹ zurück. In diesem Prozeß der Kopf-Befreiung, seinem Ausbruch aus den »eingefahrenen Denkwegen« (Ü 26), nähern sich die beiden Texte, in denen Rosalinds Leben erzählt ist, einander an und kennzeichnen die Überwindung ihres ›schizophrenen‹ Lebens »in zwei verschiedenen Welten« (Ü 94). Im beweglich gewordenen Kopf kann auch das Ich die Regie in den Szenen übernehmen, die sich Rosalind vorspielt. Seine Verletzungen und Verluste kommen zur Sprache, indem sie auf die Außenwelt projiziert werden, die in diesem Verfahren als Quelle der Krankheit des Ichs identifizierbar wird. Die Erinnerung an den Zweiten Weltkrieg, mit dem der Ich-Text eingesetzt hatte, wird zur Gegenwartsszene. Erneut sieht sich Rosalind von Verletzten und Halbtoten umgeben und erinnert dabei den »kalte Gestank« (Ü 148) des Krieges. Die Erinnerung an den Krieg wird zur Bedrohung, die aus der Gegenwart kommt. In dieser Parallele enthüllt sich die Gewalttätigkeit der Gegenwart, die gegen das Individuum gerichtet ist und gegen Rosalind, die auf ihrem Ich beharrt. Die Kriegsszene treibt Rosalind in die Flucht: »Ich darf hier nicht bleiben, dachte sie [...], ich muß diese Wohnung verlassen, endgültig.« (Ü 188) Nach diesem Entschluß, ihr Gedankengebäude, ihre Gesellschaft(sideologie), endgültig zu verlassen, können Rosalinds Gedanken Martha einholen. Sie imaginieren sie sich in New York, obdachlos, als »bag lady«. Das New-York-Klischee hat die Funktion, die Möglichkeit, daß es für Martha einen Ort außerhalb Rosalinds gäbe, auszuschließen. Martha gehört zu Rosalind und verkommt ohne diese. Ebenso verhindert die Slum-Szene eine Lesart, die nicht-sozialistische Welt der sozialistischen als Alternative entgegenzustellen. Nachdem Rosalind Martha in der New Yorker Bowery ›gefunden‹ hat, entdeckt sie ein »unbekanntes Gefühl von Einverständnis« (Ü 216), ein ihr neues Gefühl von Identität. Als formales Zeichen dieser Wiedervereinigung wird der Sie- und der Ich-Text gleichberechtigt benutzt, ist Rosalind Sie und Ich zugleich, ihr Leben »in zwei verschiedenen Welten« (Ü 94) beendet. Zugleich wird die Trennung der Figuren Martha und Rosalind aufgehoben: Rosalind ist Martha und Martha Rosalind.

Die Wiedervereinigung jedoch ist imaginär. Rosalind und/oder Martha gehen in New York in ein Haus und gelangen in Rosalinds Zimmer in Berlin. Rosalind, die sich nach New York denkt, sitzt dabei noch immer in ihrem Zimmer in Berlin-Pankow. Alles ist Gedankenspiel. Der sich befreiende Kopf erinnert sich der Verluste und Wunden, während der Körper noch immer in der »Falle« (Ü 26) sitzt. Gewünschter und ›realer‹ Zustand erweisen sich als unversöhnlich. Rosalind hat sich Martha zurückgeholt, die Dimension Clairchen jedoch bleibt verloren.

Die Ambivalenz, mit der Rosalind verabschiedet wird, ist paradigmatisch für die Subjektgestaltung bei Monika Maron. Die Autorin führt vor, daß und wie Individualität zerstört wird und beharrt dabei zugleich auf der Zielvorstellung eines mündigen, tätigen und mehrdimensionalen Subjekts. Dieser doppelte Blick ist konstitutiv für beide Romane. Je stärker das Individuum in Bedrängnis gerät, desto vehementer wird Maron in ihrem literarischen Widerstand. Dazu muß sie ihr Gegen-Wort zunehmend nicht-realistisch formulieren: Der ›realistische‹ Widerstand Josefas gerät zum surrealistischen Denk-Spiel Rosalinds.

Ihre erste Romanfigur hatte Maron noch antreten lassen, um einen Platz in ihrer Gesellschaft zu kämpfen, den sie längst verloren hatte. Am Beispiel der (Zeitungs)-Sprache, des erzwungenen Gleichklangs, entwickelt Maron ihr Thema vom Verstummen des Individuums in der DDR-Gesellschaft. Die ideologische Vorgabe der sozialistischen Gesellschaft, die ›Übereinstimmung zwischen den gesellschaftlichen und individuellen Interessen‹, das Versprechen, daß »die Welt dich braucht« (Ü 64), wird als zynische Phrase begreifbar, wenn Maron erzählt, wie der einzelne gebraucht wird: funktionierend und gesichtslos in der Staatsmaschinerie. Die Frage der Christa T. »Und wenn nicht ich es wäre, die sich anzupassen hätte« (CT 95) muß Josefa Nadler negativ beantworten: »Sie betrügen mich um mich, um meine Eigenschaften.« (Fl 78)

Formal zeigt Maron die Desillusionierung ihres Subjektes im Umschlag der Erzählperspektive. Die am Anfang des Romans eng an die Aktion der Figur gebundene Ich-Perspektive im Präsens läßt die Utopie des Selbst-Versuches hervortreten: Josefa agiert, ohne die Regeln des (Gesellschafts)-Dramas begreifen zu können. Wenn der Text ins Sie wechselt, das im Präteritum erzählt wird, dann ist zum einen die Entmachtung des Ichs bezeichnet, zum anderen die Reflexion durch die erzählende Figur ermöglicht: Die Ereignisse um Josefa, aus dem Rückblick erzählt, lassen sie spielen und beobachten zugleich. Ermöglicht wird die Erkenntnis, daß sich Josefa gegen eine Unmündigkeit gewehrt hatte, die längst Gesetz geworden ist. Der Blick, der sich aus der Figur entfernt hatte, fällt nun auf sie zurück wie auf eine Marionette.

Diese Sie-Perspektive findet sich auch in der *Überläuferin*, im Blick der Rosalind ›auf sich‹ — mit dem entscheidenden Unterschied, daß dieses Sie hier nur ein Teil Rosalinds ist. In der *Überläuferin* verstärkt Maron ihre Thematik der Subjektzerstörung: Sie führt Rosalind in ihrer Fragmentarisierung vor. Die Klage der Josefa »Ich werde um meine Eigenschaften betrogen« (Fl 78) ist hier das Prinzip der Figurengestaltung. Die Auflösung einer literarische Figur, zu Beginn des 20. Jahrhunderts Ausdruck der ›Krise des Subjekts‹[16], hat unter sozialistischen Bedingungen in den 80er Jahren eine veränderte Zielrichtung: Der Versuch, der gesellschaftlichen Erfahrung der Entindividualisierung Rechnung zu tragen, bedingt einen ästhetischen Widerstand, dem noch ein Prinzip Hoffnung

---

16 Vgl. Dietrich Scheunemann: Romankrise. Die Entstehungsgeschichte der modernen Romanpoetik in Deutschland. Heidelberg 1978.

eingeschrieben ist, gerichtet auf die grundsätzliche Möglichkeit individu-
eller Ausbildung und Wirkungsmöglichkeit, die jedoch (noch?) keinen
gesellschaftlichen Ort hat.

Die literarische These vom ›um sich selbst betrogenen‹ Subjekt fand in
der DDR-Realität ihre Bestätigung: Monika Maron, die sich von Bitterfeld nach New York geschrieben hatte, vom Realismus in die Moderne,
wurde in der DDR die Anerkennung als Schriftstellerin verweigert. Nachdem ihre literarischen Texte unveröffentlicht blieben, die sie alle DDR-
Verlagen bzw. der Zensurbehörde, dem Ministerium für Kultur, vor-
gelegt hatte, bevor sie im S. Fischer Verlag erschienen, setzte Maron um,
was sie ihre Figur Rosalind denken ließ: Sie verließ im Sommer 1988 die
DDR. Erst kurz nach dem Fall der sichtbarsten Barriere, zugleich Symbol
der gedanklichen, wurde *Flugasche* vom Mitteldeutschen Verlag in das
Verlagsprogramm aufgenommen.[17] Nachdem jedoch zu diesem Zeitpunkt die Fischer-Ausgabe auch für Leser in der DDR erhältlich geworden war, übernahm nun Maron die Regie in der langen Geschichte der
Druckverweigerungen: Sie zog ihre Einwilligung, *Flugasche* auch (noch)
in der DDR herauszubringen, zurück,[18] verweigerte sie einem Verlag,
der bekanntermaßen Eigentum der SED war, die noch kurz zuvor für das
Verbot von Marons Büchern gesorgt hatte, und dem nun die Autorin den
Ansatz einer ›Wiedergutmachung‹ verweigerte.

---

17 Der Mitteldeutsche Verlag Halle und Leipzig kündigte in seiner ›Vorschau 1990‹ an: »Neu wurden
nach Redaktionsschluß [das war der 12. 10. 1989, S.K.] ins Programm aufgenommen […]:
Monika Maron, Flugasche […]. Ihr Debütroman liegt 10 Jahre zurück und wird erstmals in der
DDR veröffentlicht.«

18 Auskunft des Mitteldeutschen Verlages im September 1991.

Patricia Anne Simpson

Die Sprache der Geduld:
Produzierendes Denken bei Elke Erb

Die Sprache der Geduld in der Dichtung von Elke Erb überschreitet die Grenzen des allgemeinen Sprachgebrauchs und der lyrischen Konventionen in der DDR-Literatur. Trotz ihrer scheinbaren Unzugänglichkeit sind ihre experimentellen Texte dennoch politisch: im Akt des Schreibens und in der Sprache selbst bewältigt Erb (so wie andere DDR-Lyriker) das Leben politisch, da sie den Schreibprozeß selbst politisieren. Die ästhetische Stärke, die sich aus einem solchen produzierenden Denken entfaltet, stellt eine Überschreitung vom Begriff »Grenze« im allgemeinen dar. Sprechend und lesend erlebt man die unterdrückte Existenz und gelangt so zum Bewußtsein der Selbstbestimmung des Menschen. Aus diesem Grund ist die Dichtung von Elke Erb im tiefsten Sinne politisch, da sie zur Politisierung des Denkprozesses beiträgt. Vor wie nach der Wende fragt Erb in ihren Texten nach dem Zusammenhang von Denk- und Arbeitssystemen, denn ihr zufolge werden die Weltproblematik wie auch die Problematik der DDR somit einem immer neuen Prozeß der Überlegung unterworfen.[1] Die Autorin stellt das Verhältnis zwischen Ideologie und Ästhetik in Frage.

Die herausfordernde Provokation von Sprache und Denken in Erbs Gedichten und kurzen Prosastücken ist auf die materialistische Überzeugung der Autorin zurückzuführen: die Produktionsmittel einer Gesellschaft bestimmen auch den Gedankengang der Individuen dieser Gesellschaft. Für Erb ist die öffentliche Verantwortung eines Schriftstellers gleich-

---

1 Elke Erb: Interview mit der Autorin. Berlin/DDR, den 30. 6. 1990. Ich bedanke mich bei Frau Erb für dieses informative Gespräch.

zeitig eine persönliche Verpflichtung. Ihr ganzes Schreiben ist ein
Versuch, diese Verantwortung ernsthaft wahrzunehmen. Sie lebt, indem
sie schreibt. Aus diesem Grund nimmt sie die Sprache selbst beim Wort.
Erb führt eine textliche Existenz, die man kaum mit dem Lebenslauf
einer DDR-Autorin in Verbindung bringen würde. Dies läßt sich daraus
erklären, daß sie, assoziativ mit der Sprache umgehend, eher philosophi-
sche und philologische als populäre Texte verfaßt. Sie überlegt sich, wie
das schreibende Subjekt sich zum Gegenstand des Schreibens verhält. Ihre
Texte sind die Ergebnisse dieses produzierenden Denkens, da sie das
Verhältnis zwischen dem Subjekt und dem Objekt selbst verwirklichen.
Diese grundlegende Beziehung entwickelt sich im Lauf des Erbschen
Schreibprozesses und prägt die Sprache der Gedichte und der Selbstkom-
mentare im Band *Kastanienallee* (1988),[2] wo sie ihr eigenes Ich als
Autorin finden wollte.[3]

Sie versucht auch, die bedeutungslos gewordene Sprache, d.h. die
Verwaltungssprache, wieder mit Geist zu erfüllen oder mindestens auf
Sprachhülsen aufmerksam zu machen, um somit zu einem fortschreiten-
den Denken zu kommen. Durch Erörterung und Kommentierung der Ent-
stehungssituation der Gedichte zeigt Erb allgemeine Probleme auf, die mit
dem Schreiben zusammenhängen. In *Kastanienallee* kommt die Autorin
in eine Art Selbstgespräch, indem sie die Formen und Formeln der
Politik der Gesellschaft befragt. Im Text entstehen »Freiräume für die
Gedanken«[4]. In diesem Schreibprozeß stellt sie fast zufällig Überlegungen zur Sprache der Literaturtheorie an, auch wenn sie behauptet, sie sei
keine Theoretikerin.[5]

In ihrem eigenen Land wurde Erb oft übersehen, ihre Werke wurden als
schwierig und »dunkel« empfunden. Die 1938 geborene Autorin stand
aber tatsächlich im literarischen Mittelpunkt des Kulturlebens in der
DDR, nicht nur als selbst produzierende Schriftstellerin, sondern auch als
ideale Leserin mit scharfem Blick für die zeitgenössische DDR-Literatur.

---

2   Elke Erb: Kastanienallee. Texte und Kommentare. Salzburg und Wien 1988.
3   Erb: Interview mit der Autorin.
4   Ebd.
5   Ebd.

Sie war zugleich Teil jener experimentellen literarischen Szene, die nach
der Wende im Ausland bekannt wurde und auch in der DDR Anerkennung fand, und literarische Vermittlerin, indem sie Aufmerksamkeit auf
jüngere Autoren lenkt.[6] Mit genauer Sachkenntnis der DDR-Lyrik zählt
sie sich selbst zur sogenannten älteren Generation (Rainer Kirsch, Karl
Mickel, Sarah Kirsch, Adolf Endler, Kito Lorenc, Volker Braun), deren
Werke in einem vom Aufbau der sozialistischen Gesellschaft geprägten
Prozeß entstanden sind. Sie vergleicht ihre Arbeit mit der der jüngeren
Generation (Uwe Kolbe, Sascha Anderson u.a.), über deren Werke sie
schreibt: »Die Lyriker zwischen 20-30 leben mit ihrer Gegenwart ohne
Verheißung. Sie schreiben nicht, um zu schreiben, sondern um zu
leben.«[7] Erbs Interesse an den Neuerungen der jüngeren Generation ist
in dem gemeinsam von ihr und Sascha Anderson herausgegebenen Band
Berührung ist nur eine Randerscheinung (1985) dokumentiert.[8] In dieser
Sammlung von experimentellen Gedichten und modernistischen Graphiken
gibt Erb zugleich Beispiele ihrer literarischen Ästhetik. Im Vorwort zu
diesem Band stellt sie das neue Selbstbewußtsein der jüngeren Autoren
heraus, das nicht nur durch politische Stellungnahmen zur Sprache
kommt, sondern auch durch einen Prozeß des schriftlichen Mündigwer-
dens:

> Die auffällig klar ausgeprägte Individualität, die Unverwechselbarkeit und
> Vielfalt der Arbeiten bringen in die Literatur ein neues, zumal bei jüngeren
> Autoren sonst ungewohntes Selbstbewußtsein, das so auffällig ist wie die
> bemerkenswerte Selbstverständlichkeit, mit der sich hier eine große Zahl
> junger Menschen literarisch artikuliert. Denn sie schreiben um zu leben.[9]

Erb fühlt sich vor allem von Gedichten angesprochen, die ihrem eigenen
ästhetischen Empfinden entgegenkommen. In der DDR-Lyrik war dies bis
zu den achtziger Jahren eine völlig neu geschriebene Sprache, die aus den
erstarrten Denkmustern einer normativen Poetik ausbricht. Sie schreibt

---

6   Siehe Gerrit-Jan Berendse: Wandlose Werkstätten. Elke Erbs Rolle in der »Prenzlauer-Berg-
    connection«. In: Text und Kritik. DDR-Literatur. Hg. H. L. Arnold. München 1991, S. 210-219.

7   Elke Erb: Von Erich Arendt bis Sascha Anderson. Die DDR-Lyrik der letzten 5 Jahre. Unver-
    öffentlichter Vortrag 1979.

8   Berührung ist nur eine Randerscheinung. Hg. Sascha Anderson, Elke Erb. Köln 1985.

9   Ebd., S. 11.

weiter: »Bei allen [im Band vertretenen jungen Autoren] ist jeder individuelle Sprachgebrauch existentiell motiviert und bedeutet für sie die Chance, ihren spezifischen Punkt in der Vielzahl der Stimmen und Diskurse bewußt zu bestimmen.«[10]

Erb besteht darauf, daß die Sprache und die Welt — oder die von uns interpretierte Welt — in enger Verbindung miteinander stehen und sich gegenseitig beeinflussen, d.h., die Sprache kann auch gefährlich sein, indem sie oft die Macht hat, die Welt zu lenken. In früheren Vorträgen und Interviews wies Erb schon auf den Einfluß der großen Weltpolitik auf den Alltag hin. Sie schrieb:»Im Grunde wiederholt, imitiert das Bewußtsein das, was im Produktionsprozeß stattfindet, wo jeder Widerspruch ein Arbeitsgegenstand ist und bewältigt werden muß.«[11] Dieses Ineinanderübergehen von Produktionsbedingungen und arbeitendem, kollektiv politischem Bewußtsein definiert für Erb den Menschen im Sozialismus. Sie unterscheidet zwischen dem kollektiven Bewußtsein in der DDR und dem im Kapitalismus:

Man kann jede Kultur als einen Befriedigungsraum, als Erklärung ansehen. Und das ist so, daß jede Kultur Versäumnis so zu verantworten hat. Und es ist so ein Glück, daß Menschen immer wieder die Kultur in dieser Hinsicht kritisieren. [...] Wir unterscheiden uns in merkwürdig paradoxer Weise von der Kultur in einem kapitalistischen Land. Bei uns geht das viel mehr ineinander. Wenn du z.B. einen Büchsenöffner kaufen willst und du findest ihn nicht, das ist ganz klar eine politisch definierte Position der Büchsenöffner, während für euch (in kapitalistischen Ländern), du kannst einen finden. Die Fragen sind da so unpolitisch definiert. Bei uns baut das sich ab, bei uns ist das nicht zu trennen. Für mich hat das Bewußtsein bessere Chancen zu wachsen — damit meine ich das individuell zu Verantwortung bereite Bewußtsein. Das arbeitende Bewußtsein, natürlich das gesellschaftlich arbeitende Bewußtsein.[12]

Ihr Bewußtsein und das damit verbundene Selbstbewußtsein hing für Erb eng mit den jeweiligen Bedingungen in der real existierenden soziali-

---

10 Ebd., S. 13.
11 Elke Erb: Interview mit Barbara Walker. Berlin 1981. Ich bedanke mich bei Barbara Walker für die Manuskripte dieser bisher unveröffentlichten Interviews.
12 Erb: Interview mit Walker.

stischen Gesellschaft zusammen. In diesem Sinne ist ihre Dichtung politisch, weil sie einen definierten Begriff der traditionellen marxistischen Subjekt-Objekt-Dialektik verwendet, in der das schreibende Ich sublimiert wird. Die Dichtung genauso wie das menschliche Bewußtsein wird auch von den äußerlichen Zuständen bestimmt.

Schon in ihrem ersten Band *Gutachten: Poesie und Prosa* (1975) bezieht Erb verschiedene Schreib- und Denkformen aufeinander.[13] Sie bringt in die Gedichte und Miniaturen dieses Bandes geschichtliche Ereignisse ein, z.B. den Krieg und die Nachkriegszeit ebenso wie ihre persönliche Geschichte, die man oft an den Widmungen erkennt. Die Texte verwenden märchenhafte, volkstümliche, landschaftliche und traumhafte Elemente. Schreibend kommt sie auch mit zeitgenössischen und verstorbenen Dichtern ins Gespräch, so mit Sarah Kirsch, die auch das Nachwort zu diesem Band verfaßt hat und ein Gedicht, in dem Erb auftaucht, sowie Erich Arendt und Else Lasker-Schüler, deren Werke sie liest und auf die sie anspielt.

Alle Assoziationen des schreibenden Subjekts können sprachlich vermittelt werden. Manche Textstellen beginnen mit einem immer intensiver wirkenden Assoziationsprozeß, der von der Sprache, von dem einzelnen Wort selbst als materielles Zeichen bestimmt und damit dem Bewußtsein des Lesers zugänglich gemacht wird. Am Anfang von *Mein Galgen* schreibt sie:»An einem russischen Fluß, Fluß — wahr, Fluß — immer, Fluß — Majestät.«[14] Hier läßt Erb die Assoziationen aus dem Wort selbst entstehen.

Diese Entfaltung der Bedeutung aus dem Wort selbst läßt sich auch an einem kurzen Gedicht in *Gutachten* (1975) erkennen. Zwar kann die Vielfältigkeit dieses Bandes nicht durch einen einzigen Text exemplifiziert werden, aber das sorgfältige Lesen des Gedichts *Schlechte Beleuchtung* gestattet einen wichtigen Einblick in den Schreibprozeß:

Unsere Wohnzimmerlampe ist von einem Leinen

---

13 Elke Erb: Gutachten: Poesie und Prosa. Berlin und Weimar 1975.
14 Ebd., S. 21.

umspannt, welches viel Licht verschluckt.
Sie gibt Licht, daß man die Buchstaben gerade noch
erkennen kann.
Man kann gut schlafen, wenn sie angeknipst ist. Sie ist
eine andere Nacht.[15]

Der wortwörtliche Sinn des Gedichts liegt in einer unzureichenden
Beleuchtung, worauf aber das Subjekt erst beim Lesen aufmerksam wird.
Der einfache Gegenstand ist die Wohnzimmerlampe, sogar »unsere
Wohnzimmerlampe«, deren gezielte Funktion, nämlich die Beleuchtung,
der Lampenschirm aus Leinen aufhebt. Die personifizierte Lampe ver-
schluckt das menschliche Wissen, das im Licht versinnbildlicht ist. Iro-
nisch ist die »andere Nacht«, die durch die angeknipste Lampe entsteht.
Das im Gedicht implizierte Subjekt hat genügend Beleuchtung, um die
Buchstaben zu erkennen, aber ist dies dasselbe wie lesen oder verstehen?
Der eigentliche Inhalt des Gedichts ist nicht so wichtig wie das Erkennen
des Objekts selbst, das die Bedeutung erst ermöglicht. Charakteristisch
für Erb in den Gedichten, Miniaturen und Prosastücken dieses ersten
Bandes ist die Schreibsituation, die die menschlichen Tätigkeiten Lesen,
Schreiben und Verstehen selbst thematisiert. Dieses Gedicht handelt von
der Zweideutigkeit. Wie kann man bei schlechter Beleuchtung Gutachten
schreiben?

Mit ihrem Versuch, die konventionellen Kommunikationsmöglichkeiten
zu erweitern, nimmt Erb die Sprache beim Wort, sie geht über das vom
herkömmlichen Literaturverständnis als Unsagbares bezeichnete hinaus.
Im Nachwort des Bandes *Faden der Geduld* (1978), einem Gespräch mit
Christa Wolf, sprechen die Autorinnen über Erbs Sprachauffassung, und
so befindet sich die Lyrikerin wie schon oft in der merkwürdigen Lage,
das schon Geschriebene sich selbst erklären zu müssen. Ein ähnlicher
Zwang zum Kommentar führt im neuesten Band zu einer Art Selbstgespräch. Auf die Frage, ob *Faden der Geduld* nicht ein »Rückgang von
Kommunikationsfreudigkeit«[16] gegenüber *Gutachten* sei, antwortet Erb
folgendermaßen:

---

15 Ebd., S. 43.
16 Elke Erb: Der Faden der Geduld. Berlin und Weimar 1978, S. 111.

Bei dem Band ›Gutachten‹ hatte ich noch ein stärkeres Sendungsbewußtsein, ich trat noch mit offeneren Händen oder Augen vor ein Publikum. Bei diesem Band ist es anders. Ich will ihn einfach hinstellen — den Band und jeden einzelnen Text.[17]

Das schreibende Subjekt erreicht in diesem Text den Gegenständen gegenüber eine merkwürdige Position von Nähe und Ferne. Erb ist sich dieser Dialektik bewußt. Sie räumt ein, die Texte seien vielleicht »unzugänglicher«[18], dafür aber konstituierten sie »die größere Nähe zum Gegenstand, zum Material, das ich aufnehme«[19].

In ihren Texten sei das Ich anwesend und zugleich abwesend, während der Gegenstand selbst ganz allein stehe. Die Autorin läßt sich von der Sprache der Dinge leiten, ohne dadurch von ihr beherrscht zu werden. Das Verschwinden des Subjekts hat auch einen politischen Sinn, indem es sich nicht behauptet, sondern sich durch die Voraussetzungen der Gesellschaft bestimmen läßt. Erb sagt:

Ich will doch nicht, daß die Voraussetzungen [der Gesellschaft] abgeschafft werden. Sie müssen nur verstanden werden, und man muß das Subjekt dazu werden, das ist das Wichtige. [...] Dahinter steht, glaube ich, ein ziemlich scharfes politisches Bewußtsein oder, genauer gesagt, eine grundsätzliche Orientierung auf die gesellschaftlichen Dinge, und zwar von Kindheit an.[20]

In dieser Äußerung steckt eine revolutionäre Überholung des normativ konzipierten Begriffs von der Subjekt-Objekt-Dialektik. Das Subjekt paßt sich an die gesellschaftlichen Voraussetzungen an, anstatt umgekehrt. Diese Auffassung hängt damit zusammen, daß Erb im Nachwortgespräch den von Descartes geschaffenen Syllogismus (cogito ergo sum): »Ich lebe, also denke ich« umkehrt. Das Zitat geht weiter:

Ich brauche nicht das Bewußtsein, daß etwas fehlen würde, wenn ich fehlte. Ich nehme eine Stelle ein, wo verantwortlich gearbeitet wird, wo eine Aussage gemacht wird, wo Zeugnis abgelegt wird.[21]

---

17 Ebd., S. 111.
18 Ebd., S. 112.
19 Ebd., S. 112.
20 Ebd., S. 129.
21 Ebd., S. 130.

Die Autorin braucht nicht die Bestätigung ihrer Gegenwart, ihrer Anwesenheit in der Dichtung. Sie ist überall anwesend und nirgendwo zu sehen.

In *Faden der Geduld* (1978) versetzt Erb die Sprache in eine Bewegung, die nicht mehr zu bremsen ist. Sie gibt den Wörtern freien Raum und kommt immer wieder auf das Spielerische in ihnen zurück, aber das Spiel ist letzten Endes Ernst. Ein paar Gedichte fallen aus dem Rahmen der anderen Texte, so wenn sie eine Konsumgesellschaft kritisiert, oder einen Gegenstand beschreibt: Oft geht es in den Texten um den Tod und zugleich um das Leben. Zwei Gedichte aber spielen mit Wortassoziationen und funktionieren als Vorläufer für den darauf folgenden Band *Kastanienallee* (1988). (Dies wird im Nachwort auch erwähnt.[22]) Der besprochene Text *Meine Letteratur* folgt:

> Ach, Abraham-A, ach, Ammenbrust-B,
> Oh lala! C-Dur-C, Dehnungs-D, edles E
> Und eifaules F und, eia, Gag-G
> Und Blauhimmel-H, du mein Immerdar-I
> Auch und jederlei J, Kuckucks-K, Läuse-L!
> Und du, Urmutter-M, du, Urmutter-M,
> Und mein näselndes Säbeln, mein Kinn-N,
> Auch Oh-lala-O und du, Palmen-P,
> Und du, Quendel-Q bei dem rollenden R,
> Ach, und Silber-S, Tingeltangel-T, Uhu-U
> Und Volksmund-V und mein Herzweh-W, dann
> das Ex-X,
> Xylophon-Y und Zyklop-Y vor des Zwergs Z
> Und Abrahams A, ach, Ammenbrust-B...
> Ach, ihr erbenden Vettern und Bäschen,
> Ihr leiblichen Zinken und Bläschen,
> Wer, Menschenskinder, geht hin
> Und schlägt euch aus dem Sinn?[23]

---

22 Siehe S. 137ff. Erb meint, sie bleibe sehr nah am Sprachmaterial. Wolf fragt: »Pochst du nicht zu sehr auf dieses Wortmaterial?«

23 Ebd., S. 27-28.

Dieses assoziativ zusammengestellte Gedicht spielt ein ernstes Spiel mit den Buchstaben, die ihre eigene Materialität erhalten; sie scheinen sich selbst zu produzieren. Aus Buchstaben werden Wörter, die sich selbst vervielfältigen. Die Ellipse am Ende der Zeile vor der letzten Strophe (»Und Abrahams A, ach, Ammenbrust-B...«) deutet darauf hin, daß die Reihe sich endlos fortsetzen könnte. Das Ich unterbricht an dieser Stelle, um eine rhetorische Frage zu stellen. Die Buchstaben haben Gestalt angenommen (»Ihr leiblichen Zinken und Bläschen«) sowie Sinn im doppelten Sinn, weil Erb die Buchstaben vermenschlicht. Die Buchstaben sind »Menschenskinder«, d.h., Sprache ist etwas Unentbehrliches und etwas unbedingt Menschliches und mit uns Verwandtes, was auch dem Leser unheimlich vorkommt, weil die Buchstaben ihren eigenen Plan haben: den Plan aufgeben heißt also, daß sie ihren Sinn haben, genauso wie ihren Unsinn. Man beherrscht die Sprache nicht, sondern die Sprache beherrscht die Menschen. Nachdem dieser Prozeß der Sinnproduktion in Bewegung gesetzt worden ist, ist er nicht mehr aufzuhalten.

Kastanienallee scheint wie eine Antwort auf den Vorwurf der Unzugänglichkeit von Erbs Gedichten. Dieser Band ist der nächste logische (Gedanken)-Schritt in ihrer schriftstellerischen Entwicklung, weil die Gedichte und die Kommentare darin zusammengehören. Das Sprachtheoretische wird jetzt in den Text eingebettet. Diese Texte sind so bedeutsam aufgrund ihrer verstärkten Tendenz, das Ich gleichzeitig als Produkt und Prozeß des Schreibens zu identifizieren. Erb legt besonderen Nachdruck auf die erzeugerische Kapazität der Sprache und die sprachliche Existenz. Die Gedichte und die als Gedichte geschriebenen Kommentare dazu ergänzen sich in dieser unsystematischen Durchführung der Strukturformel. Zum einen lassen sich die Texte aus ihrer Sprache selbst verstehen. Zum anderen sind die Kommentare unentbehrlich. In *Kastanienallee* macht Erb den Schreibprozeß anschaulich, indem sie zeigt, wie sich die anscheinend zufälligen Assoziationen und die kritisch herrschenden Perspektiven des Subjekts Wort für Wort konkretisieren.

Die poetische und poetologische Leistung dieses Bandes läßt sich nicht auf eine Zusammenfassung reduzieren; die Gedichte werden von kommentierenden Gedichten begleitet, damit eine Art Gespräch zwischen ihnen stattfindet. Erb unterstreicht die Bedeutung der Materialität der

Buchstaben und der Zeichensprache, indem sie die Gedichte graphisch
größer drucken ließ und die sie erläuternden kleiner. Außerdem haben die
Gedichte, denen die Kommentare folgen, immer Vorrang. Zugleich aber
wird die Autorität der linearen Druckkonvention in Frage gestellt. Diese
durch die Sprache erzeugten Unterbrechungen des Lesens verstärken die
Unsicherheit beim Lesen selbst und zwingen die Leser dazu, sich zu
fragen, wie man überhaupt denkt, und mehr: wie man darüber hinaus
zum Verstehen kommt. Erb schreibt:

> Mit gutem Gewissen stellte ich, stelle ich mir den Band durchkommentiert
> vor,/ein Ideal!
> Nicht mehr der ausschließliche Text, allein auf weißer Wüste,
>   sein autistisch behinderter Alleinvertretungsanspruch, umgeben von
>   Unaussprechlichem
> :das Haus steht nicht im Himmel
> das Haus steht auf seinem Grund.[24]

Unter »Ideal« versteht Erb die kommentierten Texte *und* die Gedichte,
denen die Kommentare erläuternd folgen. Durch diese ideale Zusammen-
stellung der verschiedenen Gattungen entsteht eine für sie neue Art von
Text und zugleich ein neu konzipiertes Selbstgespräch, in dem sich die
Gedankengänge der Autorin ergänzen und die Gedichte gedacht werden.
In *Kastanienallee* sucht und versucht Erb eine persönliche Versöhnung
mit dem schreibenden Ich, sowie eine Zusammenarbeit zwischen Dichtung und Kommentar.

Erb schreibt heute anders, aber nicht als Folge der politischen »Wende«,
sondern als Ergebnis ihrer eigenen Schreibentwicklung. Von 1983 bis
1989 schrieb sie den fortlaufenden Text *WINKELZÜGE ODER NICHT
VERMUTETE, AUFSCHLUSSREICHE VERHÄLTNISSE* (1991), der einen
innovativ-modernistischen Schreibprozeß darstellt.[25] Die Zeilen bestehen
aus lyrisch anmutenden Worten, dazwischen stehen die Spielräume für
Gedanken, die ein Gewebe als Ganzes herstellen. Wie schon in ihrer
Schreibentwicklung in *Kastanienallee* (1988) befragt sie einzelne Wörter,

---

24 Erb: Kastanienallee, S. 7.

25 Elke Erb: WINKELZÜGE ODER NICHT VERMUTETE, AUFSCHLUSSREICHE VERHÄLT-
    NISSE. Zeichnungen: Angela Hampel. Druckhaus Galrev 1991. Galrev ist ein neuer Verlag, der
    von Sascha Anderson, Rainer Schedlinski u.a. gegründet wurde.

sogar manchmal auch Laute (siehe z.B. *Schnappsack*, angeregt durch die A-Laute).[26] Auch hier schließen ihre Sprachüberlegungen das Politische mit ein:

> Ich fing an, mit Sätzen zu arbeiten, mit Sätzen, die spontan aus dem Unterbewußtsein kommen. So kann ich sie befragen und es kam heraus, daß ich die Weltproblematik oder die Problematik unserer Welt als eine Denkproblematik auffasse.[27]

Schon vor 1989 hatte Erb sich ihren eigenen Raum in der Kulturlandschaft der DDR geschaffen. Ihr zufolge verliere der Staat an Bedeutung: er habe kein vorgegebenes Subjekt mehr zu haben. Da sie aber immer noch die anstrengende Arbeit der Selbstbefragung betreibt, indem sie Ängste wie Geister hervorrufe und zu Partnern mache, indem sie das Unter- und Halbbewußte ausgrabe, indem sie die Zusammenhänge zwischen Wörtern und deren Bedeutungen — und Mißbrauch — durchschaut, brechen ihre »produzierten« Gedichte und Gedanken immer neue Grenzen auf.

> Geduld. Was hat Geduld mit Gewalt zu tun? Sie ist hart. Sie ist ebenso hart wie weich. Sie duldet und wartet. Sie ist gut. Sie duldet kein letztes Wort. Sie ist nicht mein letztes Wort.[28]

Mit diesen betont individualistischen Überlegungen war Erb eine Ausnahme in der Kulturproduktion der DDR. Sie zählt sich selbst nicht zu den Autoren, die sich mit der Sozialproblematik der DDR beschäftigen, aber ihr Werk war an die DDR gebunden. Fast jeder Text geht von einer gesamtgesellschaftlichen Situation aus, indem die Autorin ihre persönliche Situation an die allgemeine politische anschließt. Sie übt die härteste Sprach- und Gesellschaftskritik mit sich selbst, damit das Wort zu sich kommt. Der Sinn der Welt steckt hinter dem Sinn der Wörter: das Einzelne befindet sich auch im Allgemeinen. Solche Sprachexperimente gehören in eine Tradition der Sprachkritik (z.B. Dadaismus), aber Erb besteht auf der gesellschaftlichen Verbindung von Denken und Handeln und erneuert damit die Tradition durch eine DDR-spezifische Variante.

---

26 Siehe Kastanienallee, S. 67. Ich danke Frau Erb für den Hinweis.

27 Erb: Interview mit der Autorin.

28 Erb: Faden, S. 12.

Sie sieht das Übertreten vom semantischen Bereich zu den Tönen selber,
die sie befragt:

> Ich kümmere mich um die Rolle der Stimme, um die des Tons, des Lauts
> gegenüber der Inhaltsvermittlung der semantischen Seite. Das ist wiederum
> nicht unpolitisch. Die Stimme war für mich die unterdrückte Existenz.[29]

Bisher befragt sie in ihren Gedichten und meist kurzen Prosa-Texten den
Sinn der unreflektierten Sprachwendungen.[30] Sie betont das Wort selbst
als Zeichen und stellt dabei die Bedeutung nicht nur des Wortes, sondern
auch das ganze System der sozialistischen Meinungsbildung, das mit
einem bestimmten Wort oder Satz bzw. Slogan zusammenhängt, in Frage.
»Ich weise darauf hin«, schreibt Erb, »daß Wirklichkeit nicht unvermittelt
uns entgegentritt, sondern interpretiert ist«[31].

Zusammenfassend: viele Texte von Erb, *Gutachten* (1975), *Einer
schreit: Nicht!* (1976), *Der Faden der Geduld* (1978), *Trost* (1982),
Kastanienallee (1988), *WINKELZÜGE ODER NICHT VERMUTETE,
AUFSCHLUSSREICHE VERHÄLTNISSE* (1991) sind zunächst schwer
zugänglich. Der Autorin wurde oft vorgeworfen, ihre Werke seien
zeitweilig unverständlich: vielleicht wurden die Veröffentlichungen ihrer
Texte deswegen mit Schweigen aufgenommen. Auch in den USA ist sie
fast unbekannt: ihre Werke bleiben ein Geheimtip für Germanisten, weil
bisher keines von den Büchern übersetzt worden ist.[32] Paradoxerweise
ist ihr Schreibstil einfach, aber der Sinn scheint manchmal rein auf sich
selbst bezogen zu sein. Da sie wegen dieser unkonventionellen Schreib-
bzw. Denkweise oft mißverstanden oder einfach nicht beachtet wird,
befindet sich Erb oft in der Lage der Selbstverteidigung oder Selbsterklä-
rung. Die Texte provozieren den Leseprozeß und reproduzieren die ge-
duldigen sprachlichen Fäden, mit denen man sich an der Wirklichkeit
festhält: sie konstituieren selbst die Realität.[33] In den Werken von Erb

---

29 Elke Erb: Interview mit der Autorin.

30 Erb: Faden, S. 128.

31 Ebd., S. 124.

32 Siehe Margy Gerber: The Poet Elke Erb. In: Studies in GDR Culture and Society 3. Hg. Margy
    Gerber. New York 1983, S. 251-264.

33 Siehe Harald Heydrich: Geistesgegenwart im Text. Zu Elke Erb, Kastanienalle. Texte und
    Kommentare. In: DDR-Literatur '88 im Gespräch. Hg. Siegfried Rönisch. Berlin und Weimar

erkennt man mit einem immer wachsenden Bewußtsein die gesellschaftlichen Verhältnisse, die die Identität des Einzelnen produzieren. Diese
normalerweise unsichtbaren Vorgänge werden in ihrer Dichtung zu sichtbaren Wörtern der Wahrheit. Ihre Sprache hat Geist: sie kann Widerstand
leisten.[34] In einem solchen Sinne ist die Sprache also politisch, d.h. eng
an das tägliche Bewußtsein der Menschen einer spezifischen Gesellschaft
gebunden. Erb schreibt revolutionär, indem sie die Denkmuster, welche
die alltäglichen menschlichen Aktivitäten bestimmen und definieren, in
Frage stellt, aber sie erreicht dies nicht mit den konventionellen Formen
der DDR-Lyrik, sondern mit innovativen ästhetischen Mitteln. Sie sei
auch keine Feministin, bekennt sie, aber: »Ich setze, wenn ich schreibe,
meine Souveränität voraus.«[35] Erb schreibt Sprachphilosophie:

> Mir traten neulich moralische Aspekte des Wortspiels vor Augen, es wird
> ihm mit Vorwurfsworten wie Selbstgenügsamkeit, Esoterik, Beliebigkeit,
> Elfenbeinturm, Amoralität ja vorgeworfen. Ich sah das Spiel als Ernst. Es
> ist doch Beweis demokratischer Tugend, nämlich: Zeige mir, wie du
> umgehst mit dem, womit du zu tun hast, und ich sehe dann, wer du bist.
> Sind die Worte Diener, ist der Autor der Herr?[36]

Auch nach der Wende fragt Erb, wie der Mensch in und mit jedem
Gegenstand umgeht. In einem kurzen Essay, *Ein paar Worte darüber,
daß Befürchtungen eigentlich zwecklos sind*, deutet Erb auf die Gefahr,
Ängste ängstlich wegtreiben zu wollen: »Überall höre ich finstere Pau-
schal-Prognosen. Sie quälen mein Ohr, aber nicht mit ihren Ängsten,
sondern mit ihrer Ödnis. [...] Und was, wenn das Befürchtete eintrifft?
— Dann hat man es reglos gewußt.«[37] Erb läßt die absurden Sätze durch
den Kopf gehen und denkt schreibend darüber nach, wo diese herkommen
und wie man mit ihnen umgeht. Sie stellt sich die Frage, was denkbar ist,

---

1989, S. 186-194. Heydrich schreibt zur Rezeption von Erb in der DDR: »Es ist nicht zu
erwarten, daß ein mit solcher Entschiedenheit vorgetragener Angriff auf übliche Lesegewohnheiten
überall mit Begeisterung aufgenommen wird. Experimentelle Literatur führte in unserer
literarischen Landschaft jahrzehntelang ein Schattendasein« (S. 187).

34 Siehe auch Erb: Faden, S. 34 und 50.

35 Erb: Interview mit der Autorin.

36 Erb: Faden, S. 34.

37 Elke Erb: Ein paar Worte darüber, daß Befürchtungen eigentlich zwecklos sind. In: Litfass.
Berliner Zeitschrift für Literatur. 14. Jahrgang, Heft 48, Mai 1990, S. 58. Siehe auch Kontext 9,
Mai/Juni 1990, S. 1.

im ethischen und im ästhetischen Bereich. Dafür ist die Vorstellungskraft persönlich und politisch unentbehrlich:

> Ich stelle mir Gegenstände und Verfahren vor, die nicht über mich herrschen, die vielseitig sind im Gebrauch und stabil, die [...] nicht verführen, täuschen, prangen und drohen. Mich nicht äffen mit einem bösen Spiegelbild.[38]

Erb stellt sich Fragen, sie stellt sich die Welt vor. Denkend und schreibend war für sie die Geschichte immer offen. Ihre ästhetischen Sprachexperimente sind der Ausgang und das Ergebnis der wirtschaftlichen und politischen Überlegungen der Autorin, und sie kristallisieren sich in ihrern Lesern.

Obwohl wir nach der Wende in der Lage sind, ihren Gedichten neu gegenüberzutreten, stellt sich heute die Frage, ob ihre politisch-ästhetischen Sprachexperimente weiterhin das Lesepublikum provozieren und damit neue Aufmerksamkeit auf sich lenken können. Kann die literarische Avantgarde der ehemaligen DDR den Verlust des politischen Stachels überleben? Oder wird sie in einer größeren Gruppe von experimentellen Autoren weniger sichtbar sein? Der relativ neu gegründete und anders konzipierte Galrev-Verlag u.a. verspricht ein neues Forum für die DDR-Autoren der 1980er Jahre (inklusive Erb) und damit auch noch weitere kulturelle Wenden in unseren Lesegewohnheiten.

Erst jetzt ist der Zugang zu dieser Literatur eine vornehmlich ästhetische Frage geworden. Erst jetzt sind wir in der Lage, die neue DDR-Literatur zu lesen und uns die Frage von der Dialektik der Politik und der Ästhetik in der Gesellschaft neu zu stellen.

---

38 Elke Erb: Selbständigkeit. In: Die Geschichte ist offen. Hg. Michael Naumann. Hamburg 1990, S. 45-52.

Autoren

Katharina von Ankum,

geb. 1959, Studium der Germanistik, Musikwissenschaft und Komparatistik in Tübingen, Berlin und an der Universität von Massachusetts; Ph.D. 1990. Assistant Professor of German am Scripps College in Kalifornien. Buch: *Die Rezeption von Christa Wolf in Ost und West* (1991). Vorträge über DDR-Autorinnen und DDR-Literaturzeitschriften.

Angelika Bammer,

geb. 1946, Studium der Komparatistik an der Universität von Wisconsin in Madison; Ph.D. 1982. Assistant Professor of German and Women's Studies, Emory Universität in Atlanta, Georgia. Buch: *Partial Visions: Feminism and Utopianism in the 1970's* (1991). Artikel u.a. über Irmtraud Morgner; die Rezeption von DDR-Literatur in den USA; Feminismus im Universitätsbetrieb; Frauen und Revolution; Utopische Theorie.

Ute Brandes,

geb. 1942, Studium der Germanistik an der Harvard-Universität; Ph.D. 1982. Associate Professor of German, Amherst College in Massachusetts. Bücher: *Zitat und Montage in der neueren DDR-Prosa* (1984), *Anna Seghers* (1992). Artikel über Literatur im Barock; Goethezeit; Europäische Salonkultur; DDR-Literatur vor und nach der Wende; Sozialistischen Modernismus, literarische Utopieentwürfe deutscher Schriftstellerinnen, Utopie und Dystopie; Sprache und Kultur.

Barton Byg,

geb. 1953, Studium der Germanistik und Filmtheorie in Freiburg, Berlin und an der Washington-Universität in St. Louis; Ph.D. 1982. Dissertation: *History, Narrative and Film Form: Jean-Marie Straub and Daniele Huillet*. Artikel über Brecht, Böll, Virginia Woolf, Konrad Wolf; Feministische Filmtheorie; Amerikanischen Film; DDR-Film, Kino der DDR; Dokumentarfilm.

Marilyn Sibley Fries,

geb. 1945, Studium der Germanistik an der Cornell Universität; Ph.D. 1975. Associate Professor of German and Women's Studies, University of Michigan. Bücher: *Responses to Christa Wolf: Critical Essays* (Ed., 1989), *The Changing Consciousness of Reality* (1989). Artikel über Narratologie; Heimat bei Christa Wolf und Johannes Bobrowski; Siegfried Lenz; Dädalus-Mythos in der DDR-Literatur; Georg Kaiser; Alfred Döblin.

Patricia Herminghouse,

geb. 1940, Studium der Mathematik und Germanistik am Knox College und der Washington-Universtät in St. Louis; Ph.D. 1968. Karl F. and Bertha A. Fuchs Professor of German Studies, University of Rochester, New York. Zahlreiche Veröffentlichungen. Editionen (seit 1980): *Frauen im Mittelpunkt* (1987), *Literatur der DDR in den siebziger Jahren* (1983), *Literatur und Literaturtheorie in der DDR* (1976, 1981). Artikel (seit 1980) u.a. über Ida Hahn-Hahn; Preußisches Erbe in der DDR-Literatur; Studien zur DDR-Literatur in den USA; Schreibende Frauen in der DDR; Darstellung des Faschismus in der neueren DDR-Literatur; Goethe in der DDR-Literatur; Wiederentdeckung der Romantik.

Sylvia Kloetzer,

geb. 1952, Studium der Amerikanistik und Germanistik in Berlin und an der Universität von Massachusetts; Ph.D. 1992. Visiting Lecturer, Williams-College in Massachusetts. Dissertation über DDR-Literatur der achtziger Jahre. Vorträge zur DDR-Literatur, besonders Monika Maron, Christoph Hein, Brigitte Burmeister.

Sara Lennox,

geb. 1943, Studium der Germanistik und Komparatistik an der Universität von Wisconsin in Madison; Ph.D. 1973. Associate Professor of German und Direktorin des Programms für Social Thought and Political Economy an der Universität von Massachusetts in Amherst. Editionen: *Auf der Suche nach den Gärten unserer Mütter: Feministische Kulturkritik aus Amerika* (1982), *Nietzsche heute: Die Rezeption seines Werkes seit 1968* (1988). Zahlreiche Artikel, u.a. über Ingeborg Bachmann, Christa Wolf, Uwe Johnson, Brecht, Plenzdorf; Literaturtheorie der DDR; Neuere Frauenliteratur in der BRD und DDR; Feministische Pädagogik; Feministische Literaturtheorie.

Nancy Lukens,

geb. 1945, Studium der Germanistik an der Universität von Chicago; Ph.D. 1973. Associate Professor of German and Women's Studies an der Universität von New Hampshire in Durham. Bücher: *Daughters of Eve: Women Writers of the GDR* (Hg. mit Dorothy Rosenberg, in Vorber.), *Büchner's Valerio and the Theatrical Fool Tradition* (1978). Artikel über Kirche und Staat in der DDR; Widerstand im Dritten Reich; Christa Wolf, Monika Maron, Lia Pirskawetz, Jurek Becker, Helga Königsdorf.

Barbara Mabee,

geb. 1943, Studium der Germanistik an der Ohio State Universität; Ph.D. 1988. Assistant Professor of German and Women's Studies an der Oakland Universität in Michigan. Buch: *Die Poetik von Sarah Kirsch* (1989). Artikel über Sarah Kirsch; Die Kindermörderin im Drama des Sturm und Drang; Das Phantastische in der neueren DDR-Prosa.

Christiane Zehl Romero,

geb. 1937, Studium der Germanistik und Komparatistik in Wien, an der Sorbonne in Paris und der Yale Universität; Dr. phil. Wien 1964. Professor of German und Leiterin der deutschen Abteilung an der Tufts Universität in Massachusetts. Bücher: *Simone de Beauvoir* (1978, 1988), *Kritische Intelligenz* (Hg., 1982), *Anna Seghers* (1992). Zahlreiche Artikel zu Goethe, E.T.A. Hoffmann, Stifter, Musil, Helen Lowe-Porter, Robert Pick, Brecht, Anna Seghers, Christa Wolf; DDR-Literatur von Frauen; zum deutschen Film.

Dorothy Rosenberg,

geb. 1948, Studium der Germanistik an der Stanford-Universität in Kalifornien; Ph.D. 1977. Assistant Professor of German am Mt.-Holyoke College in Massachusetts. Buch: *Daughters of Eve: Women Writers of the GDR* (Hg. mit Nancy Lukens, in Vorber.). Artikel über DDR-Literatur und -Kultur mit den thematischen Schwerpunkten Stadt Berlin, Schriftstellerinnen, Darstellung von Umweltproblemen, Anna Seghers, Weibliche Rollenmuster, Die Superfrau, Die Nachwuchsgeneration der DDR-Schriftstellerinnen; Marxistische Literaturtheorie; Der BPRS.

Patricia Anne Simpson,

geb. 1958, Studium der Germanistik an der Yale Universität; Ph.D. 1988. Assistant Professor of German, Universität von Michigan in Ann Arbor. Dissertation über Literatur und Philosophie in der deutschen Romantik. Artikel über Theater und Alternatives Theater in der DDR, Brechts Galilei, Lessing, Jurek Becker.

Alexander Stephan,

geb. 1946, Studium der Germanistik in Berlin, an der Michigan Universität und Princeton Universität; Ph.D. 1973. Professor of German und Leiter der deutschen Abteilung an der Universität von Florida. Bücher über die deutschsprachige Exilliteratur 1933-45; Christa Wolf, Max Frisch, Anna Seghers (in Vorber.). Editionen zu Peter Weiss' Ästhetik des Widerstands, Exilliteratur, Literatur der Adenauer-Zeit. Zahlreiche Aufsätze zur modernen und zeitgenössischen deutschen Literatur — Ost und West.

Monika Totten,

geb. 1942, Studium der Germanistik an der Harvard-Universität; Ph.D. 1977. Visiting Assistant Professor am Massachusetts Institute of Technology in Cambridge. Dissertation: *Die Aussparung in der Erzählung. Dargestellt an Werken von Fontane, T. Mann, Kleist, Musil.* Artikel über die Rezeption der Romantik in der DDR; Martin Walser.

Edith Waldstein,

geb. 1951, Studium der Germanistik an der Washington-Universität in St. Louis; Ph.D. 1982. Associate Professor of Humanities, Wartburg College in Iowa. Buch: *Bettine von Arnim and the Politics of Romantic Conversation* (1988). Editionen: *Women in German Yearbook: Feminist Studies and German Culture*, Bd. 1 (1985), *In the Shadow of Olympus: German Women Writers from 1790-1810* (1991). Artikel über Christa Wolf; Bettine und Gisela von Arnim; Deutsche Literatur und Feminismus; Deutsche Romantiker und das Ende der Aristokratie; Rahel Varnhagen und Goethe.

Personenregister

Ulrich, Axel 135
Vermeylen, Pierre 101
Viertel, Berthold 108, 119
Voris, Renate 11
Wagener, Hans 226
Waldstein, Edith 113, 281
Walker,
  Alice 244, 245
  Barbara 266
Wallraff, Günter 43
Walser, Martin 48, 281
Wander, Maxie 9, 18, 33, 34, 44-49,
  51, 52, 54, 58, 65, 165, 240
Ward, John 98
Wartmann, Brigitte 81
Wehler, Hans-Ulrich 125
Weidenbaum, Inge von 211
Weigel, Sigrid 58, 143, 152, 191
Weinbaum, Batya 240
Werner,
  Hans-Georg 211
  Petra 57, 65
  Reinold 98
Wiens, Maja 57, 63
Williams, William Carlos 223, 278
Willis, Sharon 99, 103
Wippermann, Wolfgang 124, 134,
  137, 138
Wittgenstein, Ludwig 205
Wittig, Monique 243

Wolf,
  Christa 9, 15, 17, 18, 21, 29, 34-41, 45,
    48, 49, 54-56, 58, 61, 66, 69-72, 78, 80,
    81-83, 88, 90, 96-98, 100, 102, 104, 105,
    111-118, 139, 140, 143-167, 169, 170,
    171-219, 240, 251, 252, 268, 270,
    277-281
  Gerhard 147, 166, 218, 219, 234
  Konrad 97, 98, 107, 111, 278
Wolter, Christine 18
Woodmansee, Martha 51
Woolf, Virginia 81, 102, 117, 178,
  179, 278
Worgitzky, Charlotte 18, 57, 59, 61,
  62, 64
Zaretsky, Eli 240
Zeplin, Rosemarie 18, 57, 63
Zinneman, Fred 120